| 国家骨干高职院校建设成果 | 电子商务专业工作过程导向型教材 |

电子商务法律法规

刘志慧　主编　／　高慧云　戚会庆　副主编

清华大学出版社
北 京

内容简介

本书以《国家教育事业发展第十二个五年规划》文件为指导，紧扣高职高专教育培养应用型人才目标要求，以专业职业能力培养为主线，从全新的视角，本着理论和实际密切结合的原则，阐述了电子商务法涉及的基本问题，包括电子签名和电子认证、电子合同、电子支付等法律规范；着重探讨了有关电子商务市场法制环境的问题，包括网络知识产权保护、个人隐私权、虚拟市场规制、电子商务税收、电子证据和司法管辖等；对于网络游戏等最新的电子商务法律难题，以及电子商务法律新问题也作了介绍。

本书可作为高职高专、成人高校电子商务专业教学用书和非电子商务专业（如工商管理、信息管理、计算机等）的教学用书，也可供五年制高职学生使用，还可以作为广大电子商务从业人士的有益参考书。

图书在版编目（CIP）数据

电子商务法律法规/刘志慧主编. --北京：清华大学出版社，2015（2016.7 重印）
国家骨干高职院校建设成果　电子商务专业工作过程导向型教材
ISBN 978-7-302-37075-8

Ⅰ. ①电…　Ⅱ. ①刘…　Ⅲ. ①电子商务－法规－中国－高等职业教育－教材
Ⅳ. ①D922.294

中国版本图书馆 CIP 数据核字(2014)第 146066 号

责任编辑：左卫霞
封面设计：傅瑞学
责任校对：李　梅
责任印制：何　芊

出版发行：清华大学出版社
　　网　址：http://www.tup.com.cn，http://www.wqbook.com
　　地　址：北京清华大学学研大厦 A 座　　**邮　编**：100084
　　社 总 机：010-62770175　　**邮　购**：010-62786544
　　投稿与读者服务：010-62776969，c-service@tup.tsinghua.edu.cn
　　质 量 反 馈：010-62772015，zhiliang@tup.tsinghua.edu.cn
　　课 件 下 载：http://www.tup.com.cn，010-62795764
印 装 者：三河市金元印装有限公司
经　销：全国新华书店
开　本：185mm×260mm　　**印　张**：15.5　　**字　数**：351 千字
版　次：2015 年 1 月第 1 版　　**印　次**：2016 年 7 月第 2 次印刷
印　数：3001～5000
定　价：29.50 元

产品编号：056464-01

前言

FOREWORD

高等职业教育作为一种职业教育类别，与高等本科教育的根本区别在于它是以服务为宗旨，以就业为导向的教育，因此衡量高等职业教育的唯一标准是学生的就业和创业能力。整合教育资源、改进教学方式是当前职业教育改革创新的着眼点和着力点，其中最关键的是推动学校与企业联合办学，实行校企合作、工学结合。高职高专的教材要体现高职高专的教改成果，要符合高职高专的发展动态和特点，需要企业与学校共同合作设计，要结合企业的工作内容来设计学习内容，要根据学生的心理特点和接受能力来编排教材体例，激发学生的阅读兴趣，培养学生的实践能力和综合素质。

作为一本高等职业教育的教材，本书在体例设计上依据电子商务类高职高专未来的工作岗位要求进行设计，结合与实际操作相关的理论知识；在内容安排上以通过企业案例和学生模拟将相关的法学知识融入教学中，让学生在做中学，学中思，思中进行理论的升华。

本书具有以下特点。

(1) 全书以实际工作情境贯穿始终。本书以电子商务管理类人员的职业为视角，以来自工作中的案例为主线设计教材内容，注重理论和实践的融合。通过从实际工作中搜集案例并精心设计，将理论融入案例中，学生可以带着案例逐步学习理论，分析案例后逐步学习理论，最终达到理论体系的再造和升华。这种从具体到一般的学习方法符合人的认知规律，符合高职学生的心理接受能力。

(2) 本书每章正文以情境导入开始，选取在实际生活和工作中的典型情境，统领章节内容体系。文中每章采用一家公司企业在实际业务往来中可能遇到的问题，采用以案说法的形式编排理论内容，其间还穿插学前思考、小贴士、同步案例等，体现教师主导作用和学生主体作用的和谐统一，拓展学生的思维领域，锻炼学生分析与解决问题的能力，强化师生之间、学生之间的互动交流。实现了知识与趣味、理论与实践、法律与案例的有机结合。

(3) 注重教材的深度和培养学生的可持续发展能力。在重视高职高专教育实践性的同时，本书也没有忽视高职高专的理论基础和案例的深度问题，吸纳了截至2014年5月1日的最新电子商务方面的法律法规信息，同时也加入了目前存在争议的问题以及国际通行的做法，从而使理论深度和知识面得到加强。

(4) 宽泛的内容体系。为扩展本书使用的广泛性，本书在内容的选取上更加宽泛，读者在使用本书时，可根据自己的职业特点确定学习内容，有所取舍。

为方便教师教学和学生自学，本书配有教学课件、习题答案和试题库，如有需要可到清华大学出版社官网(www.tup.com.cn)下载。

本书编写人员既包括有多年电子商务法教学经验的老师，又包括有丰富法律从业经验的电子商务师。具体分工如下：北京信息职业技术学院教师、北京市京都律师事务所兼职执业律师高慧云负责编写第1、6、7、8章；北京信息职业技术学院教师刘志慧负责编写第2、4、5章；北京江南天安科技有限公司高级项目管理师戚会庆负责编写第3章。

本书由刘志慧对全书篇章进行结构设计，高慧云负责对教材进行修改、整理，戚会庆负责对实践性案例进行审查。

当然，本书仅仅是在高职高专教学改革过程中向前走了一小步，还需要我们不断努力，以学生为中心，真正培养学生的综合能力，编写出更受读者欢迎的教材。真诚地希望读者能够提出宝贵的建议和意见，并发送至电子邮箱 liuzh@bitc.edu.cn。

编　者

2014年8月

CONTENTS 目录

本书导语

张莹是一名电子商务专业的学生，非常喜欢网络游戏，对网络游戏公司也非常好奇，因此在大三实习期间，她选择了一家网络游戏公司——北京慧通网络发展有限公司实习。该公司是一家网络游戏运营商，是通过电子商务进行网上运营的网络游戏公司，其经营模式为通过自主开发或取得其他游戏开发企业授权运营网络游戏，同时与漫画、音乐、影视等各种数字娱乐领域的公司合作，以出售游戏时间、游戏道具或相关服务为用户提供增值服务和游戏内置广告(IGA)获得收入。玩家可以选择按时间计费或通过购买道具计费两种方式。按时间计费的玩家可以通过时间累积免费获得相应道具。付费渠道主要是购买点卡和通过网络商付费。

在张莹的后续工作中，遇到了很多相关法律问题，让我们一起帮助张莹解决吧。

第

一

章

电子签名与认证法律制度

知识目标

1. 熟悉电子签名的概念。
2. 了解电子签名的种类。
3. 掌握电子签名的效力。
4. 熟悉电子签名的程序。
5. 熟悉电子认证机构。

能力目标

1. 通过运用正确电子签名的过程,保护企业的正当权益。
2. 通过运用所学电子签名的知识,避免企业与企业、企业与用户之间产生纠纷。

情境导入

张莹在北京慧通网络发展有限公司工作初期,被安排做网络游戏开发工作中的联络沟通工作,以保证每个员工工作有序。每个游戏项目的开发需要一系列工序,包括游戏策划、美工、动画、音乐创作、测试支持等流程。每个流程结束均要求负责人签字。该游戏公司采用了OA办公电子签名系统,通过电子签名来确认工序的完成。在其工作过程中,张莹遇到如下问题。

1. 美工组的组长因为生病,由其组员李娜代替其进行签名。

2. 由于采用的是秘钥方式进行签名的传递,音乐创作的秘钥被其他公司盗取了,并且新创作的动画配乐被拿掉了。

3. 由于公司的会计部门处于交接中,会计部门未能按时交电费,导致供电局突然停止供电，公司动画部正在制作的动画未能保存造成客观的经济损失。公司与供电局理论，认为不能随便断电，但是供电局答复曾经给公司的财务部门多次发过邮件催缴，但是无人理会，故此采取断电方式。

如果你是张莹，遇到上述问题应当如何解决？并说明理由。

网络是一个虚拟的世界，交易各方信息的交流是通过互联网进行的，电子商务中交易各方可能从来没有见过面，从而使得各方无法确定对方的身份，因此必然使人们对交易的安全感到担心，而且由于网络的开放性，人们还担心数据在传输过程中被篡改。所以如何鉴定各方的身份，保证数据传输的真实性，以保证交易的安全，是电子商务中一个非常重要的问题。为了解决这一问题，人们发明了电子签名技术，并建立了具有第三方地位的中立的认证机构，以确保交易各方身份的真实性和数据传输的可靠性。但是，电子签名和以网络技术为基础的认证机构，是从来没有过的新鲜事物，现行法律很难直接适用。因此如何对电子签名和认证机构进行调整，是必须明确的法律问题。

第一节 电子签名概述

电子签名是指数据电文中以电子形式所含、所附用于识别签名人身份并表明签名人认可其中内容的数据。通俗地说，电子签名就是通过密码技术对电子文档的电子形式的签名，并非是书面签名的数字图像化，它类似于手写签名或印章，也可以说它就是电子印章。

小贴士

电子签名和纸质签名有类似的效力。电子签名是电子商务安全的重要保障手段。特别是在联合国《电子商务示范法》颁布之后，国际组织及一些发达国家，都将其立法的焦点从书面问题转向了电子签名。这是一个如何使交易者的身份与其电子记录相联系的技术性问题，同时又是一个全新的法律问题①。

传统上的签名，是指在书面材料上写上执笔者的名字。美国《统一商法典》对“签名”的定义为：包括当事人意图认证一份书面材料所作的或所使用的任何符号。签名的决定性因素是签署者当时证明书面文件的意图。而认证可能是打印的、盖章的，或书写的，还可能仅仅是简写或指模，甚至在某些特定的案件里，可将信笺印刷的字迹作为签名。

电子签名并非是书面签名的数字图像化。它其实是一种电子代码，利用它，收件人便能在网上轻松验证发件人的身份和签名。它还能验证出文件的原文在传输过程中有无变动。如果有人想通过网络把一份重要文件发送给外地的人，收件人和发件人都需要首先向一个许可证授权机构 CA(GlobalSign)申请一份电子许可证。这份加密的证书包括了

---

① 张楚.《电子商务法初论》[M]. 北京：中国政法大学出版社，2000.

申请者在网上的公共钥匙即“公共电脑密码”，用于文件验证。

但是，数据电文不带有手写的签字，而且也不在纸上。电子形式的信息很容易在不被发现的情况下被截获和篡改，所以利用数据电文欺诈的潜在可能性很大。因此，数据电文要被广泛使用，必须有这样的技术手段，即在电子环境下能够借助于这些手段履行被认定为手写签字所独具的某些或全部功能。这类技术可统称为“电子签名”。电子签名与一般将手写签字扫描到计算机存为文件截然不同，后者如通过电子邮件方式传送给他人，收件人可以轻易地复制该签名而达到伪造文件或欺诈的目的；前者经过加密处理，他人无法轻易地复制该签名或更改文件内容，安全性相当高。①

一、电子签名的概念

对于电子签名的概念有几种不同的认识，各种认识都有其一定的合理性。

（一）广义的电子签名

广义的电子签名，是指包括各种电子手段在内的电子签名。联合国贸易法委员会《电子签字示范法》②第二条第一款规定：“电子签字系指在数据电文中，以电子形式所含、所附或在逻辑上与数据电文有联系的数据，它可用于鉴别与数据电文相关的签字人和表明签字人认可数据电文所含信息。”

电子签字的概念意图指出，电子签名与手写签字具有相同用途，这些用途是为了鉴别个人以及将之与文件的内容联系起来。将电子签字界定为能够表明认可信息，这主要是为了确定一个技术先决条件，以便承认某项技术手段能够等同于手写签字。但是，对电子签名所运用的技术方式几乎没有规定，凡是具有一定鉴别作用的，满足技术先决条件的数据都可成为电子签名的方式。联合国贸易法委员会《电子签字示范法》中电子签名的概念是广义电子签名概念的典型代表。

法律要求在商务活动中符合“签名”要求，实际上是要求实现上述一种或几种功能。基于此，《电子签字示范法》的起草者沿用了《电子商务示范法》所采取的“功能等同法”这样一种新方法，这种方法立足于分析传统手写签字要求的功能和目的，以确定如何通过电子商务技术来达到这些目的或作用。所以，法律只需要根据所要求实现的一种或几种功能，制定与之相适应的要求。某种电子签名只要满足特定的技术和法律要求，就可以实现所要求的一种或几种功能，就可以被认为符合书面形式的要求。这种方法就是“功能等同法”。

（二）狭义的电子签名

狭义的电子签名，是以一定的电子签名技术为特定手段的签名，通常指数字签名，它是以非对称加密方法产生的数字签名。

---

① 曾更莹．网际网络上运用电子签名所涉法律问题研究[J]．万国法律．

② The United Nations Commission on International Trade Law Model Law on Electronic Autograph，简称《电子签字示范法》。2001 年 12 月 12 日年联合国贸易法律委员会通过的《电子签字示范法》，是国际上关于电子签字方面的最重要的立法文件。

之所以排除其他形式的电子签名,而只承认数字签名在法律上的有效性,主要是出于对各种电子签名安全性和实用性差异的考虑。

狭义电子签名支持者在对现有生成电子签名的技术方法进行考察后认为,在现行的电子认证技术中,计算机口令容易被破获,其安全系数不足;对称密钥加密不适应开放型市场的需要;而笔迹、眼虹膜网等辨别技术应用成本过高,唯有非对称密钥加密(数字签名)方法,既安全可靠,又能适应开放型市场密钥分发的需要,而且成本也不太高,是较为理想的电子签名技术方案,因而应作为法定的电子签名技术予以确认。其他的电子签名技术的安全性,尚未被验证认可,或者不具有实用性,所以不应赋予法律效力。

通过立法明确肯定数字签名这一项技术的另一个理由是:泛泛地确认电子签名技术在满足一定的技术条件后具有法律效力,会使得广大消费者在判断某项电子签名技术是否达到法定条件时面临困惑,不利于电子商务被广泛推广。而只肯定数字签名这项成熟技术,可以帮助消费者建立信心,使其可以无保留地信赖数字签名,从而推动电子商务的大众化。美国犹他州以《数字签名法》确认数字签名为有效的电子签名形式,是狭义电子签名概念的典范。

(三)强化电子签名

强化电子签名,有时又称安全电子签名。它是指经过一定的安全应用程序,能够达到传统签名的等价功能的电子签名方式。其具体形式是开放型的,任何能够达到同一效果的技术方式,都可囊括在内。与上述广义与狭义的电子签名概念相比较,该电子签名概念是一种折中式的概念。

联合国贸易法委员会《统一电子签名规则(草案)》在第一条中规定:"强化电子签名,是指可以通过应用安全程序,或各种安全程序的结合对其生成之时的状况进行验证的电子签名,以保证该电子签名:①对于签署者所使用的目的是独特的;②可以客观地证明数据电讯签署者的身份;③由签署者或以签署者独占控制的方式生成并附加于数据电讯;④是与数据电讯如此紧密联系的,即一旦数据电讯有任何变化,就会被反映出来。"但是,联合国贸易法委员会正式颁布的《电子签字示范法》第三条规定:"除第五条外,本法任何条款的适用概不排斥、限制或剥夺可生成满足第六条第一款凡法律规定要求有一人的签字时,如果根据各种情况,包括根据任何有关协议,使用电子签字既适合生成或传送数据电文所要达到的目的,而且也同样可靠,则对于该数据电文而言,即满足了该项签字要求。所述要求或符合适用法律要求的电子签字的任何方法的法律效力。"其根本原则是不歧视任何电子签字方法,即所有技术在是否满足特定的技术要求方面都被给予同样的机会。因此,如果符合法定要求,电子签字的电文与手写签字的书面文件之间,或各种电子签字的电文之间将同等对待。也就是说,联合国贸易法委员会放弃了强化电子签名的立场,而完全支持广义电子签名的概念。

(四)我国法律上电子签名的含义

《中华人民共和国电子签名法》[①](以下简称《电子签名法》)第二条第一款规定:"电子

① 《中华人民共和国电子签名法》由中华人民共和国第十届全国人民代表大会常务委员会第十一次会议于2004年8月28日通过,自2005年4月1日起施行。

签名，是指数据电文中以电子形式所含、所附用于识别签名人身份并表明签名人认可其中内容的数据。其中数据电文是指以电子、光学、磁或者类似手段生成、发送、接收或者储存的信息。”这表明，我国采用的是广义的电子签名概念，与联合国贸易法委员会《电子签字示范法》保持了一致。

在《电子签名法》出台前，《中华人民共和国合同法》（以下简称《合同法》）避开了电子签名问题，提出另一办法，即“签订确认书”。这实际是避开了必须有确定身份的“电子签名”的问题，这个方法属于“形式等同法”，而不是《电子商务示范法》采用的“功能等同法”。签订确认书并不能使电子合同完成签字人或依赖方认证的要求，电子合同也根本无法摆脱手书签名法律的束缚。[①] 根据“后法优于前法”的规则，《电子签名法》中的规范将取代《合同法》的相关规范。

收到附有签字的数据电文的收件人，通常也认为是电子签名依赖方。《电子签名法》第三十四条第（二）项规定：“电子签名依赖方，是指基于对电子签名认证证书或者电子签名的信赖从事有关活动的人。”

二、电子签名的分类

学前思考

电子签名为什么要有这样的分类呢？这样分类的作用又是什么呢？

目前，比较通用的电子签名机制是建立在公用钥匙基础结构问题和公用钥匙基础结构术语上的，这种签名被称为数字签名。当然，其他依靠非公用钥匙加密技术的电子签名的发展也是不容忽视的。

（一）依靠非公用钥匙加密技术的电子签名

与使用公用钥匙加密的“数字签名”一起，还存在着各种其他装置，也包括在广义的“电子签名”机制概念中，这些装置可能现已投入使用，或考虑今后使用，以期履行上述手写签字的一种或数种功能。

1. 电子化签名

电子化签名技术将采用以手写签字为基础的生物统计学装置进行认证。在这种装置中，签字人将亲手签字，使用一支特殊的笔，书写在计算机屏幕上或数字输入板上，然后由计算机分析手写的签字并作为一组数值储存起来。这种签字可以附在数据电文之后，由收件人显示出来加以认证。这种认证体系将有一个先决条件，即手写签字的式样事先已由生物统计学装置做过分析并储存下来。现在已经有很多电脑公司推出电子签名使用的软硬件设施，美国也有许多百货商店开始使用这些设施来让消费者签署信用卡。

---

① 李雅芳．我国电子商务立法现状、问题及建议[J]，http://www.china.com.cn/zhuanti2005/txt/2002-03/27/content_5123901.htm，2013.7.3.

2. 生理特征签名

生理特征签名技术是基于用户的指纹、声波纹、视网膜结构等独一无二的生理特征的签名方法。这种签名方法要通过一定的设备识别上述生理特征，并运用一定的计算方法将生理特征转化为电子资料，并与预先建立的庞大数据库内的数据对照，以确认身份。但是，这种技术需要预先搜集大量生理特征数据，并且设备较为昂贵。目前仍在小范围内使用。

（二）依靠公用钥匙加密的数字签名

依靠公用钥匙加密的数字签名，即数字签名。简单地说，发文者必须先制作一组"钥匙"，钥匙实际上是一长串像密码一样的数字，可以存储在硬盘、软盘或集成电路卡等介质中。这组钥匙，一个为私人钥匙，即产生数字签名的钥匙，此为发文者专有，另一个为公用钥匙，应由所有的收文者知悉，收文者凭此检测收文是否被篡改。做法是随着原始信息发送以私人钥匙加密的签名，以此向接收方保证，接收方收到的每一个字都与发送方所发的相同。数字签名与数据加密完全独立发送方计算出的签名和数据一起传送给接收方，签名值是关于发送方的私人钥匙和要发送的信息的一个数学函数的值。算法的构造保证如果不知道私人钥匙的话就不可能计算出这个签名值。接收方可以通过依赖发送方的公用钥匙、签名值和接收到的数据的另一个数学算法来验证接收到的信息就是发送方签名的信息。

三、数字签名

学前思考

张某是一名学习电子商务的大学新生，对于很多既陌生又新鲜的新词汇，他都不太理解。什么是数字签名？数字签名就是把自己的签名写在纸上然后上传到计算机里吗？数字签名要加密吗？签名能伪造吗？客户端不是有密码就行吗？怎么还有公钥和私钥？请你学习下面的知识帮助张某解决上面的这些问题。

（一）相关概念和术语

1. 加密

数字签名采用加密方法创建和核查。加密是应用数学的一个分支。加密技术的应用比较广泛，比如 IE 浏览器就使用了 128 位的密钥。

在数字签名过程中，运用某种加密方法将电文转换为表面上不可懂的形态，收件人收到后再次利用加密方法将之还原为原有形态，这将保证传送中的信息即使被第三者拦截，第三者也是无法解读的。数字签名使用所谓的"公用钥匙加密法"，常常依靠算法函数产生两套不同但数学上相关的"钥匙"（即利用一系列数学公式产生的大数乘以素数）。其中一套钥匙（私人钥匙）用于产生数字签名或将数据转变为表面上不可懂的形态；另一套钥匙（公用钥匙）用来核查数字签名或将电文还原为原有形态。利用这两套钥匙的计算机设备和软件常常合起来称为"密码系统"。

2. 公用钥匙和私人钥匙

用于数字签名的互补钥匙称作“私人钥匙”和“公用钥匙”，前者仅由签字人用以创建数字签名，后者一般更广为人知，而且由依靠方用于核查数字签名。

私人钥匙的用户，将会保守私人钥匙的秘密。用户个人并不需要了解私人钥匙。这种私人钥匙可能保留在智能卡上，或可以通过个人识别号码检索，或者是通过生物统计识别装置，例如通过拇指指纹识别装置进行检索。电脑公司往往会提供相应的软硬件设施，用户只需要进行简单的操作就可以了。

3. 散列函数

在生成数字签名的时候，如果运用私人钥匙对整篇数据电文进行计算，将会花费较长时间，所生成的签名也会比较冗长。所以，除了生成配对钥匙之外，在创建和核实数字签名时还利用另一个基本程序，一般称为“散列函数”。散列函数是一种数学的计算过程，它以建立电文的数字表示或压缩形式的算法为基础，常被称为“电文摘要”。电文摘要通常比电文短得多，但仍有其明显的独特性。在使用同一散列函数时，电文的任何变动必然产生不同的电文摘要。

4. 数字签名

为了签署一份文件或任何其他的信息项目，签字人首先精确划定拟签字的内容范围。然后，签字人软件中的散列函数为拟签字的信息计算其独有的（就所有实用技术而言）的散列结果。签字人的软件接着使用签字人的私人钥匙，将散列结果转变为数字签名。所产生的数字签名，因此为所签字的信息和用以创建数字签名的私人钥匙所独有。

典型的情况是，数字签名（电文经数字签名后的散列结果）附在电文之后并随电文一起存储或发送。不过，只要保持与电文的可靠联系，也可作为单独的数据单元发送或存储。由于数字签名为电文所独有，如果与原电文永久脱离联系，就无法操作了。

5. 数字签名的核查

数字签名的核查，是由电子签名依赖方进行或由其委托第三方进行的。数字签名的核查是通过参照原有电文和某一给定公用钥匙对数字签名进行检查的过程，从而判定是否利用了与被参照的公用钥匙相对应的私人钥匙为该原有电文创建了数字签名。在核查数字签名时，还须通过用于创建数字签名的同一散列函数计算原有电文新的散列结果。然后，核查人利用公用钥匙和新的散列结果，核对数字签名是不是利用相应的私人钥匙创建的，并核查新计算出来的散列结果是否与在签字过程中转变为数字签名的原散列结果相配对。

在下列两种情况下，核查软件将确认数字签名得到了“核查”。

(1) 签字人的私人钥匙被用于对电文进行数字签名，当签字人的公用钥匙被用于核查签字时，即认为属于此种情况，因为签字人的公用钥匙将只核查采用签字人的私人钥匙创建的数字签名。

(2) 电文未经改动，当核查人计算的散列结果与在核查过程中从数字签名析取的散列结果相一致时，即认为属于此种情况。

下面举例说明电子签名使用的流程。甲采用电子邮件电文的方式起草了一份要约，利用某种散列算法算出电文摘要，依靠私人钥匙给电文摘要加密以制成数字签名，将该数字签名附在电文之后，用电子邮件将数字签名和电文发给乙；乙利用某电子认证服务提供者提供的与甲的私人钥匙对应的公用钥匙核查甲的数字签名，获得电文摘要，并利用同样的散列算法创建电文的电文摘要，对比两种电文摘要，二者一样，则乙方知道电文由甲方签署且经签字后未作改动。乙以同样方式向甲发出承诺，双方订立了合同。

（二）数字签名的过程

数字签名的使用通常涉及下列过程，由签字人执行或由数字签名电文的收件人执行。

(1) 用户生成或被给予独有的配对密码钥匙。

(2) 签字人在计算机上起草电文(例如，采用电子邮件电文的形式)。

(3) 签字人利用一种保密散列算法起草“电文摘要”。数字签名创建时利用从签字电文中求出的并为其所独有的散列结果。

(4) 签字人依靠私人钥匙给电文摘要加密。利用一种数学算法，将私人钥匙应用于电文摘要文本。数字签名由加密的电文摘要组成。

(5) 签字人一般将其数字签名附在电文之后。

(6) 签字人利用电子手段将数字签名和(未加密或已加密的)电文发给依赖方。

(7) 依赖方利用签字人的公用钥匙核查签字人的数字签名。利用签字人公用钥匙所作的核查可提供某种程度的技术保证，确保电文完全来自签字人。

(8) 依赖方也创建电文的“电文摘要”，利用同样的保密散列算法进行。

(9) 依赖方对比两种电文摘要。如果二者一样，则依赖方可确定电文经签字后未作改动。电文经数字签名后，即使有一点点改动，依赖方产生的电文摘要也会与签字人产生的电文摘要不同。

(10) 依赖方从电子认证服务提供者(包括通过签字人或以其他方式)取得证书，证书确认签字人电文上的数字签名。证书载有签字人的公用钥匙和姓名(可能还有其他信息)，并经由电子认证服务提供者数字签名。

（三）公用钥匙基础结构和电子认证服务提供者

1. 电子认证服务的必要性

电子商务活动并不只是存在于虚拟空间，而是实实在在地存在于现实社会中。因此，商务活动的另一方当事人，也就是此时的核查人必须通过核查数字签名而追寻到现实社会中特定的个人或实体。那么，核查人必须可以取得签字人的公用钥匙，而且相信它与特定签字人的私人钥匙相对应。不过，配对的公用和私人钥匙与任何人都没有内在的联系；它们只是一对数目而已。需要有一种外加的机制才能将特定的个人或实体与配对的钥匙可靠地联系起来。如果公用钥匙的加密要达到预定的目的，就必须提供某种办法使形形色色的个人可以使用，其中许多人并不为签字人所认识，双方没有发展成相互信任的关系。为此，有关各方必须对发给的公用钥匙和私人钥匙有某种程度的信任。

下述各方之间可能存在着所需的信任程度：它们彼此信任，已打过一段时间的交道，在封闭式系统上互相联系，在非对外的集团内部经营业务，或者它们能够采取合同的方式，例如贸易合伙人协议，用以管理它们的交易。在只涉及两方的交易中，每方只需（采用较为可靠的渠道，如信使或本身具有声音识别功能的电话系统）将各自要使用的配对钥匙中的公用钥匙通知对方即可。然而，在下述这样的各方之间就可能不存在同样的信任程度：它们彼此难得打交道，在开放的系统上联系（例如互联网上的万维网），不属于一个非对外的集团，或者未订有贸易合伙人协议或没有管理它们之间关系的其他法律。此外，由于公用钥匙密码是一种数学程度很高的技术，因此，所有用户必须信任公用钥匙和私人钥匙发布方的技能、知识和保密措施。

未来的签字人可以发表一则公开声明，说明对于可用某个给定的公用钥匙加以核查的签字，应作为出自该签字人之手的签字对待。此类声明的形式和法律效力由颁布国的法律管辖。例如，可通过在官方公报或公共当局承认的"正宗"文件上发表声明来确立将电子签字归属于某一特定签字人的推定。然而，其他各方可能不愿意接受这种声明，在事先没有合同能够有把握地证明这种公开声明的法律效力时尤其如此。如果交易最终证明对署名的签字人不利，那么当事人若信赖此种在开放系统上所作的未经证明的公开声明，便将冒巨大的风险，疏忽大意地信任骗子，或对被抵赖的数字签名不得不加以反驳。

解决这个问题的方法，是利用一个或多个受到信任的第三方将认定的签字人或签字人的名字与某个具体的公用钥匙联系起来。在大多数技术标准和指导原则中，该受信任的第三方一般称作"电子认证服务提供者"。

2. 公用钥匙基础结构

在若干国家中，这类电子认证服务提供者现在正按等级编组，组成平常所称的"公用钥匙基础结构"。建立公用钥匙基础结构是一种方法，用以使人们信任下列两点：用户的公用钥匙未被篡改，而且事实上与该用户的私人钥匙相对应；使用的密码技术是可靠的。为让人产生上述信任，公用钥匙基础结构可以提供多种服务，其中包括：①管理用于数字签名的密码钥匙；②验证一套公用钥匙对应于一套私人钥匙；③为最终用户提供钥匙；④公布公用钥匙或证书的保密目录；⑤管理个人令牌（例如智能卡），它们能够以独特的个人识别信息识别用户或者能够创建和存储个人的私人钥匙；⑥核实最终用户的标识并向它们提供服务；⑦提供时间标记服务；⑧在获准使用密码钥匙时，管理用于保密性加密的密码钥匙。

公用钥匙基础结构常以多层次的职权结构为基础。例如，某些国家为建立可能的公用钥匙基础结构而考虑的模式涉及下列层次：①一个独一无二的"总根服务提供者"，它将验证凡获准发布配对加密钥匙或签发与使用这些配对钥匙有关的证明的所有各方采用的技术和做法，并对下属的服务提供者进行登记；②多个服务提供者，置于"总根服务提供者"机构之下，负责验证用户的公用钥匙实际上与该用户的私人钥匙相对应（即未经篡改）；③多个地方登记机构，置于验证服务提供者之下，接受用户对配对加密钥匙或与使用这些配对钥匙有关的证明而提出的申请，要求提出鉴定的证据并检查潜在用户的身份。在某些国家，设想可由公证人充当或支持地方登记机构。不过，从相互验证的角度看，全球通用的必要性要求各国建立的公用钥匙基础结构应能互相沟通。

3. 电子认证服务提供者

为使配对钥匙与未来的签字人联系起来，电子认证服务提供者签发一份证书，这是一份电子记录,将公用钥匙和证书用户的名字合列在一起,作为证书的“内容”,而且可能确认证书中所标明的未来签字人持有对应的私人钥匙。证书的主要作用是将公用钥匙与特定的持有人联系在一起。证书的“接收人”如果希望依赖证书中所标明的持有人而创建的数字签名,可利用证书中列出的公用钥匙查验数字签名是否是采用对应的私人钥匙创建的。如果这种查验获得成功,则在技术上提供了某种程度的保证,即数字签名是由签字人所创建的,而且散列函数中使用的电文部分(以及因而对应的电文)经数字签名后未被改动过。

小贴士

为了保证证书的内容和来源的真实性,电子认证服务提供者对证书加上数字签名。签发证书的服务提供者在证书上的数字签名,可以采用由另一个验证服务商签发的另一份证书中列出的该电子认证服务提供者的公用钥匙来核查,而且该另一证书可以依次再由另一份证书中列出的公用钥匙验证,如此不断进行下去,直至依赖于数字签名的个人对其真实性确信无疑为止。除了用以核查电子认证服务提供者数字签名的各种其他可能的方法之外,该数字签名还可记录在该电子认证服务提供者自己签发的证书上,这种证书有时可称为“根证书”。

在每种情况下,签发证书的电子认证服务提供者在用以核查电子认证服务提供者数字签名的另一证书的操作期间,必须对自己的证书加上数字签名。根据有些国家的法律,对电子认证服务提供者的数字签名建立起信心的一种方式可以是,在官方公告中公布电子认证服务提供者的公用钥匙或与根证书有关的某些数据。

第二节 电子签名的适用范围和法律效力

一、电子签名的适用范围

学前思考

张某和赵某是大学同学,两个人准备办理结婚登记手续,8 月 8 日是个好日子,但是赵某被临时派到外埠,赶不回来了。张某想和民政局的工作人员商量能否以视频的方式到场,并且发邮件确认。

(1) 你觉得这属于电子签名吗?

(2) 如果这么做,该婚姻登记是否有效呢?

《电子签名法》第三条规定:“民事活动中的合同或者其他文件、单证等文书,当事人可以约定使用或者不使用电子签名、数据电文。

当事人约定使用电子签名、数据电文的文书，不得仅因为其采用电子签名、数据电文的形式而否定其法律效力。

前款规定不适用下列文书：①涉及婚姻、收养、继承等人身关系的；②涉及土地、房屋等不动产权益转让的；③涉及停止供水、供热、供气、供电等公用事业服务的；④法律、行政法规规定的不适用电子文书的其他情形。”

小贴士

根据上述法律规定，数字签名广泛适用于民事活动中。但是需要注意的是，在行政活动中数字签名同样可以被广泛适用，与民事活动中的使用相区别的是，行政活动使用数字签名并不能由双方约定，而应根据有关法律、法规和规章。

《电子签名法》提出部分文书不适用电子签名，是出于这些文书所需要的较强的公示性或人身关系属性等决定的。法律行政法规还可以规定不适用电子文书的其他情形。

二、电子签名的法律效力

（一）电子签名法律效力的解决方案

对电子签名法律效力的认可，最简便有效的方法当然是通过国家立法，这也是各国努力的方向。但是，在没有立法的情况下，或者在立法尚不能涵盖的问题上，通过当事人协议的方式进行解决也是可行的。在英美法国家，法官通过判例发展法律，承认电子签名的效力，也是可行的[①]。

1. 国家立法

通过国家立法，可以赋予电子签名以法律效力。这时候，可以同时解决合同法、票据法等民商法上的问题，也可以解决证据法等诉讼法上的问题，甚至可以解决行政法上的问题。可以说是最直接的方法。我国通过的《电子签名法》，是电子商务法体系中的第一个专门法律，也表明了立法承认电子签名效力的重要性。

2. 当事人协议

通过当事人协议的方法，符合电子商务法作为商法而应符合的意思自治原则，在不涉及证据法等强行法的情况下，当事人协议采用新的电子签名方法，取代传统手写签名，是完全可行的。在已经有电子签名立法的情况下，并在不违反强制性规范的前提下，对其中的任意性规范进行变更也是允许的。

---

① 丘彪山．电子签名法律问题探析[D]．大连：大连海事大学，2002：(21)．

（二）电子签名生效的条件

学前思考

A公司业务代表甲为了购买LED显示屏与B公司业务代表乙通过电子邮件交流。后双方达成共识。在这一过程中有两个问题：①甲在交流过程中使用的都是私人邮箱。②甲、乙最终达成共识的邮件落款写的均是自己的名字。请问这份电子合同中的电子签名是否有效？

《电子签名法》第十五条规定："可靠的电子签名与手写签名或者盖章具有同等的法律效力。"《电子签字示范法》第六条第一款也规定："凡法律规定要求有一人的签字时，如果根据各种情况，包括根据任何有关协议，使用电子签名既适合生成或传送数据电文所要达到的目的，而且也同样可靠，则对于该数据电文而言，即满足了该项签字要求。"

上述条文并没有将不同的电子签名技术划分为经确认可靠的电子签名技术和使用可靠性不高的技术，从而也没有根据这种划分决定各种技术的效力。也就是说，法律并不歧视任何电子签名形式，即使该形式在某种场合下可能看来不够精致和安全。这些规定没有使用画地为牢的做法，从而避免了法律阻碍技术发展的问题。

我们可以从上述规定中推定，数据电文加以签字而采用的任何电子签名技术，只要从所有情形来看，包括根据当事人之间的任何协议都认为足够可靠，那么便可能产生法律效力，并不局限于某一项或几项技术上。

为了确定是否可靠，我们可以考虑各种法律、技术及商业因素，包括：①每一当事人所用设备的先进程度；②他们所从事的贸易活动的性质；③当事人之间进行商业交易的频度；④交易的种类和数额；⑤在特定的法规环境下签字要求的功能；⑥通信系统的能力；⑦是否遵循由中间人提出的认证程序；⑧可由中间人提供的各种核证程序；⑨是否遵循贸易惯例和做法；⑩有无防范未经授权而发出电文的保险机制；⑪数据电文所含信息的重要性和价值；⑫利用其他鉴别方法的可能性和实施费用；⑬有关行业或领域在商定该鉴别方法时以及在数据电文被传递时，对于该鉴别方法的接受或不接受程度；⑭任何其他有关因素。这些因素具有相当的灵活性，所以依靠这些因素决定何为可靠签字方法，可能只有在使用电子签名很长时间之后由法院或其他政府机关来决定。

因此，为了确定性的考虑，法律还进一步提供了一些标准，通过这些实质性规则可以帮助人们明确目前哪些技术是被公认为符合法律要求的，同时，指明使用这些公认的技术将产生与手写签字相同的法律效力。

《电子签名法》第十三条规定："电子签名同时符合下列条件的，视为可靠的电子签名：

① 电子签名制作数据用于电子签名时，属于电子签名人专有。

② 签署时电子签名制作数据仅由电子签名人控制。

③ 签署后对电子签名的任何改动能够被发现。

④ 签署后对数据电文内容和形式的任何改动能够被发现。当事人也可以选择使用符合其约定的可靠条件的电子签名。"

第①项着重于签字制作数据的客观特征，即必须专属于签字人而不是其他任何人。

从技术角度来看，签字制作数据可以专属于签字人，而本身并不是“独一无二的”。用于制作签字的数据与签字人之间的关联是必不可少的因素。虽然某些电子签名制作数据可能是许多使用者共享的，例如公司的若干工作人员共同使用公司的签字制作数据，但这种数据必须能够在每个电子签名中毫不含糊地鉴别出其使用者。

第②项述及的是使用签字制作数据的情形。签字制作数据在使用时必须仅由签字人控制。关于“仅由电子签名人控制”，应该从比较宽泛的意义上去理解。一种情况是，签字人可将其授权给另一人使用，以便该人可代表其使用签字数据。出现这种情形的场合是公司中使用的签字数据，公司实体将是签字人，但需要若干自然人才能代表其签字。另一种情况是在商业应用中，有时候会将签字数据存在于内部网络上，能够供若干人使用。在这种情况下，按推定网络将与某个实体相关，该实体将是签字人并保持对签字制作数据的控制。上述两种情况都可以理解为签字人通过其代理人、职员来控制签字制作数据，而其代理人、职员都为签字人而非其自身控制签字制作数据。当然，如果签字数据可普遍得到，那么这一签字数据就不再是仅由签字人控制了，也就不满足第二项的规定，从而不应包括在法律的范围内。如一把钥匙由一人以上按“组合式钥匙”或其他“共享秘密”的方法操作，只有这些人同时使用其手中控制的部分签字制作数据才能进行签字，那么，提及“签字人”指的是这些人全体。

第③、④项述及电子签名完整性和经电子签名的信息的完整性问题。我国《电子签名法》将两项规定合在一起强调了这样的观念，即当文件附有签字时，文件的完整性和签字的完整性密切相关，难以想象二者缺一的情形。实际上电子签名完整性和经电子签名的信息的完整性是不同的问题，就像手写签字并不能担保经签字的文件的完整性，也不能担保对文件的任何改动将可被觉察，根据“功能等同法”，并不需要这些概念集中规定。单就第三项而言，其目的是规定所应达到的标准，以便表明某种电子签名方法非常可靠，足以满足法律对签字的要求。符合第四项形成的签字将可能比手写签字更为可靠，从而超出与签字在功能上等同的概念。第四项的效用可能是形成一种在功能上与原始文件等同的形式，足以满足《电子签名法》第五条的原件形式要求。换句话说，满足《电子签名法》的签字都将使数据电文满足原件形式要求，在很多情况下，这并不必要，只是徒增花费而已。

第二款的规定通常适用于合同的订立中，即承认当事各方可在任何有关的协定中自由规定其彼此之间对某种签字技术将视作手写签字的一种可靠同等方式。这给商业活动提供一个法律依据，使许多商业当事人能够在此基础上就电子签名的使用问题通过合同调整彼此之间的关系，是民法上意思自治原则的体现。但是，需要注意的是，如果法律、法规的强制性规定要求文件需要签名，则这时的电子签名必须符合第一款中规定的条件。比如，法律要求出票人必须亲自在汇票上签名，则出票人的签名必须严格符合第一款中规定的条件，绝不能因出票人与付款人或收款人的约定而有任何减损，因为票据将涉及第三人利益，《票据法》对签名的规定是强制性的。

（三）电子签名的效力

通过在数据电文之后加上电子签名，并将附有签字的数据电文发给收件人，签字人应被推定认可了其身份与该信息之间的联系。如上文所述，这种联系是否应产生合同效力或其他法律效力，将取决于所签字的文件的性质，并根据《电子签名法》以外适用的法律加以衡量。

同步案例

甲银行(贷款人)和乙公司(借款人)，通过数据电文和电子签名的方式签订了借贷合同，甲银行将该合同以电子邮件(电文)的形式发送给丙公司，丙公司在该电文上附加了电子签名后发还给甲银行。后来，乙公司无力偿还贷款，甲银行向法院起诉，要求丙公司承担保证责任。

思考：丙公司是否需要承担责任？

分析提示：焦点在于丙公司的电子签名是否表示丙公司同意承担保证责任。这个问题可以分为两个层次，一是电子签名是否有效；二是有效的电子签名是否包含了丙公司为乙公司的债务提供担保的意图，即丙公司在合同上签名是否产生保证合同的效力。前者是《电子签名法》需要解决的问题，后者是《担保法》所要解决的问题。

“功能等同法”可以帮助我们更好地理解电子签名的效力问题，也就是说，我们可以在功能上将电子签名等同于手写签名。本案中，丙公司在数据电文合同上作出了电子签名，为明确其效力问题，可以考虑在文本合同上手写签名的效力。后者，如果没有明确丙公司是作为保证人在合同上签字，那么丙公司仅仅是作为见证人或其他身份签字的，则丙公司无须承担保证责任。

第三节 电子签名人、电子签名依赖方的义务和责任

一、电子签名人的义务和责任

(一) 电子签名人的义务

学前思考

张某的电子邮箱密码被人盗取了，有人以张某的名义给工作伙伴及朋友发邮件谎称急需现金，有一名朋友上当了。张某认为这件事的原因是电子邮箱的运营商没有能够很好地保护用户账户，所以到法院起诉该公司，请问张某这样做是否可行？

《电子签名法》第十五条规定：“电子签名人应当妥善保管电子签名制作数据。电子签名人知悉电子签名制作数据已经失密或者可能已经失密时，应当及时告知有关各方，并终止使用该电子签名制作数据。”所以电子签名人具有以下两项义务。

1. 妥善保管电子签名制作数据

妥善保管电子签名制作数据是电子签名人的基本义务。这项义务已普遍载于关于使

用信用卡的协议中。根据上述规定，这一义务也应适用于可用以表示具有法律效力的意图的任何电子签名制作数据。电子签名之所以可以代替手写签名，就在于符合一定条件的电子签名能保证签名与某个特定签名人相联系。如果电子签名人未能妥善保管电子签名制作数据，将导致其他人滥用该签名，伪造文件或进行欺诈。需要注意，在解释“妥善保管”的概念时，要考虑到任何可能的相关惯例。

2. 信息告知的义务

信息告知义务包含两个方面：一是真实准确信息的告知义务；二是失密信息的及时告知义务。

小贴士

电子签名人的义务还规定在第二十条第一款：“电子签名人向电子认证服务提供者申请电子签名认证证书，应当提供真实、完整和准确的信息。”

《电子签名法》第十五条后段要求电子签名人知悉电子签名制作数据已经失密或者可能已经失密时，应当及时告知有关各方，并终止使用该电子签名制作数据。鉴于事实上签字人也许不可能追查到可能依赖电子签名的每一个人，所以在电子签名看来发生失密的情况下，要求签字人有义务做到向根据设想可能依赖签字的每一个人实际发出通知，对签字人来说是十分困难的。但是，签名人需要作出“合理的努力”，向预计可能依赖电子签名的任何人发出通知。“合理努力”的概念应按照诚信原则来解释。关于“有关各方”，视所采用的技术而定，可能不仅仅是意图依赖签字的某个人，而且也是其他一些人员，例如电子认证服务提供者和任何其他有关当事人。

（二）电子签名人的责任

《电子签名法》第二十七条规定：“电子签名人知悉电子签名制作数据已经失密或者可能已经失密未及时告知有关各方，并终止使用电子签名制作数据，未向电子认证服务提供者提供真实、完整和准确的信息，或者有其他过错，给电子签名依赖方、电子认证服务提供者造成损失的，承担赔偿责任。”

关于签字人未遵守《电子签名法》第十五条、第二十条规定的要求所可能产生的后果，第二十七条明确规定应当承担赔偿责任，指明了如果没有满足有关义务就应当承担赔偿责任这样的后果。这里的赔偿责任是一种民事责任，根据条文文字，还可以推断这里的赔偿责任是一种过错（包括故意和过失）责任。具体如何确定签字人所需承担的责任，则需要根据民法的规定。

电子签名人的电子签名制作数据失密，导致其他人利用制作数据伪造签名、数据电文，签名人如何承担责任？这在于归责原则是适用过错原则、无过错原则还是过错推定原则。根据《电子签名法》第二十七条中提到的“或者有其他过错”，可以认定为不能适用无过错责任。如果适用过错原则，则依赖方在要求签名人承担责任时，需要证明签名人有过错。但是，根据法律规定，电子签名制作数据由签名人完全独占控制，依赖方无从了解签名人对失密是否有过错，因此，采用过错责任将使依赖方无法证明，也就无法要求签名人承担责任。因此，适用过错推定原则是比较妥当的。一方面，避免无过错责任原则给签名人过重的责任，使其愿意来使用电子签名；另一方面，能较合理地分配举证责任，避免依赖方承担不可能完成的举证责任，也使其愿意接受电子签名。

同步案例

乙窃得电子签名人甲（即电子签名制作数据合法拥有者）的电子签名制作数据，但是，甲未能及时将数据失密的情况告知各方。乙伪造文件，与不知情的第三人丙（即某一电子签名依赖方）订立了合同。

思考：甲是否需要受该电子签名约束，即是否受该合同约束？

分析提示：(1) 甲需要证明利用该电子签名制作数据制成电子签名，从而跟丙签订合同的人，不是其本人，也不是其代理人或职员。也就是说，甲必须证明该电子签名是失密后由他人伪造的，否则将认为签名是由甲有效作出的，甲应该受合同约束。

(2) 在甲能证明签名是他人伪造的情况下，如果甲能证明其对失密没有过错，则可完全免责。如果甲无法证明其对失密无过错，则甲必须承担赔偿责任。《电子签名法》第二十七条明确规定了签名人承担责任的方式是损害赔偿，也就是说，依赖方不能主张合同有效。

小贴士

如果电子签名人的电子签名制作数据失密，签名人迟迟未能发现，当然无法及时告知有关各方，因此给电子签名依赖方造成损失的，是否承担责任？答案是肯定的。《电子签名法》第二十七条的规定简单沿袭了第十五条的文字，造成了立法上的漏洞。因为第十五条后半段要求签名人知道失密后及时通知，不履行通知义务，需要承担责任。但是，失密后迟迟未能发现，当然也违反了妥善保管电子签名制作数据的义务，同样应承担责任。在实践中，我们可以依据"有其他过错，给电子签名依赖方、电子认证服务提供者造成损失的，承担赔偿责任"这一段条文来处理这个问题。

电子签名人未向电子认证服务提供者提供真实、完整和准确的信息，给电子签名依赖方、电子认证服务提供者造成损失的，承担赔偿责任。需要注意的是，依赖方在电子认证服务提供者不能证明其无过错的条件下可以要求服务提供者承担赔偿责任，而服务提供者在先向依赖方承担责任后，可以转而要求签名人承担。

二、电子签名依赖方的义务和责任

(一) 电子签名依赖方的义务

电子签名依赖方，是指基于对电子签名认证证书或者电子签名的信赖从事有关活动的人。依赖方应当采取合理的步骤核查电子签名的可靠性;或在电子签名有证书支持时,采取合理的步骤核查证书的有效性或证书的吊销或撤销,遵守对证书的任何限制。

(二) 电子签名依赖方的责任

电子签名依赖方如果违反上述义务,并不需要承担真正的民事责任,而是有可能承担无法追究签名人或电子认证服务提供者责任的后果。具体如何确定依赖方的不利后果,则应当根据民法中的相关原理来解决,此处亦不再详述。当然,如果依赖方在即使合理核查也不会显示出签字或证书无效的情况下,依赖方将不会因为使用该签字或证书承担不利后果。

第四节　电子认证机构

一、认证机构的概念

认证机构(Certification Authority。简称CA认证机构,或CA认证中心)是指在电子合同中对用户的电子签名颁发数字证书的机构,它已经成为开放性电子商务活动中不可缺少的信用服务机构。联合国贸易法委员会在其《电子签名统一规则(草案)》第一条第四款中规定:"认证机构,是指从事颁发为数字签名的目的而使用的加密密钥相关的(身份)证书的任何人或实体。"(该定义受任何要求认证机构须取得许可、或认可或以一定的方式进行营业的有效法的限制。)美国《统一电子交易法(草案)》第二条规定:"认证机构,是指任何在其业务中从事颁发用于数字签名的密钥身份证书的人或实体。"可见,大体而言认证机构是指签发认证证书的自然人或法人。

我国《电子认证服务管理办法》[①]认为,电子认证服务,是指为电子签名相关各方提供真实性、可靠性验证的活动。电子认证服务提供者,是指为需要第三方认证的电子签名提供认证服务的机构(以下称为"电子认证服务机构")。

二、电子认证机构的设立

鉴于CA认证机构在电子交易中的重要作用,认证机构的设立必须符合一定的标准,才能保证其运营能够符合电子商务的需要。认证机构的运营受到切实有效的监督,才能最大限度地减少其对证书使用各方利益的损害。

(一) 电子认证机构的设立形式

(1) 由国家有关职能部门下属单位直接设立,从事电子认证服务工作。

(2) 由政府相关部门作出授权,规定严格的审批条件和程序签发认证证书,同时行使

---

① 《电子认证服务管理办法》已经2009年2月4日中华人民共和国工业和信息化部第六次部务会议审议通过,现予公布,自2009年3月31日起施行。

监督权,以确保网络交易的安全性。

(3) 通过市场的方式建立,在市场竞争中建立起信用。

认证机构申请从事电子认证服务的许可时,需要满足一定的审批条件。政府主管机关在审核及签发许可证时,需要对认证机构的资信情况和主体资格进行审核。

(二) 电子认证机构设立的条件

学前思考

甲银行想要申请电子认证机构,向工业和信息化部的相关人员咨询。目前该机构是独立的法人,从业人员150人,注册资本5 000万元,有1 000平方米的办事机构。

如果你是被咨询者,请你判断该公司目前是否具备申报资格。如果具备申报资格,应当提交哪些资料;如果不具备申报资格,应该具备哪些条件?

根据《电子认证服务管理办法》第五条规定,电子认证服务机构应当具备下列条件。

(1) 具有独立的企业法人资格。

(2) 具有与提供电子认证服务相适应的人员。从事电子认证服务的专业技术人员、运营管理人员、安全管理人员和客户服务人员不少于30名,并且应当符合相应岗位技能要求。

(3) 注册资本不低于人民币3 000万元。

(4) 具有固定的经营场所和满足电子认证服务要求的物理环境。

(5) 具有符合国家有关安全标准的技术和设备。

(6) 具有国家密码管理机构同意使用密码的证明文件。

(7) 法律、行政法规规定的其他条件。

申请电子认证服务许可的,应当向工业和信息化部提交下列材料。

(1) 书面申请。

(2) 人员证明。

(3) 资金证明(经依法审计的近3年的财务会计报告,新成立公司的验资报告)。

(4) 经营场所证明。

(5) 国家有关认证检测机构出具的技术、设备、物理环境符合国家有关安全标准的凭证。

(6) 国家密码管理机构同意使用密码的证明文件。

小贴士

截至2014年2月28日,有效电子认证证书持有量合计304 818 904份,其中机构证书22 358 584份,个人证书280 560 981份。

三、电子认证机构提供的认证服务的内容

电子认证机构的主要义务是提供电子认证服务。电子认证服务的主要内容为:①制

作、签发、管理电子签名认证证书；②确认签发的电子签名认证证书的真实性；③提供电子签名认证证书目录信息查询服务；④提供电子签名认证证书状态信息查询服务。

电子签名认证证书应当准确载明下列内容：①签发电子签名认证证书的电子认证服务机构名称；②证书持有人名称；③证书序列号；④证书有效期；⑤证书持有人的电子签名验证数据；⑥电子认证服务机构的电子签名；⑦工业和信息化部规定的其他内容。

四、电子认证服务的更新、暂停和撤销

学前思考

张红办理了一张中国工商银行的信用卡，为了网上购物并且开通了网上银行，领取了U盾。后来发现还款不是太方便，决定不用了。就一直放在家中。你这觉得张红这样做可行吗？会不会有上述危险。如果我们不用网银，怎么做比较稳妥呢？

1. 电子商务认证服务撤销的情形

有下列情况之一的，电子认证服务机构可以撤销其签发的电子签名认证证书：①证书持有人申请撤销证书；②证书持有人提供的信息不真实；③证书持有人没有履行双方合同规定的义务；④证书的安全性不能得到保证；⑤法律、行政法规规定的其他情况。

2. 电子认证服务更新或撤销的程序

(1) 使用人申请撤销要进行资料审查。有下列情况之一的，电子认证服务机构应当对申请人提供的证明身份的有关材料进行查验，并对有关材料进行审查：①申请人申请电子签名认证证书；②证书持有人申请更新证书；③证书持有人申请撤销证书。

(2) 公告。电子认证服务机构更新或者撤销电子签名认证证书时，应当予以公告。

3. 电子认证服务终止的其他注意事项

电子认证服务机构拟暂停或者终止电子认证服务的，应当在暂停或者终止电子认证服务90日前，就业务承接及其他有关事项通知有关各方。

电子认证服务机构拟暂停或者终止电子认证服务的，应当在暂停或者终止电子认证服务60日前向工业和信息化部报告，并与其他电子认证服务机构就业务承接进行协商，作出妥善安排。

第五节　电子认证中各方的法律关系

一、认证机构和证书持有人之间的权利和义务

证书持有人和认证机构之间的关系，一方面，可以视作认证服务机构和客户即消费者之间的服务关系，可以从有关消费者保护方面的法律规则中寻找到双方的权利、义务规

定;另一方面,双方的法律关系又是根据认证合同建立起来的,所以,双方的权利、义务可以从有关合同方面的法律规则以及合同本身的规定中找到依据。

(一) 电子认证机构的义务

1. 提供完整、准确的电子签名认证证书的义务

《电子认证服务管理办法》第十八条第一款规定,电子认证服务机构要保证电子签名认证证书内容在有效期内完整、准确。

2. 谨慎审核义务

对认证证书申请者所提交的有关材料的真实性,认证机构应该谨慎地加以审核。因为证书的发布、信赖方的信赖都依赖于对这些材料真实性的审查。《电子认证服务管理办法》第十七条要求电子认证机构要保证确认签发的电子签名认证证书的真实性。

《电子认证服务管理办法》第三十条规定,有下列情况之一的,电子认证服务机构应当对申请人提供的证明身份的有关材料进行查验,并对有关材料进行审查:①申请人申请电子签名认证证书;②证书持有人申请更新证书;③证书持有人申请撤销证书;④颁发证书的义务。

3. 按照公布的电子认证业务规则提供电子认证服务的义务

电子认证服务机构应当按照公布的电子认证业务规则提供电子认证服务。根据《电子认证服务管理办法》第十七条的规定,电子认证服务机构应当保证提供下列服务:①制作、签发、管理电子签名认证证书;②确认签发的电子签名认证证书的真实性;③提供电子签名认证证书目录信息查询服务;④提供电子签名认证证书状态信息查询服务。

4. 披露证书内容的义务

电子认证服务机构应保证电子签名依赖方能够证实或者了解电子签名认证证书所载内容及其他有关事项。《电子认证服务管理办法》第二十一条规定,电子认证服务机构在受理电子签名认证证书申请前,应当向申请人告知下列事项:①电子签名认证证书和电子签名的使用条件;②服务收费的项目和标准;③保存和使用证书持有人信息的权限和责任;④电子认证服务机构的责任范围;⑤证书持有人的责任范围;⑥其他需要事先告知的事项。

5. 保护证书持有人的商业秘密和个人隐私的义务

电子认证服务机构应妥善保存与电子认证服务相关的信息。《电子认证服务管理办法》第二十条规定,电子认证服务机构应当遵守国家的保密规定,建立完善的保密制度。电子认证服务机构对电子签名人和电子签名依赖方的资料,负有保密的义务。

(二) 证书持有人的义务

1. 真实陈述的义务

签署方对其身份、地址、营业范围、证书信赖等级的真实陈述,是证书可信赖性产生的前提,这是其应履行的基本义务。如我国的《广东省电子交易条例》第三十二条规定:“用

户申领数字证书时，提供虚假信息的，由有关行政管理部门依法追究其法律责任。”

2. 妥善保管私人密钥和证书的义务

私人密钥必须由证书持有人自己严加保存，否则认证机构即使再认真审核、公正发布信息都无法保证电子签名的安全性。如我国的《广东省电子交易条例》第二十二条规定：“数字证书用户在申领证书时，必须提供真实、完整和准确的身份信息及相关资料。数字证书用户应当妥善保管自己的证书私钥，并且遵守认证机构制订的认证业务操作规范和数字证书管理制度。”

3. 对颁发证书的检验义务

认证机构颁发证书时，用户有义务检验证书中所描述信息的准确性。

4. 正确使用证书的义务

用户应当依照法律法规和认证机构宣布的证书使用相关规定，正确地使用证书，不得利用证书从事任何非法的行为。

5. 及时通知义务

在发生私钥泄露或其他有可能影响到电子签名真实性的事件时，证书持有人应该及时通知认证机构，以便认证机构及时采取措施，减小损失。

6. 交纳费用的义务

（三）电子认证机构的权利

与证书持有人的义务相对应，电子认证机构的权利主要包括以下几方面。

1. 要求申请者提供真实信息的权利

电子认证在电子商务中的目的，是为了把某个电子签名和特定签名主体联系起来。为了达到这个目的，认证机构就必须掌握电子签名签署方的详细真实信息。

2. 及时获得通知的权利

认证机构在电子商务中的主要任务就是证明电子签名持有人的真实身份，如果证书持有人的身份信息发生某种程度上的变化而认证机构并不知晓，那么认证机构在证明证书持有人真实身份的时候，就可能对证书信赖人造成误导并损害其利益。

3. 单方撤销或者中止证书的权利

我国《电子认证服务管理办法》第二十九条规定，有下列情况之一的，电子认证服务机构可以撤销其签发的电子签名认证证书：①证书持有人申请撤销证书；②证书持有人提供的信息不真实；③证书持有人没有履行双方合同规定的义务；④证书的安全性不能得到保证；⑤法律、行政法规规定的其他情况。

4. 收取费用的权利

认证机构提供服务，当然享有收取费用的权利。

5. 求偿权

即在由于证书持有人的过失给自己造成损失的情况下，认证机构有权要求其赔偿损失。

（四）证书持有人的权利

与电子认证机构的义务相对应，证书持有人的权利有：①获得电子证书的权利；②中止证书的权利；③变更证书的权利；④撤销证书的权利。

二、认证机构和证书信赖人之间的权利和义务

学前思考

王某是某银行的客户，后发现自己的网上银行被盗用了，消费了7 000元。王某迅速通知银行，要求冻结该账户，减少损失，并查明原因。银行电话客服告诉他必须到柜台办理，等王某到达柜台办理这段时间，该卡又被盗用消费了7 000元。王某非常生气，但又不知道该如何办。

王某与自己好友沟通这件事，好友建议他先别让网店发货，然后报警。王某在银行柜台查明在什么时间在哪家网店消费的情况后，与京东网上商店联系，说明情况后，请对方先别发货。京东客服答复，王某的网上银行已经将钱转给京东，他们按照规矩必须发货。王某说："转账的卡是我的，我说不买了不行吗？"京东客服要求王某提供账户名和密码，但由于不是用自己的账户购买的，王某无法提供。京东表示不能撤销该笔消费。

请问京东的做法是否正确呢？请说明理由。

（一）认证机构的义务

联合国贸易法委员会的《电子签字示范法》，对证书服务者设定了以下义务。

(1) 兼顾行业政策和惯例，严格依据其所做的声明行事。

(2) 运行合理的注意义务，在证书的整个有效期内，保证所有和证书有关的，或者已包括在证书内的重要陈述具有准确性和完整性。

(3) 提供合理的查证途径使相对方能够通过证书确认：①证书服务者的身份；②证书所标明人在签名时已经控制了签名设施；③签名设施在证书签发时运行正常。

(4) 提供合理的查证途径，使相对方能够通过证书及相关资料确认：①用以识别签署者身份的方法；②对签名设施及使用到的证书的目的和价值的限制；③签名设施运行正常，没有受到损害；④证书服务者约定的对责任范围或者程度的限制；⑤是否为签署者提供签名设施受损的通知方式；⑥是否提供及时的撤销服务。

(5) 为签署者提供签名设施受损的通知方式，并确保可获得及时的撤销服务。

(6) 使用绝对可靠的系统、程序和人员来完成其服务。

（二）证书信赖人的义务

(1) 遵守认证机构的要求，采取合理的步骤确认签名的真实性。按照认证机构规定的程序获取证书的相关信息，确认证书的有效性，没有被中止、撤销等的情况。

(2) 遵守任何有关证书的限制,在证书所载的可信赖度以内从事交易,把证书用于规定的用途。如果信赖方超出了认证机构建议范围,没有按证书等级进行交易。那么,认证机构不对其超出证书可靠性建议范围的交易额负责。

(三) 认证机构的权利

与证书信赖人的义务相对应,认证机构的权利主要有:①要求信赖方按一定程序对电子签名进行确认;②对信赖方提出以证书为基础的交易范围。

(四) 证书信赖人的权利

与认证机构的义务相对应,证书信赖人的权利主要有:①要求认证机构谨慎地保证证书中内容的真实性,否则,可以求得赔偿;②要求认证机构尽信息披露的义务,可以就不明事宜向认证机构询问。

三、认证机构的法律责任

(一) 认证过程中的风险

电子认证机构在认证过程中会面临许多潜在风险,主要表现在以下几个方面。

(1) 应用技术过失致使电子记录丢失。认证机构的业务依赖于记录的完整性。一个规模化认证机构的互联网数据访问库,可能每小时会有成千上万人访问。因此,对这种数据库以及公告栏必须设置完全的备份程序,这是从事认证业务最基本的要求。另外,证书持有人因为疏忽而对密钥的更改或者丢失,也将造成严重后果。如果一大容量的在线企业的证书发生功能障碍,哪怕是一个小时都可能发生非常重大的损失。对于个人来说,证书一旦损坏或者丢失就不能从银行提取款项,无法进行交易。

(2) 对信息没有进行严格审查,致使证书包含虚假陈述,第三方信赖这种陈述,并基于证书的等级进行交易,一旦造成损失,将损坏认证机构的可信度。

(3) 没有经过合理适当的辨别即中止或者撤销证书。

(4) 由于服务器故障或者周期性离线修整而造成认证服务中断。

(5) 内部人员(即认证机构中有权访问证书数据库的雇员)制作虚假证书或者涂改证书记录。

(6) 外部人员使用多种方法攻击认证机构的通用协议。

(7) 作为网络机构,随着技术更新其淘汰率较高,服务可能难以长期维持,但是某些长期证书的管理需要服务一直持续下去,不能中断。

由上述认证机构面临的风险可以看出,电子认证机构极有可能在某些场合给证书持有人或者证书信赖人造成损失。那么认证机构应承担什么样的法律责任呢?

(二) 认证机构对用户的法律责任

就认证机构所主要面临的法律关系来说,认证机构和证书持有人之间是认证合同关系。但是,该合同内容究竟是一种产品还是服务至关重要。如果是产品的话,总是隐含着某些保证,比如保证商品适销适用。适销的含义比较广泛:在采用数字化证明的情况下,它要求商品达到按行业惯例可以在市场销售的水平。对适用的隐含保证,只有在该商品的买主把购买商品的目的告诉过卖方时,即在这里是 CA 才有效。在这种情况下,如果商品不适用于买方用途,损失的风险就转移到了卖方。

如果把 CA 的产品视为服务,那就要适用不同的规则。服务没有像商品那样的隐含法律保证。目前,在我国普遍认为,认证机构和证书持有人之间的合同是一种服务合同。

另外,如果认证机构泄露客户个人资料,就违反了《中华人民共和国刑法》第二百一十九条第一款第(三)项的规定,构成泄露商业秘密罪,应该依法承担相应的刑事责任。

美国犹他州的《数字签名法》第 46 - 3 - 303(1)条中有关法定责任的规定如下:首先,经批准成立的认证机构,对证书所载的申请人签发的证书必须作出下列担保:①该证书没有认证机构所知道的虚假信息;②该证书符合本章规定的所有实质条件;③该认证机构在签发该证书时没有超越其权限。其次,认证机构不得拒绝或者限制上述担保。所以,如果认证机构违反以上的担保义务,使得签署人受到损害,即使他们所签订的合同没有这样的约定,在这种情况下,签署人仍然可以按照有关法律向认证机构请求损害赔偿。

我国《电子签名法》第二十八条规定,电子签名人或者电子签名依赖方因依据电子认证服务提供者提供的电子签名认证服务从事民事活动遭受损失,电子认证服务提供者不能证明自己无过错的,承担赔偿责任。

小贴士

我国中央银行《金融机构安全认证指南》(草案二稿)中,所采取的是限额责任方式。其具体规定为:无论签署方或可信方的何种权利或义务,对每次证书应用来说,CA 不承担 50 万元人民币以上的任何责任。

(三) 认证机构对证书信赖人的法律责任

在认证机构和证书信赖人之间如果没有合同关系,证书信赖人是否可以基于侵权行为请求损害赔偿?一般认为,这需要看认证机构的实际操作是否违反 CPS(Certification Practice Statement)的规定。所谓"CPS"是指认证机构在签发认证证书时对其所采取的各项措施所做的声明,内容可包括:①签发认证证书前,认证机构对申请人的身份查验程序;②认证机构对密钥制造、认证证书签发、废止、查核、档案保管等所采取的安全措施;③保护密码密钥的安全措施;④任何其他有关信息。如果认证机构事先没有与证书信赖人订立合同,那么 CPS 就是认证机构的责任范围。在证书信赖人因信赖其认证而受到损害的情况下,认证机构如有违反 CPS 的规定,就应该承担责任。

认证机构应承担责任的认证行为,应包括有虚假或错误陈述的数字证书(可能是由于未对信息尽合理谨慎的审核义务、内部人员故意颁发虚假陈述或篡改证书记录等原因)、不合理的中止或撤销证书的行为、不合理的延长证书有效期的行为、证书等级和使用限制限定不明、服务非正常中断等。此外，损害赔偿制要得以实施，还需立法上对认证机构承担民事责任的能力作出保障，如规定注册资本的下限限额、规定从认证费用中提取一定比例的风险准备金制度，等等。

美国犹他州的《数字签名法》的有关规定如下：该法第 46 - 3 - 303(3)条规定，经核准成立的认证机构对于其证书的颁发，需要对所有合理信赖证书上所载内容的人保证以下事项：①证书所载的信息正确；②所有可预见的对信赖证书具有重大影响的信息或者已通过参数的方式载入证书；③用户已经接受证书；④认证机构是在遵守相关法律规定的情况下签发证书的。新加坡的《电子交易法》第三十条中也有类似规定。所以，当信赖人没有采用合理措施到认证机构的信息库进一步查实信息而直接使用证书，并且由于证书内容的虚假受到损失时，虽然认证机构和信赖人之间没有建立合同关系，但是信赖人仍然可以以认证机构违反上述法定义务为由向其提出赔偿请求。

我国《电子签名法》第二十八条规定，电子签名人或者电子签名依赖方因依据电子认证服务提供者提供的电子签名认证服务从事民事活动遭受损失，电子认证服务提供者不能证明自己无过错的，承担赔偿责任。

（四）交互认证中认证机构的法律责任

不同认证体系中的认证机构彼此签发认证证书，这被称为交互认证(cross-certification)。认证机构和其他认证机构之间通常具有合同关系，所以认证机构愿意为其他认证机构所签发认证证书的正确性以及有效性进行"背书担保"。如果因为其他认证机构所签发的认证证书错误的情形发生，以致提供背书的认证机构受到损害，那么该受损害一方可以根据合同约定向另外一认证机构行使求偿权。

（五）国外对认证机构责任的分配

1. 贸易法委员会的基本方案

贸易法委员会的《电子签字示范法》，把认证机构的责任分为合同责任以及非合同责任两种情况。在信赖方的非合同责任中，首先把对证书的不合理信赖排除在责任范围之外；其次对合理信赖的情况采取过错推定责任原则，即除非证明本身和其代理人采取所有合理的措施以避免错误，否则将对过错所造成的损失负赔偿责任。

贸易法委员会所确定的过错推定责任，有利于保护信赖人(包括消费者)的利益。因为认证业务是一种专业性非常强的信息服务，通常信赖人只了解认证机构的对外功能，不一定完全了解其内部操作规范以及技术标准。在出现错误认证时，要由信赖方拿出确切的证据来证明对方有过错是很困难的。因此，这时实行责任倒置，让认证机构承担证明自身无过错的义务比较合理。

2. 美国犹他州的《数字签名法》对认证机构责任的规定

犹他州《数字签名法》第三百零八条关于"经许可的认证机构责任"的规定，有以下两方面。

(1) 通过在证书中明确建议的可靠性限制，建议人们仅在不超过证书的风险总额的限度内交易或对其信赖。

(2) 除了认证机构违反法定条件外,①除非许可之认证机构放弃本款的使用,许可之认证机构就与虚假或伪造的数字签名有关的事宜已遵守本法所有重要规定的,该许可之认证机构对依赖虚假或伪造的数字签名所导致的任何损失没有责任。②经许可的认证机构不对所颁发的证书中因其虚假陈述或者错误而对超过证书中明确建议的可靠性程度的数额负责。③经许可的认证机构不对惩罚或者警戒性损害赔偿负责,但是州政府的强制性要求除外。

关于证书的错误陈述,犹他州的《数字签名法》规定,认证机构只对直接损失负赔偿责任,免除了间接损失和惩罚性赔偿。

犹他州的《数字签名法》,给予完全符合可靠系统要求以及其他数字签名法规范的该州认证机构以有限责任。只要认证机构遵守《数字签名法》,就不对虚假的或者伪造的数字签名负责。但是,这样一来,对于认证机构内部人员的欺诈性签名,也无法给予有效的惩罚。这种方式对消费者和非熟练方用户利益保护不够,特别是在由于拥有私密钥所产生的损失方面。另外,从赔偿范围中排除了储蓄利息(以个人银行账号为前提),对通过银行交易的消费者特别苛刻,但是他们却是电子交易的最广大的用户。

3. 认证机构责任改良方案

为了避免犹他州的《数字签名法》认证机构责任方案的弊端,华盛顿州设计了改良方案,即适当减少对认证机构责任的限制,从而扩大对信赖人(多为消费者)的保护。该州立法没有采用排除"利润、利息或机会利益赔偿"的条款,而是允许把利息包含在赔偿范围之内,同时还对用户加以保护,以免其银行账户被错误提取。如果银行没有经过认真检查假冒他人证书的恶意第三人的信用证,并让其凭此证书从银行提走了款项,将对该损失在证书的可靠限度内负责。

小　　结

电子签名和电子认证对于保证电子商务的安全至关重要。要保证电子商务交易的安全,单独的电子签名和电子认证都不能解决问题,只有把电子签名和电子认证结合起来,才能保证一项电子商务交易的安全。电子签名是一个基础,要弄懂什么是电子签名,不同类型的电子签名的意义和价值是不同的。电子认证是保证电子签名的安全。其通过法律明确了当事人之间的权利义务,更好地保证了交易安全。

职业能力检测

1. 2014 年 1 月,李某结识了女孩周某。同年 8 月 27 日,周某发手机短信给李某,向他借钱应急,短信中说"我需要 5 000 元,刚回北京做了眼睛手术,不能出门,你直接把钱汇到我卡里"。李某随即将钱汇给了周某,一个多星期后,李某再次接到周某的短信,又借给了周某 6 000 元钱。因都是短信来往，两次汇款李某都没有索要借据，此后，因周某一直没有提过还款的事，而且又再次向李某借款，李某产生了警惕，于是向周某催要欠款。但一直索要未果，于是起诉至北京市海淀区人民法院，要求周某归还其 11 000 元钱，并提交了银行汇款单存单两张。但周某却称这是李某归还以前欠她的欠款。

为此，在庭审中，李某向法院提交的证据中，除了提供银行汇款单存单两张外，还提交了自己使用的号码为"1861166××××"的三星手机一部，记载了部分短信息内容。如"2014 年 8 月 27 日 15:05，那就借点资金援助吧"、"2014 年 8 月 27 日 15:13，我需要5 000 元，刚回北京做了眼睛手术，不能出门，你直接把钱汇到我卡里"等周某发来的 18 条短信内容。

经法官核实，李某提供的发送短信的手机号码拨打后接听者是周某本人，而周某也承认，自己从 2014 年 7 月开始一直独立使用这个手机号码，同时中国联通的运营系统里也记录了该手机号码的机主姓名和身份证号码均是周某本人。

请结合我国《电子签名法》的有关规定，回答如下问题，并给出理由。

(1) 李某的手机短信符合法律、法规要求的书面形式吗？

(2) 李某的手机短信满足法律、法规规定的原件形式要求吗？

(3) 李某的手机短信可以作为证据吗？

2. 原告于 2013 年 12 月 13 日上午在被告 A 银行承化街支行办理了"轻松理财知性卡"一张，并开通了"及时语短信通知服务"及"个人网上银行"业务，设置了手机动态密码通知，银行同时进行了相关的风险提示。2013 年 12 月 14 日，原告在被告处办理了修改通知手机号码业务。同日，原告向卡内汇入现金 40 万元。2013 年 12 月 15 日，原告的存款被他人分 6 次通过网上交易转出总共 19.99 万元。原告认为他人利用其银行卡号从被告处转账，应由被告承担不利后果，故诉至法院。

请结合所学知识分析各方都负有什么样的义务，应当承担什么责任。

第二章

电子合同法律制度

知识目标

1. 熟悉电子合同的订立。
2. 掌握电子合同的成立与生效。
3. 掌握电子合同的履行。
4. 熟悉电子格式合同。
5. 掌握电子合同的当事人的权利与义务。

能力目标

1. 能够运用合同法正确判断企业是否已经订立合同并且生效。
2. 能够对于合同履行过程中出现纠纷情况作出基本判断及解决方案。

情境导入

张莹工作了一个月后，对慧通公司内部的工作和游戏开发软件的工作流程有了基本的了解，领导又安排张莹来到游戏运营部门做游戏推广工作，就是吸引更多的游戏爱好者付费玩游戏，购买道具。只要玩家通过密码进来，玩家身份就自动在网络上得到确认，张莹并不知道这些玩家是成年人还是未成年人。张莹本身很会玩游戏，因此带动了一大批玩家，并引导玩家购买各种道具，突然有一天，有一位家长带着孩子找上门来投诉，抱怨游戏《蓝精灵》诱使自己年仅 8 岁的女儿娜娜在不知情中花了 1 400 元。尽管用户在购买付费功能时需要输入相关密码，但仅有这点安全措施是远远不够的。如果孩子们输入了密码，系统在 15 分钟后就会默认他们有意或无意购买的任何东西。娜娜在购买该游戏中的虚拟货币时，并不知道自己花的是真钱，所以就在不知不觉中花了很多钱。这位家长对这款锁定 4 岁以上儿童用户的游戏大为不满，他认为这个购买游戏的付费合同是无效的，要求退回游戏费用。否则就要诉诸法律。张莹这才意识到这里面还有合同呢。

请问：(1) 慧通公司与这位家长的网络游戏合同是否成立？合同是否有效？

(2) 如果慧通公司在玩家注册时的协议中说明了年龄应当年满 18 周岁，如果对方同意进入该协议就说明其已经年满 18 周岁，则慧通公司是否还需要承担责任？

(3) 不管合同是否成立，作为公司的工作人员，你如何与这位家长沟通？

我们和张莹一起学习电子合同，这样我们才能有效地与客户沟通，顺利解决问题。

第一节　电子合同概述

合同，亦称契约。根据我国《合同法》第二条规定："合同是平等主体的公民、法人、其他组织之间设立、变更、终止债权债务关系的协议。"合同反映了双方或多方意思表示一致的法律行为。目前，合同已经成为保障市场经济正常运行的重要手段。传统的合同形式主要有两种：口头形式和书面形式。口头形式，是指当事人只用语言不用文字的直接表达方式为意思表示订立合同。书面形式，是指当事人采用非直接表达方式即合同书、信件和数据电文等，可以有形地表现所载内容的合同形式。

科学技术的发展对经济发展起着巨大的推动作用，同时对法律的作用也是全方位的，表现在立法、司法、法学教育与研究各个领域。就立法领域而言，科学技术对法的内容、形式、调整范围、调整方法、法律技术以及法律用语等各个方面都发挥着重要作用。在电子商务中，合同的意义和作用没有发生改变，但其形式却发生了极大的变化。例如，订立合同的双方或多方大都是互不见面的。买方和卖方通过互联网交易，其信用依靠密码的辨认或认证机构的认证。表示合同生效的传统签字、盖章方式被电子签名所代替。电子商务合同形式的变化，对于世界各国都带来了一系列法律新问题。各国都在考虑给原有的规则做出新的解释或制定新的规则，以适应新的贸易形式。

一、电子合同立法的发展

从电子数据交换(Electronic Data Interchange，简称 EDI)到互联网，电子合同的立法过程也是随着人类科学技术的发展而发展的。由于受到网络技术发展的限制，早期的国际电子合同立法主要是围绕着电子数据交换规则的制定展开的，其影响也是有限的。

通过 EDI 方式拟定电子合同起源于欧美。第二次世界大战后，随着微电子科技的逐步发展和成熟，通信技术的广泛应用和运输工业的发达，国际贸易变得空前活跃，从而带来从事与贸易发展有关的各种商业单证或文件数量的增长。国外有人统计过，平均每做成一笔生意需要 30 张纸面单证或文件。这就需要大量的人工处理这些单证。这种成正比的双向增长矛盾显然与贸易商追求的省时、省力、高效率、低成本的竞争原则背道而驰。

市场瞬息万变，要求供应商提供及时、准确、周到的服务加上具有市场竞争力的价格。计算机网络技术和通信业的迅猛发展为这些商家提供了条件。这样，在20世纪60年代末一种新兴的贸易方式电子数据交换应运而生，这种贸易方式几乎同时出现在美国及欧洲，但是仅限于在单独的两三个商业伙伴之间进行。

20世纪70年代，数字通信网技术的出现和成熟，大大推动了EDI技术的成熟和应用范围的不断扩大。跨行业的EDI系统也在此阶段出现了。同时，作为实施EDI拟定电子合同关键要素之一的标准问题也逐步建立起来。1979年，美国标准化委员会制定了ANSI/ASC/X.12标准，该标准的推出促进了北美大陆的EDI发展进程。1981年，欧洲国家推出第一套网络贸易数据标准，即《贸易数据交换指导原则》(GTDI)，为电子合同法的发展奠定了基础。

20世纪80年代，不同标准之间的EDI系统开始"对话"，跨行业、跨国界的EDI网户已大大增加。GTDI和X.12的推出促进了前欧共体和北美内部电子数据交换的发展，但由于实施的标准不同，在前欧共体国家与北美大陆国家间进行数据交换时遇到了较大麻烦。为弥合两大标准的差异，建立统一的EDI标准，1990年3月，联合国正式推出了UN/EDI标准。该标准的推出统一了国际贸易数据交换中的标准，使得运用电子技术在全球范围内开展商务活动有了可能。

自20世纪90年代以来，由于互联网络日益普及和发展，全球电子商务发展呈现多元化趋势，人们不仅仅局限于通过EDI方式拟定合同，同时，还采取其他更多的方式"订立"合同，联合国国际贸易法委员会在EDI规则研究与发展的基础上，于1996年6月通过了《电子商务示范法》(以下简称《示范法》)。《示范法》的颁布为逐步解决电子商务，特别是电子合同的法律问题奠定了基础，为各国制定本国电子商务法规提供了框架和示范文本。自1996年以来，在联合国《示范法》制定之后，一些国际组织与国家纷纷合作，制定各种法律规范，形成了电子商务立法的高速发展期。

二、电子合同的概念

电子合同的概念分为广义与狭义两种。广义的电子合同，就是通常意义上所指的以"数据电文"为形式拟定的合同。根据联合国国际贸易法委员会1996年12月通过的《示范法》第二条的定义，数据电文是指"经由电子手段、光学手段或类似手段生成、发送、接收或储存的信息，这些手段包括但不限于电子数据交换(EDI)、电子邮件、电报、电传或传真"。所以可以说，广义的电子合同指经电子手段、光学手段或其他类似手段拟定的约定当事人之间权利与义务的契约形式。

狭义的电子合同，是专指由EDI方式拟定的合同。联合国国际贸易法委员会在《示范法》中对EDI做了如下定义："电子数据交换系指电子计算机之间信息的电子传输，而且使用某种商定的标准来处理信息结构。"国际标准化组织(ISO)为EDI下了一个较为完整的定义，即EDI是"将商业或行政事务处理按照一个公认的标准，形成结构化的事务处理或信息数据格式，从计算机到计算机的数据传输"。也就是说，EDI方式的电子合同就是指按照双边或多边协议，对具有一定结构特征的标准数据信息，经过电子数据通信网络，在交易伙伴的计算机应用系统之间进行数据交换和自动处理。

三、电子合同的特征

学前思考

某游戏公司希望购买一批服务器，多次与厂家通过电子邮件和电话沟通，最后双方在游戏公司会议室签订了合同。请问这份合同是电子合同吗？

带着这个问题，我们来学习电子合同的特征，符合这个特征的将是电子合同。

（一）无纸性

电子合同都是无纸化的信息。它是在计算机中储存的可以有形地表现所载内容的形式，而电报、电传等形式都必须有纸化，信息必须通过输出在纸上以后才能展现出其内容。电子合同通常不是以原始纸张作为记录的凭证，而是将信息或数据记录在计算机中，或记录在磁盘和软盘等中介载体中，因此以电子合同形式所进行的交易，又被称为无纸贸易。这种无纸性，大大降低了交易的成本，加快了文件周转速度，但也正是这种无纸性，使得电子合同出现两个弊端：一是电子数据的易改动性。传统的书面合同多以纸面“原件”为载体，如有改动，容易留下痕迹。而电子合同是用磁性介质保存的，改动、伪造后可以不留痕迹。二是电子数据作为证据的局限性。

（二）虚拟性

电子数据的传输，只需一台计算机、一条电话线和一个调制解调器，借助国际互联网就可以传遍世界各个角落。因此，电子合同的签订，双方当事人可以足不出户、互不谋面，只要坐在计算机屏幕前通过键盘与鼠标在国际互联网上活动即可完成，所以当事人完全是在虚拟的网络世界里进行交易，无须人工干预，简化了中间环节，这既节省了双方为传统面对面的谈判所产生的费用和时间，提高了办事效率和市场竞争力，又避免了旅行中可能发生的各种意外。但也正是这种虚拟性，导致了以下问题：一是当事人的身份、信用度如何，对方是否是合格的民事主体，有无民事责任能力等，通过计算机是难以确认的。二是一方收到的信息是否为对方当事人真实的意思表示，对方是否确认了自己的信息内容，接收方也是很难认定的。

（三）信息传递的快速性

由于电子合同是采用数据信息的传输形式签订，速度极快，有利于当事人在市场行情千变万化的情况下，抓住机遇，大大缩短了业务处理时间，改善了服务质量。但是，信息传递的快速也带来一些问题。比如，当事人发出的要约或承诺在瞬间就已到达对方，即使发现错误也难以撤回或撤销。还有，限制行为能力人或无权代理人所签的合同，在未经法定代理人或本人追认之前,相对人是否可以行使撤销权的问题等。所以,民法关于意思表示的撤回或撤销制度在这里将面临很大困难。

四、数据电文的证据性

学前思考

继续前述案情,游戏公司购买一批服务器为了某种特殊用途,但是厂家提供的产品不符合特殊用途,厂家辩称合同中没有写明特殊用途。于是游戏公司起诉了厂家,并且提供了双方订立合同前的电子邮件,证明邮件中多次提到了这种特殊用途,请问这种电子邮件能作为证据吗?如果可以作为证据,什么情况下才能成为证据呢?

由于电子合同的无纸性和虚拟性,使得当事人通过数据电文达成的意思表示,被储存在计算机存储设备中而无法拥有其"原件",这些数据电文是否可以作为证据?属于什么类型的证据?其证据效力又如何呢?

(一)数据电文在证据类型上的归属

数据电文是一种通过计算机储存的数据和资料来证明某种法律行为或法律事实的证据。它一般存储于计算机硬盘、软盘等磁性介质中,通过计算机终端设备可以显示出来。其作为证据形式,具有高科技性、无形性、易破坏性等特点。

(1) 联合国《示范法》的规定则更加具体,其第六条第一款规定:"如法律要求信息须采用书面形式,则假若一项数据电文所含信息可以调取以备日后查用,即满足了该项要求。"第九条第一款规定:"在任何法律诉讼中,证据规则的适用在任何方面均不得以下述任何理由否定一项数据电文作为证据的可接受性:①仅仅以它是一项数据电文为由;或②如果它是举证人按合理预期所能得到的最佳证据,以它并不是原件为由。"第十一条第一款则进一步规定:"就合同的订立而言,除非当事各方另有协议,一项要约以及对要约的承诺均可通过数据电文的手段表示。如使用了一项数据电文来订立合同,则不得仅仅以使用了数据电文为理由而否定该合同的有效性或可执行性。"第十二条第一款亦规定:"就一项数据电文的发件人和收件人之间而言,不得仅仅以意旨的声明或其他陈述采用数据电文形式为理由而否定其法律效力、有效性或可执行性。"

(2) 我国的《民事诉讼法》第六十三条规定了八种法定的可采纳的证据,包括:①当事人的陈述;②书证;③物证;④视听资料;⑤电子数据;⑥证人证言;⑦鉴定结论;⑧勘验笔录。以上证据必须查证属实,才能作为认定事实的根据。

(二)数据电文的证据效力

不同的诉讼证据制度对证据效力的确定方式是不同的。在我国,证据的效力主要取决于证据同案件事实的客观内在联系和联系的紧密程度。我国目前还没有独立的证据法,关于证据问题的一些原则性规定见于我国的三大诉讼法中。根据我国的证据理论,证据的效力取决于该证据是直接证据还是间接证据。2012 年新修订的民事诉讼法将电子数据作为一种证据单独列在了证据类型中。具体请求前面已经提到过了。其实在司法实践中，我国已存在电子数据作为直接证据的先例。例如：2000 年 9 月，北京市第二中级人民法院对一起网络著作权侵权案，首次采用了当庭拨号上网调取有关网页电子信息内容并当庭质证的审理方式，取得了很好的效果。对于以这种方式取得的数据电文证据，法庭实际上就是直接作为了认定事实的依据，同时使得双方当事人对此证据的真实性和客观性不再持有任何异议。

在英美证据法中，其采用传闻证据规则和最佳证据规则。所谓传闻证据规则，是指在法院之外作出的、在法院内没有证人作证的情况下作为证据使用的、可以用来证明案件事实真实性的主张。按照英美法的证据规则，只有亲自知道某一事实的证人证言才能作为证据，并通过交叉询问确定其真实、可靠后，才能作为证据使用。而传闻证据不是本人亲自看见的和实际接触到的内容，不能被采纳为证明其所主张的事实的真实性证据。数据电文是计算机自动处理存储的，计算机不能作证，计算机输出的数据电文只能被视为传闻证据。而所谓最佳证据规则，是指作为证据的书证只有文件的原件才能被法院采纳。某个数据电文因无法确认其是否是初始电文即原件而成为数据电文证据效力的主要障碍。因为数据电文最原始的形式是储存在计算机内的磁性介质中的电子数据，人们无法识读，而通过屏幕显示或输出文件显示出来的能为人识读的文件已不是原件，因此对于只承认原件才可作为证据、副本不能作为证据的要求，势必对电子商务的应用造成困难。

联合国贸易法委员会通过的《示范法》的第五条规定了数据信息的法律地位："信息不应仅仅因为其是数据信息的形式而被否认其法律效力、有效性或强制力。"第八条对"原件"作了以下规定。

(1) 如果法律要求信息须以其原始形式展现或留存，倘若情况如下，则一项数据电文即满足了该项要求：①有办法可靠地保证信息首次以其最后形式而生成，作为一项数据电文或充当其他用途之时起，该信息保持了其完整；②信息要求展现，即可将该信息显示给观看信息的人。

(2) 无论本条第(1)款所述要求是否采取一项义务的形式，也无论法律是不是仅仅规定了不以原始形式展现或留存信息的后果，该款均将适用。

(3) 为本条第(1)款①项的目的：①一是评定完整性的标准应当是除加上背书及在通常传递、储存和显示中所发生任何变动之外，有关信息是否保护完整，未经改变；②应根据生成信息的目的并参照所有相关情况来评定所要求的可靠性。

该法在第九条第(1)款又规定，如果数据电文是举证人按合理预期所能得到的最佳证据，则不能以其不是原件而否定其作为证据的可接受性。应考虑保持该信息完整性时所用的方法的可靠程度，判明其原创文件时所用方法的可靠程度以及其他相关因素。由此看来，《示范法》对"原件"也作了扩大解释，即只要该信息可以显示而且是完整的，即构成"原件"，而不必拘泥于其形式。

《示范法》第 9 条第(2)款还规定，对于以数据电文为形式的信息，应给予应有的证明力。在评估一项数据电文的证据力时，应考虑到生成、储存或传递数据电文的办法的可靠性，保护数据信息完整性的办法的可靠性，用以鉴别发件人的办法，以及任何其他相关因素。从这里可以看出对于完整、可靠且能够鉴别发件人的数据电文，《示范法》认定其具有证据的效力。

同步案例

甲银行(贷款人)和乙公司(借款人)，通过数据电文和电子签名的方式签订了借贷合同，甲银行将该合同以电子邮件(电文)的形式发送给丙公司，丙公司在该电文上附加了电子签名后发还给甲银行。后来，乙公司无力偿还贷款，甲银行向法院起诉，要求丙公司承担保证责任。

当事人一方被冒名顶替做相反意思表示。

北京某知名高校心理系学生薛某，通过国际互联网向美国密歇根州某高校申请奖学金，不久即收到这家高校准备为其提供1.3万美元奖学金的电子邮件。但随后薛某又收到这所大学取消该项奖学金的电子邮件，称其既然已经接受了其他学校的邀请，就当然失去了获得该项奖学金的权利。

事后经过调查，薛某发现使她的留学梦想化为泡影的那封电子邮件竟然是自己的同学张某冒名顶替发出的。一怒之下，薛某诉至法院，要求其同学张某承担赔偿责任。

起诉的依据是，有人证明在向美国大学发出拒绝信的当天，只有张某一人在试验室，并且在拒奖信发出的4分钟前，曾用同一台计算机往美国发送过电子邮件。实验证明，关机后重新开启该计算机需运行5分钟后方可进入发送电子邮件的状态。同时，有人证明张某确实发过电子邮件，并在完成发信之后便与薛某一起回到宿舍，但是张某拒绝透露其所发信件的内容和对象，所以不可能有别人在4分钟之内用同一台计算机发出拒绝信。被告则认为没有直接证据证明拒奖信的发出是被告所为，本案中不排除是其他人通过修改计算机的编号作案的可能性。

最后法院调解结案，由被告赔偿原告人民币1.3万元。

在任何法律关系中，对当事人身份的认定，都是非常重要的，而网上身份认定，则显得更为重要。在本案中不仅涉及当事人身份认定的问题，还涉及电子签名和电子证据的效力、侵权行为等多个相关问题。

1. 电子合同当事人的确认问题

电子合同的当事人作为合同权利义务的承担者，合同的主体直接影响到合同的效力与履行。在电子商务这个虚拟的世界中，对方当事人究竟是谁，是不是现有数据表现出来的当事人，已经成为一个非常值得关注的问题。而这种情况在现实世界中原本就不成问题。在本案中，因美国的学校无法对薛某身份加以辨别，直接影响到电子商务的安全性和可信性，因此，在电子商务交易中如何确认当事人身份的问题成为直接影响电子商务发展的障碍，也成为界定当事人权利义务关系所必须重视的法律课题。如果，薛某事先与美国学校就奖学金的最终确认事项约定签订书面确认书，或者以双方协议的形式实施电子签名，则可能避免上述问题，但是，就本案来说，美国学校以信息发件人对其发出的信息承担责任为理由，取消了薛某获得奖学金的机会，从法律上来说给我们留下了值得思考的课题。

2. 电子证据的效力问题

电子证据是以通过计算机储存的材料和证据证明案件事实的一种手段,它最大的功能是储存数据和资料,并能综合、连续地反映与案件有关的资料数据。但是,电子证据的物质载体是电磁脉冲,行为人蓄意操作、改变数据或程序,或者截收、监听等对电子证据的数据表示没有任何影响。因为计算机信息是采用二进制数据显示的,以数字信号的方式存在,而数字信号是非连续性的。所以,如果有人故意或因差错对电子证据进行删节、剪接,从技术角度上是无法查清的。在本案中,认定被告张某侵权的证据均为间接证据,而其中大部分是电子证据。众所周知,由于电子数据存在被删改的可能性,所以其效力的认定将成为审理这类案件的关键问题。本案最后达成调解原因就在于此。原告所掌握的证据不能够直接证明被告侵权行为的存在,但同时这些证据又可以推断出是被告冒名顶替发出了拒奖信。被告方面,也只能猜测修改可能性的存在,却无法证明自己并没有进行侵权行为。在这种情况下,由于法院无法根据电子证据判定侵权责任的所在,因此法院适时地进行调解,才使得纠纷得以解决。从本案中我们不难看出,虽然电子证据在一定程度上可以辅助法官判明事实,但是电子证据毕竟不具备书面证据的"原件"的证明力,从各国的立法来看,各国传统证据法对数据电文的可采纳性的要求不完全相同,在某些发达国家虽然对电子意思表示成为证据在技术上已经有了一定的保障,但是目前主要问题是需要从法律上确定电子数据证据效力的问题。

五、电子错误责任的承担

依据美国《统一计算机信息交易法》的定义,电子错误主要是指如果没有提供检测并纠正或避免错误的合理方法,消费者在使用一个信息处理系统时产生的电子信息中的错误。它包括信息处理系统、信息传输系统,或消费者在未提供合理更正或避免错误的电子系统中所犯的错误。在开放式的国际互联网上购物,任何人都可以通过国际互联网进入一个商家的网页购物,在发生电子错误的情况下,就可能给一方或双方造成损害,那么购物者和商家谁来承担由此造成的损失呢?我们把"电子错误"可能发生的几种情况归纳如下。

(1) 如果自动交易系统都是由商家提供的,而该系统没有提供必要的纠错设施,由此产生的责任应由商家承担。原欧洲共同体委员会在《关于通过 EDI 订立合同》的研究报告中提出:"可以把对计算机的运作拥有最后的支配权的人视为由他同意了计算机所发出的要约或承诺的人,并由他对计算机系统所作出的一切决定承担责任。"因此提供程序的人应当对其提供的程序产生的错误承担责任。

(2) 如果自动交易系统错误属交易相对人理应知道或在已知的情况下仍依此错误行事,则应由交易相对人自己承担责任。美国的《统一计算机信息交易法》第二百一十四条对电子错误做了详尽的规定:"在一个自动交易中,对于消费者无意接受,并且是由于电子错误产生的电子信息,如消费者采取了下列行为,即不受其约束:①于获知该错误时,立即:(a)将错误通知另一方;(b)将所有的信息拷贝交付给另一方,或按照从另一方收取的合理指示,将所有的信息拷贝交付给第三人,或销毁所有的信息拷贝;②未曾使用该信息,或未从该信息中获得任何利益,也未曾使信息可为第三方获得。"

该规定通过赋予消费者抗辩权的形式保护消费者不受由于电子错误产生的电子信息的约束,对于消费者积极避免错误的发生,但并没有受益的,允许其改正错误以避免将来后果的发生,不应由消费者承担责任,对于未采取合理的程序产生的不可更正的电子错误应由商家来承担损失。

第二节 电子合同的订立

一、电子合同的主体

学前思考

一个9岁的男孩经常上网,某日在购物网站以其父亲的身份证号注册并订购了一台冰箱。结果在购物网站把货送到家后,才发现是孩子订的,其父母表示很抱歉但拒绝收货。这时购物网站该如何处理这个问题?

(一) 当事人的行为能力

合同是当事人之间权利义务关系的协议,当事人订立合同,是为自己带来法律后果的行为,也就是一种民事法律行为。在通常交易中,我们可以通过查验身份证、鉴别营业执照、核对授权委托书以及谈话来判断对方当事人是否具有相应的缔约能力,或者通过长期的交易伙伴关系,或是通过对他方的资信状况等可见指标来建立一种最起码的信任关系。然而在电子交易过程中,很难分辨交易对方当事人真正的性别、年龄和身份,更谈不上当事人中一方能得知他方是否具有相应的行为能力。

根据我国《民法通则》的规定,公民的权利能力是法律规定的公民享有民事权利和承担民事义务的资格。公民从出生时起到死亡时止,具有民事权利能力,依法享有民事权利,承担民事义务。民事行为能力是指公民能够通过自己的行为独立行使权利,履行义务的能力。《民法通则》第十一条、第十二条、第十三条规定:18周岁以上的公民、16周岁以上不满18周岁但以自己的劳动收入为主要生活来源的公民是完全民事行为能力人,可以独立进行民事活动;不满10周岁的未成年人,不能辨认自己行为的精神病人是无民事行为能力人,不能独立进行民事活动;10周岁以上的未成年人、不能完全辨认自己行为的精神病人是限制民事行为能力人,只能从事与其年龄、智力、精神健康状况相适应的民事活动。完全民事行为能力人,除法律有特别限制外,具有完全的缔约能力;限制民事行为能力人只能从事与其年龄、智力或精神健康状况相适应的民事活动,其他民事活动由他的法定代理人代理或征得其法定代理人的同意。无民事行为能力人,由其法定代理人代理民事活动。我国《合同法》第九条规定:"当事人订立合同,应当具有相应的民事权利能力和民事行为能力。"这项规定适用于电子商务合同。合同是民事法律行为的一种,须具备法律行为的一般成立要件，即行为人具有相应的民事行为能力；行为人意思表示真实；不违反法律或者社会公共利益始能成立。我国《合同法》第三章《合同的效力》第四十七条规定："限制民事行为能力人订立的合同，经法定代理人追认后，该合同有效，但纯获利益的合同或者与其年龄、智力、精神健康状况相适应而订立的合同，不必经法定代理人追认。相对人可以催告法定代理人在一个月内予以追认。法定代理人未做表示的，视为拒绝追认。合同被追认之前，善意相对人有撤销的权利。撤销应当以通知的方式做出。"

如前所述例子中，如果孩子的父母亲不加以追认，这个孩子所做出的订购行为则是无效行为。在这种情况下，购物网站在送货之前应通过电话或其他方式和买方联系，以增大确定对方的行为能力的把握，以避免送货上门时被对方监护人拒绝的情况出现。同时，还可以让家长或其他监护人补偿购物网站送货所花的部分费用，以示其监护不力的小小惩罚。

在明确了消费者的行为能力的同时，商家的行为能力或权利能力也是一个必须考虑的问题。商家作为法人同样具有民事权利能力和民事行为能力。就法人而言，其缔约能力与其民事行为能力是一致的。有观点主张，在电子商务领域内应建立一种电子商务市场的准入机制。取得电子商务资格，应具备一定条件，这些条件包括：①有企业法人营业执照；②经营项目符合电子商务要求；③信誉良好，经营期间没有任何欺诈性行为发生；④申请网络交易的商品和服务必须达到国家规定的质量要求，并取得有关部门颁发的允许该类商品和服务进行网上交易的许可证；⑤资信较好，并依法取得一个可以被验证的身份标志，即数字证书；⑥应已建立了固定的销售和服务网络体系。这是一种准入制的审定方法，只要交易商符合上述条件，就可以进入电子商务市场。另有学者认为，既然是电子商务市场，就应有其本身的交易规则，交易双方除满足这些具体规则的要求外，还要求买方具备一定的网上支付能力和有效的网上支付工具；卖方具备一定的供货能力、固定的销售网络以传输商品和健全的售后服务体系。

目前，我国法律对从事电子商务的当事人资格有限制性规定的仅限于网络中心。根据我国《计算机信息网络国际联网管理暂行规定（修正）》第九条规定，设立网络中心应具备以下条件：①是依法设立的企业法人或事业法人；②具有相应的计算机网络、装备以及相应的技术人员和管理人员；③具有健全的安全保密管理制度和技术保护措施；④符合法律和国务院规定的其他条件。对网络中心的主体资格加以了限制。

小贴士

根据《互联网上网服务营业场所管理办法》第六条的规定，对在我国境内设立的互联网上网服务营业场所的主体资格进行了严格的限制。而从联合国、发达国家的立法经验来看，世界主要发达国家的立法中极少对电子合同当事人的主体资格加以限制，但是出于保证电子交易的安全性和可行性的角度出发，发达国家相关电子商务的立法均对电子签名、电子认证制度作出了详细的规定，以此确保电子交易的安全性和对电子合同当事人的主体加以确认。

同步案例

一名刚上小学二年级的男童，在某购物网站以其父亲李某的身份证号码注册了客户信息，并且订购了一台价值1 000元的小型打印机。但是当该网站将货物送到李某家中时，曾经学过一些法律知识的李某却以“其子未满10周岁，是无民事行为能力人”为由，拒绝接收打印机并拒付货款。由此交易双方产生了纠纷。

李某主张，电子商务合同订立在虚拟的世界，但却是在现实社会中得以履行，应该也能够受现行法律的调控。而依我国现行《民法通则》第十二条第二款和第五十五条的规定，一个不满10周岁的未成年人是无民事行为能力人，不能独立进行民事活动，应该由他的法定代理人代理民事活动。其子刚上小学二年级，未满10周岁，不能独立订立货物买卖合同，所以该打印机的网上购销合同无效；其父母作为其法定代理人有权拒付货款。

对此，网站主张：由于该男童是使用其父亲李某的身份证登录注册客户信息的，从网站所掌握的信息来看，与其达成打印机网络购销合同的当事人是一个有完全民事行为能力的正常人，而并不是此男童。由于网站是不可能审查身份证来源的，也就是说，网站已经尽到了自己的注意义务，不应当就合同的无效承担民事责任。

思考：本案中购买者不是完全民事行为能力人，但是网站是无法察觉的，那么应当如何处理呢？

分析提示：(1) 这个案例反映出对电子合同主体进行必要限制的意义。对于网络交易来说，合同当事人在网络上根本无法看到或辨别交易相对人的民事行为能力，双方当事人是利用计算机按键或鼠标来发出意思表示，即便网络中心要求交易相对人输入身份证号码及出生日期或信用卡号以证实其为成年人，但仍有伪造或提供不实资料的可能性，故网络中心或利用网络进行交易的销售者基本上无从得知对方当事人究竟是否是成年人，或者是限制民事行为能力或无民事行为能力人。因此，如何判断网上交易的当事人是否具有完全民事行为能力，限制民事行为能力或无民事行为能力，以及与这些限制民事行为能力人或无民事行为能力人订立的合同是否有效，有无必要对通过网上订立交易合同的当事人的主体资格加以限制，成为电子合同订立过程中的难题。

(2) 本案中是李某未满10周岁的儿子在网络上订立了买卖合同。根据我国《民法通则》的规定，未满10周岁的儿童是无民事行为能力者。无民事行为能力人订立的合同无效，所以李某拒付货款的行为本来也无可厚非。但是，由于该男童是以其父的身份证登录客户信息，如果网站有充分的证据证明其已经尽到了必要的注意义务，那么完全无视网站利益受到侵害的事实则有失公平。而另一方面，李某作为其子的监护人和其身份证的合法持有人，没有尽到相应的管教义务和保管义务，导致其子滥用其身份证进行登录注册，应当对合同无效给网站造成的损失承担赔偿责任。所以，应该认定购物网站有权要求李某承担货物的往返运费和其他交易费用。

（二）电子合同代理人

随着电子商务的不断发展，许多新的交易方式不断涌现，其中最常见和有效的就是在线自动交易。在电子商务交易中，越来越多的电子合同采用EDI或电子邮件、网页点击或者企业自动反应系统订立，甚至有的电子合同还采用自动方式履行。互联网自动交易是由一方或双方当事人在数据电文正常传送的情况下不干预交易的进行，而由当事人的计算机信息处理系统自动完成电子合同的订立、电子合同的履行。这些电子交易系统，具有按照预先设定好的程式自动发出要约、承诺，并具有审单判断的功能，许多自动履行的合同，较少需要，甚至不需要人工的介入。当事人通常要在得到清单时，才知道这些合同的详细发生情况。这些智能化交易系统，自动发送、接收和处理交易订单，就是电子代理人。可见电子代理人既不是自然人，也不是法人或者其他任何机构，而是一些计算机程序和自动化手段，是一种能够执行人的意图的智能化的交易工具。它能够在没有人进行干预的情况下去完成某些行为，起到了代理人的作用，因此称为电子代理人。

电子代理人不具有法律人格。这与具有完全民事行为能力、具有法律主体资格的传统意义上的"代理人"是截然不同的。传统意义上的代理责任是在授权范围内由被代理人承担，授权不明的代理人负连带责任；没有代理权、超越代理权或者代理权终止后的行为，只有经过被代理人的追认，被代理人才承担民事责任。而电子代理由于只是某一计算机程序或电子化手段或设置，并不具有法律上的主体资格，其思维能力是预设的、有限的，缺乏独立思维的判断能力，并且它本身也没有自身独立的利益，无法享受交易带来的利益，从权利义务对等的角度来看，其亦不应承担义务，同时也不能用自己的财产承担责任。因此电子代理人不可能具有独立的缔约能力。

但是随着"电子代理人"的日益推广，我们不能不承认电子代理人具有辅助当事人订立、履行合同的能力，尤其是在没有人工介入的情形下，能独自订立和履行合同。如果否认电子代理人的缔约能力，这就必将导致许多电子合同趋于无效，电子交易的高效、迅捷亦将在无效中化为乌有。目前，许多机构和国家都注意到这一问题，在网络交易法中对"电子代理人"在合同订立中的地位问题作出了规定，肯定了电子代理人代表当事人订立合同或履行合同的法律效力。

美国是"电子代理人"概念的创始者。在美国法学会制定的《统一计算机信息交易法》里，第一次使用了这个概念。《统一计算机信息交易法》第一百零二条"定义"部分，对电子代理人下了这样一个定义："所谓电子代理人，指的是不需要个人加以干预就能独立地用来启动某个行为，对电子记录或者履行作出回应的计算机程序、电子手段或者其他自动化手段。"美国《统一计算机信息交易法》第二百零二条肯定了电子代理人作为订约方式的合理性。该条规定，合同可以以任何足以说明存在合意的方式订立，包括要约和承诺、当事人双方的行为或者承认合同关系的电子代理人的运作。该法第一百零七条对使用电子代理人的法律效力也作出了规定，可以利用其电子代理人来进行认证、履约或者表示同意，即使没有谁意识到代理人的运作或者对代理人的运作或者运作的结果作出审查，也是如此。第二百零六条规定，当事人可以通过电子代理人的方式订立合同，也可以通过电子代理人之间的相互作用而订立。

与此同时，在美国的《信息交易法》中也对电子代理人作了较为详细的规定，形成了一套完整的制度。归纳起来，该法关于"电子代理人"的制度，表现在以下六个方面：①规定了"电子代理人"作为订约工具的合法性；②规定了"电子代理人"行为的效力归属；③规定了以"电子代理人"进行要约、承诺而订立合同的条件；④规定了关于"电子代理人"交易的条款审查机会问题;⑤规定了关于“电子代理人”行为的归属问题;⑥规定了相对交易人因电子错误而产生的抗辩权等。

对于一方是电子代理人、一方是个人达成的合同,即通过电子代理人和自然人本身或代理他人之自然人之间订立的合同,澳大利亚《电子交易法》则规定还需满足一定的条件:①个人有理由知道其正在同一个电子代理人做交易;②个人还要有理由知道电子代理人对其及时的表述作出反应的能力存在何种限制;③该个人还要明白,其作出的举动将使作为相对方的电子代理人完成某项交易。这是因为,如果这些要求没有满足,作为自然人的这一方在订立合同时,由于其对相对方为电子代理人的情况并不了解,其意思表示会存在一定的缺陷。此外,自然人对于电子代理人的信息处理权限并不清楚,因而,使用电子代理人的一方就有义务将该电子代理人具体信息处理权限告知相对方。

此外,联合国贸易法委员会发布的《电子签名统一规则(草案)》(1999 年 2 月第三稿)第八条中,也使用了“电子代理人”这一概念。联合国贸易法委员会对该词的使用,其最基本的含义是:“电子代理人”并不是“人”(自然人或者法人),而是机器,是被人用来从事交易活动的工具。“电子代理人”之所以被称为“代理人”,是因为它具有使被代理人的行为得以延伸,并将行为后果归结于被代理人的类似于“代理人”的特点。从构成看,它是具有自动化功能的软件、硬件的结合;从商业用途看,它可以用于搜索某一商品或服务的价格,完成在线买卖或对交易发出授权。它在功能上更比一般自动柜员机复杂得多。“电子代理人”甚至在某些领域,可以执行人所不能或不宜完成的工作。虽然“电子代理人”不具有法律人格,但它执行的却是交易人的意思表示,或根据其意思而履行合同,所以它与当事人的权利和义务有着十分密切的联系,这也就是法律对之进行规范的原因所在。

小贴士

我国目前并没有明确的法律对此进行规定,还是借鉴国外的相关法律以及《合同法》。学者们都希望在《合同法》中对这个问题进行专门的立法阐述。

二、电子合同的要约、要约邀请与承诺

电子合同是采取数据电文和电子数据的表达方式,其订立过程也是电子方式,也就是通过互联网通信缔结合同。但是,电子合同的订立过程仍要遵循传统合同订立的基本原理,签订电子合同的过程必须满足传统合同订立过程的“协商一致”。一般而言,这一过程包括要约和承诺两个阶段。只有具备这两个阶段,电子合同的订立过程才能完成。

(一)电子合同的要约

要约,亦称发价、报价、发盘等。发出要约的人称为要约人,接受要约的人称为受要约人、相对人或承诺人。根据我国《合同法》第十四条规定:“要约是希望和他人订立合同的

意思表示，该意思表示应当符合下列规定：①内容具体确定；②表明经受要约人承诺，要约人即受该意思表示约束。”《合同法》第十二条规定：“合同的内容由当事人约定，一般包括以下条款：①当事人的名称或者姓名和住所；②标的；③数量；④质量；⑤价款或者报酬；⑥履行期限、地点和方式；⑦违约责任；⑧解决争议的方法。当事人可以参照各类合同的示范文本订立合同。”

具体来讲，要约要取得法律上的效力，必须具备以下条件。

1. 要约必须是特定人所为的意思表示

其目的是希望得到受要约人的承诺并最终签订合同。所谓特定人就是指在客观上可以确定的人。

2. 要约必须是向相对人发出

要约必须经过相对人的承诺才能签订合同，因此，要约必须是向相对人发出的意思表示。

3. 要约的内容必须具体明确

所谓内容具体明确，就是要求要约的内容应当具备合同成立所必需的条款，即只要受要约人作出承诺，合同就应当成立。在合同成立所应具备的条款方面，上述《合同法》第十二条所规定的八项一般条款，当事人在订立合同时可以在此基础上增减。从要约内容可以达到合同成立的角度来考察，要约至少应当包括标的、数量、价格或确定价格的方法等，并根据交易的具体内容作相应的增加。其传达给受要约人的信息应该是明确的。

4. 要约必须明确提出受要约人作出答复的期限

在此期限内要约人受自己要约的约束，且不得擅自撤回或变更要约。如果撤回要约或变更要约的通知先于或与发出的要约同时到达受要约人，要约人则可以撤回或变更要约。电子要约显然也必须符合以上条件，只是实现要约的手段不同而已。由此可以认为，电子要约是通过电子的方式希望和他人订立合同的意思表示，该意思表示应当是特定人所为的意思表示，内容应当具体明确，并且表示一经受要约人的承诺，要约人即受该意思表示的约束。

（二）电子合同的要约邀请

所谓要约邀请，又称为“引诱要约”。我国《合同法》第十五条规定：“要约邀请是希望他人向自己发出要约的意思表示。寄送的价目表、拍卖公告、招标公告、招股说明书、商业广告等为要约邀请。商业广告的内容符合要约规定的，视为要约。”从法律性质上看，要约邀请不是一种意思表示，而是一种事实行为，也就是说，要约邀请是当事人订立合同的预备行为。在发出要约邀请时，当事人仍处于订约的准备阶段，要约邀请只是引诱他人发出要约，它既不能因相对人的承诺而成立合同，也不能因自己作出某种承诺而约束要约人。在发出要约邀请以后，要约邀请人撤回邀请，只要没有给善意相对人造成信赖利益的损失，要约邀请人一般不承担法律责任。

小贴士

在实际生活中,如悬赏广告,是不同于一般广告的一种特殊广告形式。它是广告人以广告的形式声明对完成悬赏广告中规定行为的任何人,给予广告中约定的报酬的意思表示行为。只要有人完成了悬赏广告所约定的行为,合同即告成立,广告人应依广告支付报酬。

小贴士

在线要约与邀请要约有以下区别。

(1) 交互式电子交易还是非交互式交易。通过非交互式电子交易程序表达的信息为要约邀请。在即时交互式通信系统中,可以准用谈判成立合同的规则,以最后双方确认内容为合同内容;而在非交互式通信中,以最后当事人确认(视为要约)的内容为合同内容。

(2) 货物是否售罄。通常信息产品(下载使用或收看)是不可售罄的,因而如果产品销售信息满足要约的要件,那么即可以视为要约;而对于二手货、非特别声明的货物销售信息,即使满足要约要件,也应当视情况确定其为要约还是要约邀请。

同步案例

韩某年满18周岁,有一天在网上浏览,发现一辆二手帕萨特汽车起拍价只有10元人民币,他想可能是网站在搞什么促销活动,就参加了竞拍。几轮下来他成功了,成交价是116元。网站通过电子邮件进行了确认,并给他发来了电子合同。韩某根据网站提供的电话,跟卖主联系,卖主是一家卖二手车的汽车经销公司,也收到了网站发来的那份电子合同,但是该公司坚决不同意交车,理由是这份合同无效,因为:①汽车的底拍价是10万元而不是10元,在网站上显示的10元底拍价是由于其工作人员输入失误造成的;②该网站挂出的是一个邀请,并不是真正的要约;③他们认为116元就把车卖了,这样一个合同是不公平的。韩某的手上有三份证据:一份是网络公司给他发来的电子确认书,第二份是电子合同,另外还有一份整个交易过程的证据。经多次交涉无果,韩某最后将汽车经销公司诉至法院。

思考:(1) 该份合同的双方当事人是否适格?

(2) 该网站的行为是要约还是要约邀请?

分析提示:该份合同双方当时人是适格的。该网站的行为是要约而非网站辩称的要约邀请。

(三) 电子合同的承诺

承诺是受要约人作出的接受要约而使合同成立的意思表示。我国《合同法》第二十一条规定,“承诺是受要约人同意要约的意思表示。”受要约人对要约作出承诺并送达要约人后,合同即告成立。一项有效的承诺必须具备下列条件。

1. 承诺必须由受要约人做出

受要约人以外的第三人即便知道要约的内容并作出同意要约的意思表示,合同也不能因此成立。因为任何第三人都不享有承诺的资格。

2. 承诺必须向要约人作出

受要约人只有向要约人作出承诺才能实现订立合同的目的,故承诺只有向要约人作出才有意义。

3. 承诺的内容应当与要约的内容一致

受要约人必须完全同意要约的意思表示,才能构成承诺,合同才能成立。如果受要约人对要约的内容作出实质性的变更,则只是一个新的要约,合同因此不能成立;如果受要约人对要约的内容作出非实质性变更,除非要约人及时表示反对或者要约表明承诺不得对要约的内容作出任何变更的以外,该承诺有效,合同的内容以承诺的内容为准。对于合同标的、数量、质量、价款或者报酬、履行期限、履行地点和方式、违约责任和解决争议方法等的变更,是对要约内容的实质性变更。

4. 承诺必须在要约的存续期间内作出

要约中规定了承诺期限的,承诺应当在该期限内达到要约人;要约没有规定承诺期限的,如果要约是以非对话方式作出的,承诺应当在合理期限内到达。受要约人超过承诺期限发出的承诺,除要约人及时通知受要约人该承诺有效的以外,为新要约。通过电子信息发出的承诺也必须符合这样几个条件。

那么,在电子交易中,怎样判断某一信息是要约、要约邀请还是承诺呢?我们将从信息商品合同和实物商品合同两方面加以探讨。

三、在线交易中的要约、要约邀请与承诺的界定

学前思考

淘宝店某店面搞店庆有特价、秒杀、特惠活动。约定0:00点开始,张某心仪该店面的某件衣服正好也在活动中,于是活动一开始他就马上下单,可还是没有拍到,张某为此向淘宝投诉该事情,认为该店存在欺诈。但是该店辩称特价数量不多。学完下列内容,你能分析这里面是否存在要约、要约邀请、承诺吗?

(一) 信息商品合同

信息商品合同的要约、要约邀请与承诺的界定办法如下。

(1) 在当事人能够通过电子交易进行协商或立即订立合同的程序中,销售数字产品的信息均为要约。因为数字产品可以使合同在线订立并在线履行,商品本身不存在售完问题。在这种程序下,应当允许信息接受人作出承诺。只要买方(受要约人)点击

购买，交易程序就能予以确认，所以买方(受要约人)处于主动地位，买方(受要约人)作出了同意购买的意思表示，卖方(要约人)就必然受其约束，也就是要约人要受到要约信息的约束。

(2) 在当事人不能通过电子交易进行协商的程序中，当事人所表达的信息为要约邀请。如通过网络寄送的产品信息、报价，或在页面上显示的商品信息等。

(二) 实物商品合同

在当事人能够通过电子交易进行协商的程序中，销售非数字产品的信息是要约还是要约邀请从以下三方面进行分析。

1. 通过访问页面进行交易

在实际生活中，当我们步入商店，标明价格正在出售的商品构成要约。但在页面上，只能视为要约邀请，这是因为它们在虚拟社会的表现形式是图形，从可能性上来说，当同时有多数人同时点击同一商品时，该图形所表示的商品可能会立刻售完。如果认定为要约，就意味着商家必须保证该商品有无限多或者即刻删去该图形，这对于商家显得过于苛刻。所以，我们认为页面上的商品如果属于有体物，则其信息均应是要约邀请。消费者点击购买商品的“确认”按钮是要约。随后出现的支付页面应是卖方的承诺，表明卖方接收了消费者的要约，请求消费者线上支付。

2. 通过网络交易中心交易

此类交易主要是B2B交易。网络交易中心为交易双方提供了交易平台，买卖双方可以在这个平台上进行协商直至订立和履行合同。在线双方采用即时聊天的方式对交易的具体内容逐项讨论，每当一项内容协商完毕，双方须点击“确定”按钮，再继续讨论下一项内容。就交易的全部事项讨论完毕后，双方须点击“确定”作最后的确认。随即双方可进入支付页面，选择支付方式，买方可以选择在线支付，卖方利用货物配送系统来履行。这种交易方式类似于口头交易，与传统交易中的要约承诺相差无几。

3. 通过电子邮件或其他方式交易

双方当事人以电子邮件方式或其他方式为意思表示时，如果相对人收到一封电子邮件，而该意思表示针对该个人，且内容具体足以解释为要约之内涵，此时该电子邮件就应被解释为要约。

小贴士

如果是在新闻群组和电子公告系统上看到一封张贴上去的“本人欲以40 000元出售二手汽车，其配备为……”的广告，此时因为该意思表示系针对不特定的多数人，故仅能解释为要约邀请。

如果这个信息的内容是：“‘本人欲以40 000元出售二手汽车，其配备为……’给第一个回复此电子邮件之人”，此时已是针对某些特定人士，即应解释为要约。

总之，是否为要约仍需根据具体情况来加以判断。

四、电子要约和承诺的撤回

要约的撤回，是指要约人在发出要约后，到达受要约人之前，取消其要约的行为。我国《合同法》第十七条规定："要约可以撤回。撤回要约的通知应当在要约到达受要约人之前或者同时到达受要约人。"如果要约人以邮寄信件的方式发出要约，在要约到达受要约人之前可以用更快捷的方法，如电话将之撤回。但是，要约人采用快速通信的方法发送信息，就很难撤回了。如要约人向受要约人发传真，在发出的同时，受要约人也就收到了，此时，不存在撤回的余地。要约一旦达到受要约人后，就发挥效力，要约人便不能撤回要约。

承诺的撤回，是指承诺人阻止承诺发生法律效力的一种意思表示。英美法系国家采用"投邮主义"，主张承诺一旦送交邮电局或者投入邮筒就生效，投邮之时就是合同成立时，投邮之地就是合同成立地，所以承诺无法撤回。承诺人如果后悔，可以按照解除合同的规则处理。在大陆法系国家或者地区，对于非对话要约采取到达主义，承诺在到达要约人时生效。因此，承诺人可以撤回承诺，只要撤回承诺的通知比承诺更先到达要约人或者同时到达就可以。《联合国国际货物销售合同公约》和《国际商事合同通则》对于非对话式承诺也采取了这种方式。我国《合同法》也是采取这种到达主义原则，其第二十七条规定："承诺可以撤回。撤回承诺的通知应当在承诺通知到达要约人之前或者与承诺通知同时到达要约人。"

小贴士

从尊重契约自由原则和诚实信用原则出发，我们应当认可要约人或承诺人的撤回通知，以使电子合同的成立要件既不优于，也不劣于以其他方式订立合同。而且，随着科技的发展，也有可能出现比电子数据的传输速度更快的信息传输方式，到那时，如果在技术上可以撤回承诺，但是因为法律上已经不承认要约或承诺的撤回而无法保护自己的应有权益，对要约人或承诺人则是不公平的。另外，要约或承诺的撤回作为要约人或承诺人的一项权利，也不应该随意被剥夺，权利的暂时不能行使或者行使的困难并不影响权利的存在。

五、电子要约的撤销

要约的撤销，是指在要约生效后使要约失效的行为。我国《合同法》第十八条规定："要约可以撤销。撤销要约的通知应当在受要约人发出承诺通知之前到达受要约人。"同时《合同法》第十九条规定了要约不得撤销的情形：①要约人确定了承诺期限或者以其他形式明示要约不可撤销。②受要约人有理由认为要约是不可撤销的，并已经为履行合同作了准备工作。在线交易中，要约能否撤销与要约的撤回一样，取决于交易的具体方式。如果当事人采用电子自动交易系统从事电子交易，承诺的作出是即刻的，要约人没有机会撤销要约。如果通过电子邮件方式订立合同，在一般情形下，要约是可以撤销的。因为，要约人通过以电子邮件方式发出要约后，受要约人收到要约可有一个考虑期，此期间的长短由要约人决定或由交易习惯确定，而不是一种自动回应和瞬间撮合的程序。例如，一方发出要约后，另一方并不一定立即自动作出回应。因而在发出要约与最终作出承诺之间可能会有一段间隔。在此期间内，要约人就可以撤销要约。另外，如果当事人在网上进行协商，这与口头方式无异，要约人在受要约人作出承诺前也是可以撤销要约的。

要约的撤回、撤销与失效示意图，如图 2-1 所示。

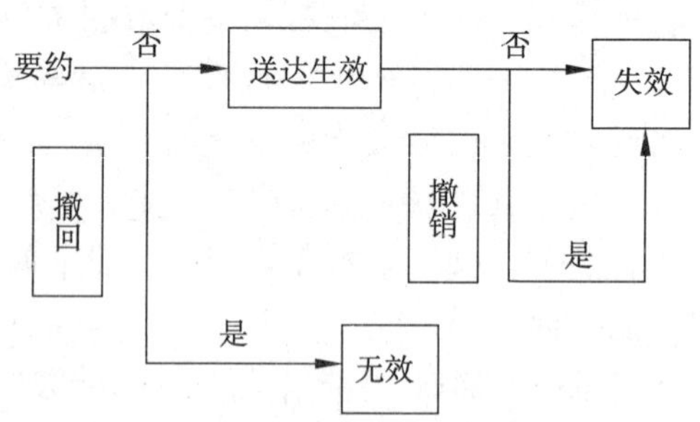

图 2-1　要约的撤回、撤销与失效

六、电子要约的生效

学前思考

甲公司于 1 月 5 日以电子邮件的方式向乙公司购买该公司（0001 型号）A4 纸共 10 箱，每箱 150 元，邮件中注明“由于急需，请当日回复”。甲公司当日收到乙公司销售部门的自动回复邮件。但是乙公司销售人员由于休假并没有看到。1 月 10 日，乙公司业务员休假回来，看到该封邮件，于是马上与甲公司电话联系，说马上送货上门。该案例中是否存在要约，如果存在，说明什么时候要约成立并生效，如果不存在也请说明理由。

关于非对话式要约的生效时间，理论上有“表意主义”（表示主义）、“发信主义”（投邮主义）、“到达主义”（受信主义）和“了解主义”等观点。表意主义认为，要约人只要作出要约的意思表示，要约就开始生效；发信主义认为，要约人发出要约后，只要要约处于要约人控制范围之外，要约即生效；到达主义认为，要约到达受要约人时生效；了解主义认为，要约被受要约人了解时生效。英美法系国家主要采用发信主义，但大陆法系国家或地区立法绝大多数采用到达主义。

随着科学技术的迅速发展，发送与到达的时间差越来越小，到达主义与发信主义的差别所产生的利弊也大大淡化，二者的实际效果越来越接近。从国际公约的规定来看，较多采用到达主义。如《示范法》中第十五条规定：“除非发件人和收件人另有协议，一项数据电文的发出时间以它进入发件人或者代表发件人发送数据电文的人控制范围之外的某一信息系统的时间为准。”“除非发件人和收件人另有协议，数据电文的收到时间按照下述办法确定：①如收件人为接收数据电文而指定了某一信息系统：(a)以数据电文进入该指定的信息系统的时间为收到时间；(b)如数据电文发给了收件人的一个信息系统，但不是指定的信息系统，则以收件人检索到该数据电文的时间为收到时间；②如收件人并未指定某一信息系统，则以数据电文进入收件人的任一信息系统时间为收到时间。”

美国的《统一计算机信息交易法》对于电子信息的生效时间也采用了到达主义，而放弃了普通法的“投邮主义”。美国统一州法委员会对此的正式评论是：“之所以放弃‘投邮主义’是避免收到与否的不确定性，采用到达主义是考虑到电子信息传输的迅捷性，而把投邮收到与否的风险置于发送人。”我国《合同法》第十六条也采纳了这一观点，即没有采纳发信主义，而是采纳了到达主义，即：“要约到达受要约人时生效。采纳数据电文形式订立合同，收件人指定特定系统接收数据电文的，该数据电文进入该特定系统的时间，视为到达时间；未指定特定系统的，该数据电文进入收件人的任何系统的首次时间，视为到达时间。”

我国《合同法》与《示范法》的不同，表现在两个方面：一是《示范法》第十五条规定了所有要约和承诺的文件的发出和收到的确认，而《合同法》第十六条规定的只是要约生效的问题。二是《示范法》第十五条规定，要约和承诺的文件的送达首先要到达一指定的信息系统，如果没有指定信息系统，则以收件人检索到该数据电文的时间为收到时间。但我国《合同法》第十六条则规定，未指定特定系统的，以该数据电文进入收件人的任何系统的首次时间，视为到达时间。显然，我国《合同法》认为只要在进入系统以后，尽管没有为收件人阅读、使用，也认为是收到了电文。对此解释的理由是“进入”的概念既用于界定数据电文的发出，也用于界定其收到。

而要约毕竟不同于承诺，对要约的到达采取宽松的解释，在一般情况下不会影响到交易的安全，所以可以以“进入”来界定到达。这就是说，只要要约的内容进入到收件人的系统，即使没有为收件人所实际检索、阅读，也视为到达。但如果要约人有可能会撤销他的要约，应当在发出要约的时候，要求受要约人发出确认的信件以证实是否收到。在没有确认之前，该要约并没有实际生效。

同步案例

甲公司于6月5日以传真方式向乙公司求购一台机床，要求“立即回复”。乙公司当日回复“收到传真”。6月10日，甲公司电话催问，乙公司表示同意按甲公司报价出售，要其于6月15日来人签订合同书。6月15日，甲公司前往签约，乙公司要求加价，未获同意，乙公司遂拒绝签约。

思考：该案例中乙公司是否可以拒绝。

分析提示：甲公司6月5日的传真构成要约，乙公司的回复对于合同的成立而言没有意义，只是表明要约已经到达。6月10日，乙公司要求于6月15日签订合同确认书，根据《合同法》第三十三条的规定，6月10日，合同并未成立。6月15日，甲公司与乙公司并未签订合同，合同并未成立。甲公司对于合同的成立产生了合理的信赖，但因乙公司的出尔反尔，导致合同未能成立，所以甲公司有权要求乙公司承担缔约过失责任。

七、要约和承诺的收讫确认

应当说，电子交易本身具有以往任何时代无法比拟的快捷性，因而，安全成了每个国家立法者考虑的第一要素。到达主义正好符合了这一要求，而发送人的风险可以通过设置“确认收讫”系统加以避免。所谓收讫确认是指在接收方收到发送的信息时，由其本人或指定的代理人或通过自动交易系统向发送方发出表明其已收到原始信息的通知。由于互联网的开放性和互联网技术的复杂性，与传统方式相比，发送方的要约和承诺发出之后，其被他人截获的可能性更大，没有人能保证所发出的要约和承诺绝对能完整地按时到达收件方。因此，为了给电子交易增加一层保险，便产生了要约和承诺的收讫确认。它同样适用于任何一条数据电文的收讫确认，称为数据电文的确认，即接收方收到发件人发送给他的数据电文后，根据双方达成的协议，采取一定的行动对收到电文这一事实予以确认，也称为“信息确认”。这里的信息确认只是指证实收到了原始信息，与接收方是否同意信息内容不能一概而论。也就是说，信息确认虽然可能是拒绝或承诺的前奏，但绝不等于承诺或拒绝要约本身。接收方对所收到信息的态度须另作表示，不是一个确认信号可以当然表达的。我国《合同法》第三十三条规定：“当事人采用信件、数据电文等形式订立合同的，可以在合同成立之前要求签订确认书。签订确认书时合同成立。”该条专门规定以数据电文方式订立合同，可以签订确认书，实际上鼓励当事人尽可能地采用确认的方式。但是，在实践中，是否签订确认书、签订确认书的期限和方式、在没收到确认的情况下，要约和承诺是否视为没有发出从而无效等问题在我国合同法中还没有详细的规定，还有赖于当事人的协商，依靠当事人在事前作出尽量详细的约定。

但是，依赖当事人的约定会出现一系列问题，如约定不明确、有关当事人滥用优势地位等。有关国家和国际组织的相关规定对我国具有借鉴作用。

联合国贸易法委员会的《示范法》，对确认收讫的应用规定了五项主要原则：①确认收讫可以用任何方式或行为进行。②发送人要求以确认收讫为条件的，在收到确认之前，视信息未发送。③发送人未要求以确认收讫为条件的，并在合理期限内收到确认的，可通知接收人并指定期限，在上述期限内仍未收到的，视信息未发送。④发送人收到确认的，表明信息已由收件人收到，但不表明收到的内容与发出的内容一致。⑤确认收讫的法律后果由当事人或各国自己决定。

《欧洲 EDI 示范协议》第五条规定，如需确认，则收件人应在收到电文后“一个营业日内”作出确认，当事人在技术附录中对确认期限另有约定的除外。如果发件人在该期限内未收到对其发出的电文的确认，那么他可以通知收件人，声明该电文已无效，或者确定一个新的确认期限。一旦收件人在新的期限内还未予以确认，则该电文绝对作无效处理。

新加坡 1998 年的《电子交易法》第十四条规定：

(1) 在发出电子记录或通过电子记录方式的同时或此前的时间内，第(2)、(3)、(4)款的规定适用于发送人要求或事先同意接收人以某种特定的方式或通过特定的方法作出收受确认的意思表示。

(2) 如果发送人并未同意接收人以某种特定的方式或通过特定的方法作出收受的确认表示，确认可通过：①接收人采用的任何确认通知方式，包括自动的和其他的方式；②接收人的任何行为,该行为足以向发送人表明已收到电子记录。

(3) 发送人声明电子记录的效力取决于收受确认,则电子记录在未收到任何确认以前,应视同从未发送。

(4) 发送人如未声明电子记录的效力取决于收受确认,且在发送人声明或同意的时间内未收到接收确认,发送人可以:①通知接收人尚未收到确认,并指定收受确认的合理时间;②如果在①项指定的合理时间内未收到确认,发送人可以在告知接收人的同时,将该电子记录视同从未发送,或可以行使任何其他权利。

(5) 如果发送人已收到接收人的确认,除非有相反的证据出现,相关电子记录已被接收。但这一原则并不保证电子记录的内容与收到的记录相符。

(6) 如果收受确认表明电子记录符合双方一致同意的或一致使用的标准中的技术要求,则除非有相反的证据出现,电子记录应视为符合技术要求。

(7) 除上文所指的电子记录的发送与接收,本部分规定不能用于解决电子记录或收受确认可能产生的法律后果。

韩国的《电子商务基本法》第十二条第三款规定:如果发件人要求收件人确认收讫但未声明以确认收讫为条件,那么发件人可以撤销发出的电子信息,除非在合理时间内,或在发件人规定的时间内,或在发件人和收件人协商一致的时间内发件人收到了确认通知。

在国际立法中,联合国贸易法委员会的《示范法》对数据电文的确认收讫问题所作的规定则更为详细。其第十四条规定:

(1) 本条第(2)至(4)款适用于发件人发送一项数据电文之时或之前,或通过该数据电文,要求或与收件人商定该数据电文需确认收讫的情况。

(2) 如发件人未与收件人商定以某种特定形式或某种特定方法确认收讫,可通过足以向发件人表明该数据电文已经收到的:①收件人任何自动化传递或其他方式的传递;②收件人的任何行为来确认收讫。

(3) 如发件人已声明数据电文须以收到该项确认为条件,则在收到确认之前,数据电文可视为从未发送。

(4) 如发件人并未声明数据电文须以收到该项确认为条件,而且在规定或商定时间内,或在未规定或商定的情况下,在一段合理的时间内,发件人并未收到此项确认时:①可向收件人发出通知,说明并未收到其收讫确认并定出必须收到该项确认的合理时限;②如在①项所规定的时限内仍未收到该项确认,发件人可在通知收件人之后,将数据电文视为从未发送,或行使其所拥有的其他权利。

(5) 如发件人收到收件人的收讫确认,即可推定有关数据电文已由收件人收到。这种推断并不含有该数据电文与所收电文相符的意思。

(6) 如所收到的收讫确认指出有关数据电文符合商定的或在适用标准中规定的技术要求时即可推定这些要求业已满足。

(7) 除涉及数据电文的发送或接收外,本条无意处理源自该数据电文或其收讫确认的法律后果。

第三节 电子合同的成立

一、电子合同的成立时间

学前思考

当当网 2014 年 3 月底搞购书活动，张某花了很多时间选购了其中 6 本性价比很高的书，订单显示成功，但当当网以邮包发送过程出现问题为由，单方面宣布该笔订单失效。和当当售后沟通，说可以重新以原来的价格订购，但是关键的一本书长期显示缺货状态，无法购买，张某投诉其涉嫌欺诈。请你分析前面订单显示成功之时，是否是电子合同的成立时间。

电子合同的成立时间，是指电子合同开始对当事人产生法律约束力的时间，也是法律上认为电子合同客观存在的时间。按照我国《合同法》第二十五条的规定，承诺生效时合同成立。而承诺的生效时间又主要有两种做法：一是大陆法系国家采用“到达主义”，即以信件到达接受人处生效；二是英美法系国家采用“发信主义”，即只要发出人将信件投邮则立即生效，生效的时间以投递邮件收据上邮局所盖邮戳为准，而不管是否到达。从国际公约的规定来看，较多采用到达主义，如《联合国国际货物销售合同公约》。

美国的《统一计算机信息交易法》，对于电子信息的生效时间也采用了到达主义，放弃了普通法中的“发信主义”。美国统一州法委员会对此的正式评论是：“之所以放弃发信主义是避免到达与否的不确定性，采用到达主义是考虑到电子信息传输的迅捷性，而把没有到达的风险置于发送人。”

由于到达主义侧重于维护交易安全，发信主义则侧重于维护交易迅捷。从科技迅速发展来看，发送与到达的时间差越来越小，到达主义与发信主义的差别所产生的利弊也大大淡化，二者的实际效果将越来越接近。

我国《合同法》第二十六条规定：“承诺通知到达要约人时生效。承诺不需要通知的，根据交易习惯或者要约的要求作出承诺的行为时生效。采用数据电文形式订立合同的，承诺到达的时间适用本法第十六条第二款的规定。”我国《合同法》第十六条第二款规定：“采用数据电文形式订立合同，收件人指定特定系统接收数据电文的，该数据电文进入该特定系统的时间，视为到达时间；未指定特定系统的，该数据电文进入收件人的任何系统的首次时间，视为到达时间。”可见我国采用的也是到达主义。总之，电子合同成立的时间应该是承诺进入收件人所指定系统的时间或者没指定特定系统时，所进入的收件人任一系统的时间。

目前，对于数据电文的发送和收到问题的规定，在国际统一规则领域，最完善的则是联合国贸易法委员会的《示范法》。其第十五条分别对数据电文发送与接收的时间予以了详细的规定：

(1) 除非发件人与收件人另有协议,一项数据电文的发出时间以它进入发件人或代表发件人发送数据电文的人控制范围之外的某一信息系统的时间为准。

(2) 除非发件人与收件人另有协议,数据电文的到达时间按下述办法确定:①如收件人为接收数据电文而指定了某一信息系统:(a)以数据电文进入该指定信息系统的时间为到达时间;或(b)如数据电文发给了收件人的一个信息系统但不是指定的信息系统,则以收件人检索到该数据电文的时间为到达时间。②如收件人并未指定某一信息系统,则以数据电文进入收件人的任一信息系统的时间为到达时间。

小贴士

电子签名和纸质签名具有类似的效力。电子签名是电子商务安全的重要保障手段。特别是在联合国《示范法》颁布之后,国际组织及一些发达国家,都将其立法的焦点从书面问题转向了电子签名。这是一个如何使交易者的身份与其电子记录相联系的技术性问题,同时又是一个全新的法律问题①。与联合国《示范法》的相关规定不同,我国《合同法》虽然规定了两种情况,一是数据电文进入所指定的特定系统;二是在没有指定特定系统的情况下,数据电文进入收件方的任一系统。但没有规定在收件人指定了收件系统,发件人未遵循该指令时的情况。因此,在采用电子邮件作为通信工具时,当事人可考虑约定可能发生的几种情况。

二、电子合同成立的地点

学前思考

当当网 2014 年 3 月底搞购书活动,张某花了很多时间选购其中 6 本性价比很高的书,订单显示成功,但当当网以邮包发送过程出现问题为由,单方面宣布该笔订单失效。和当当售后沟通,说可以重新以原来的价格订购,但是关键的一本书长期显示缺货状态,无法购买,张某投诉其涉嫌欺诈。如果该份合同成立,那么是发出之时就成立呢?还是收到订单之时成立呢?

关于合同成立的地点,两大法系的有关规定有所不同。根据大陆法系的"到达主义",意思表示到达的地点为合同成立的地点;根据英美法系的"发信主义",则发信人所在地为合同成立的地点。而电子合同成立的地点是指电子合同成立的具体地方。在以数据电文订立的合同中,收件人收到数据电文的信息系统或者检索到数据电文的信息系统所在地,常常和收件人所在地并不是一个地方。为了使一个信息系统的地点不作为决定性因素,收件人与作为收到地点的所在地有着某种合理的联系,以及发件人可以随时查到该地点,各国法律都采取了把数据电文接收地的确定和有关营业地紧密联系起来的做法,而不是

① 张楚.《电子商务法初论》[M].北京:中国政法大学出版社,2000.

把收到数据电文的信息系统所在地作为数据电文的发送地或收到地。

联合国的《示范法》第十五条第四款规定:“除非发件人与收件人另有协议,数据电文应以发件人设有营业地的地点为其发出地点,而以收件人设有营业地的地点视为其收到地点。就本款的目的而言:①如发件人或收件人有一个以上的营业地,应以对基础交易具有最密切关系的营业地为准,倘若并无任何基础交易,则以其主要的营业地为准;②如发件人或收件人没有营业地,则以其惯常居住地为准。”

我国香港于2000年通过的《电子交易条例》第十九条第(4)、(5)、(6)款规定:“……(4)除非发讯者与收讯者另有协议,否则电子记录视作:①在发讯者的业务地点发出;②在收讯者的业务地点接收。(5)为施行第(4)款:①如发讯者或收讯者有多于一个业务地点,业务地点指与有关电子记录所涉及的交易有最密切联系的业务地点,如没有涉及任何交易,则指发讯者或收讯者的主要业务地点;②如发讯者或收讯者没有业务地点,则业务地点为发讯者或收讯者的通常居住地点。(6)如发讯者及收讯者在不同地区,时间指国际标准时间。”

《示范法》和我国香港的《电子交易条例》,首先承认当事人的意思自治原则,在缺乏当事人协议时,其基本原则是根据收件人收到数据电文,即合同成立时收件人的营业地为判别标准。在存在多个营业地的情况下,采纳最密切联系营业地或者主营地;在不存在营业地的情况下,则以“通常居住地”作为发出或收到地。

我国《合同法》对合同成立地点的判断标准反映在《合同法》第三十四条第二款的规定中:“采用数据电文形式订立合同的,收件人的主营业地为合同成立的地点;没有主营业地的,其经常居住地为合同成立的地点。当事人另有约定的,按照其约定。”与《示范法》的规定有所不同的是:《示范法》规定的是数据电文的收到地点,而《合同法》规定的是合同的成立地点。这两者的区别表现在:一方面《示范法》的规定不仅适用于承诺文件的收到地点,还适用于要约文件的收到地点;另一方面在实践中,数据电文的收到不一定导致合同的成立,如果当事人约定了在需要特别确认的情况下,即使收到了承诺的信件,在没有确认之前,合同并不成立。可见,《示范法》的规定更为合理,因为它是基于使合同等行为与行为地有实质的联系,避免了以“信息系统”作为收到地所可能造成的不稳定性。这种将行为的时间与地点分别界定的方法既适应了现代科技的需要,又照顾了传统法律的实际。

同步案例

中国北京A公司与美国纽约一家公司一直有业务来往,近年来随着计算机网络的发展,双方越来越多地通过电子邮件进行商务活动。2010年6月1日上午,北京时间9点,北京公司通过电子邮件向纽约公司发盘,出售400吨咖啡豆,每吨价格1 800美元。该邮件还称,本发盘的有效期为一个星期。

纽约时间6月1日上午,纽约公司职员在打开公司计算机后发现了北京公司的发盘,遂派业务员汤姆负责了解同类咖啡豆的市场情况。此后的几天里,汤姆走访了公司的新老客户,进行了广泛调查,并把调查结果向公司作了汇报。6月7日,纽约公司经过研究,认为北京公司的发盘条件可以接受,电话指示汤姆发出接受通知。当时汤姆正在前往加拿大出差途中，因而汤姆至纽约时间当天晚上8时许在加拿大蒙特利尔市，用自己携带的手提电脑给北京公司的另一个电子邮件信箱发出了接受发盘的电子邮件通知，并表示其已做好履行合同的准备。

北京公司发现纽约公司发来的邮件是北京时间6月9日上午11时许，计算机显示的接收时间是北京时间6月8日上午8时22分。这时，北京公司知悉国际市场上咖啡豆的价格已经开始上涨，于是向纽约公司发出通知，将该批咖啡豆的价格提高至2 000美元/吨。纽约公司回邮拒绝接受，要求北京公司按合同履行交货义务。后北京公司将该批咖啡豆以2 300美元/吨的价格卖给了美国的另一家公司。纽约公司遂向北京法院起诉，要求北京公司赔偿其损失；北京公司则辩称，其与纽约公司之间的合同并未成立，在没有合同关系的情况下，纽约公司的索赔缺乏依据。

思考：(1) 该要约的生效时间。

(2) 该合同是否成立，如果成立，其成立的时间、地点分别是什么？如果不成立，请说明理由。

分析提示：(1) 未生效。纽约公司的承诺（即其“还盘”）被北京公司职员从其计算机中检索到时，已经超过了北京公司要约规定的承诺期限，其“承诺”未生效，双方之间的买卖合同并不成立，北京公司无须承担违约责任。

(2) 虽然纽约公司于6月7日晚上8时许发出其承诺，并于6月8日上午8时22分抵达北京公司的电子邮箱，时间并未超过要约规定的承诺期限，但纽约公司的承诺并不是按北京公司发出要约使用的电子邮箱地址回邮的，而是发送到了北京公司的另外一个并不经常使用的邮箱，到北京公司检索到该邮件时，已经是北京时间6月9日上午11时许，距离其发出要约的时间已经超过了一个星期，因此，纽约公司的承诺并不生效，双方之间的合同关系没有成立。

第四节　电子合同的履行

合同的履行，是指债务人全面、适当地完成合同所约定的义务，使债权人的债权得到全面实现的过程，又称为务债的清偿过程。从合同的效力上说，合同的履行是依法成立的合同所必然发生的法律效果，也是合同法律效力的主要内容；从合同法律关系来说，实质上表现为双方当事人的权利和义务关系。电子合同的履行当然也表现为当事人双方的权利和义务，并且买卖双方的权利和义务是对等的。卖方的义务就是买方的权利；买方的义务就是卖方的权利。

合同履行是合同效力的重要表现，是当事人订立合同追求的目的。我国《合同法》第六十条规定，当事人应当按照约定全面履行自己的义务。这是法律对于合同履行的基本要求。合同履行的原则是当事人在履行合同债务时所应遵循的基本准则。我国《合同法》虽然没有明确规定合同履行的原则，但是，通常认为，合同的履行原则是：当事人在履行合同的过程中除了要遵循整个合同法的基本原则，如诚实信用原则、平等原则、公平原则等之外，还应当坚持适当履行和协作履行的原则。这些基本原则仍然适用于电子合同的履行。

一、电子合同履行的原则

（一）适当履行原则

适当履行原则，又称正确履行原则或全面履行原则，是指当事人按照合同规定的标的及其质量、数量，由适当的主体在适当的履行期限、履行地点，以适当的履行方式，全面完成合同义务的履行原则。

适当履行与实际履行既有区别又有联系。实际履行强调债务人按照合同约定交付标的物或者提供服务，至于交付的标的物或提供的服务是否适当则没有涉及。而适当履行不仅要求债务人实际履行，而且要求所交付的标的物、提供的服务符合法律和合同的规定。适当履行原则是对当事人履行合同的最基本要求。例如，履行的主体是合同确定的主体，履行的时间地点恰当，履行方式合理等。对电子合同而言，如果是离线交易，债务人必须依照合同的约定履行或者由债权人自提；在线交付的一方应给予对方合理检验的机会，应保证交付的标的物的质量。

（二）协作履行原则

协作履行原则是指当事人不仅适当履行自己的合同债务，而且应当基于诚实信用原则，要求对方当事人协助其履行债务的履行原则。

协作履行原则是诚实信用原则的要求。在合同履行过程中，只有债务人的履行行为，没有债权人的受领给付，合同的内容仍很难实现。因而，它是当事人双方协作的结果。一般认为，该原则要求债务人履行债务时，债权人应当适当受领给付；债务人履行合同债务时，债权人应当给予适当的便利条件，履行通知、协助和保密等附随义务；因故不能履行或不能完全履行义务时，应当努力减少损失；发生合同纠纷时应当主动承担责任等。如在电子合同的履行当中，债务人发货时，债权人应当告知其地址和身份信息；而债务人在线收集的有关当事人的资料，也不得非法利用。可见，一方面，合同履行过程中，它需要当事人双方之间的相互协助；另一方面，它也表明此种协助不是无限度的。

二、电子合同当事人的权利和义务

（一）卖方的义务

学前思考

2013 年 11 月 11 日，张某在淘宝某店铺购买一款手机，等收到后发现手机是被人使用过的，非新手机。于是就通过淘宝系统索赔，商家说寄出的时候是好的，买家已经签收了。请你分析一下卖方是否可以这样做。

在电子商务条件下，卖方应当承担以下三项义务。

1. 按照合同的规定提交标的物及单据

提交标的物和单据是电子商务中卖方的一项主要义务。为了分清各方的责任，当事人应当在合同中明确约定标的物实物交付的时间、地点和方式。如果合同中对标的物的交付时间、地点和方式未做明确规定的，则应按照有关合同法或比照商业惯例、国际公约的规定办理。

标的物及单据的交付可以有两种方式：一种是所购商品为有形商品以及以有形媒介为载体的信息商品，通过线下交付的方式完成，这和传统的动产买卖在交付时间与交付地点的确定并无多大区别。

小贴士

我国《合同法》第六十一条规定："合同生效后，当事人就质量、价款或者报酬、履行地点等内容没有约定或者约定不明确的，可以协议补充；不能达成补充协议的，按照合同有关条款或者交易习惯确定。"

第六十二条的第三、四款规定："履行地点不明确，给付货币的，在接受货币一方所在地履行；交付不动产的，在不动产所在地履行；其他标的，在履行义务一方所在地履行。履行期限不明确的，债务人可以随时履行，债权人也可以随时要求履行，但应当给对方必要的准备时间。"

第一百三十九条规定："当事人没有约定标的物的交付期限或者约定不明确的，适用本法第六十一条、第六十二条第四款的规定。"第一百四十条规定："标的物在订立合同之前已为买受人占有的，合同生效的时间为交付时间。"

第一百四十一条规定："出卖人应当按照约定的地点交付标的物。当事人没有约定交付地点或者约定不明确，依照本法第六十一条的规定仍不能确定的，适用下列规定：①标的物需要运输的，出卖人应当将标的物交付给第一承运人以运交给买受人。②标的物不需要运输，出卖人和买受人订立合同时知道标的物在某一地点的，出卖人应当在该地点交付标的物；不知道标的物在某一地点的，应当在出卖人订立合同时的营业地交付标的物。"

小贴士

无形商品直接通过网络下载到买方计算机的硬盘里。这时如何确定交付的时间和地点呢？一般来说，买方按约定在线上支付价款之前或之后即可下载，所以交付时间并不是问题。对于交付地点，如果按照传统方法，则为"履行义务一方所在地"，即提供无形商品一方的所在地；如把无形商品的实际所在地做参照物，则交付地就可能是无形商品所存在的提供方的服务器所在地或者购买方服务器所在地。

美国《统一计算机信息法》第六百零六条规定："拷贝的交付必须在协议指定的地点进

行。如没有此种指定，下列规则应当适用：以有形介质存在的拷贝的交付地点为交付方的营业地，如其没有营业地则为其住所地。但是，如果双方在缔约之时知道拷贝位于其他某一地方，则该其他地方为交付地。拷贝以电子交付的，是许可人指定或使用的信息处理系统。"从交付完成的标准看，则是"提交并保持有效的复本给对方支配"。

2. 对标的物的权利承担担保义务

如果标的物是有形商品，与传统的交易相同，卖方仍然应当是标的物的所有人或经营管理人，以保证将标的物的所有权或经营管理权转移给买方。卖方应保证对其所出售的标的物享有合法的权利，承担保证标的物的权利不被第三人追索的义务，以保护买方的权益。如果第三人提出对标的物的权利，并向买方提出收回该物时，卖方有义务证明第三人无权追索，必要时应当参加诉讼，出庭作证。

如果标的物是无形商品，即属于软件或者信息，在这种情况下，商品提供方一般向买方转移使用权，但是保留所有权。这一般称为大众市场许可使用合同。当然，在专为顾客定做的无形商品的情况下，也会转移所有权。

3. 对标的物的质量承担担保义务

和传统交易一样，不管是在线交付还是线下交付，不管是有形商品还是无形商品，卖方都应保证标的物质量符合规定。卖方交付的标的物的质量应符合国家规定的质量标准或双方约定的质量标准，不应存在不符合质量标准的瑕疵。如果卖方在网络上出售有瑕疵的物品或信息，应当先告知买方，否则必须承担责任。但买方如果明知标的物有瑕疵而仍然购买的，卖方对瑕疵不负责任。

由于卖方原因而造成的违约，买方可以采取相应的补救措施。卖方不履行合同义务主要指卖方不交付标的物或单据，或交付迟延；交付的标的物不符合合同规定以及第三者对交付的标的物存在权利或权利主张等。当发生上述违约行为时，买方可以选择以下补救方法：

(1) 要求卖方实际履行合同义务，交付替代物或对标的物进行修理、补救；

(2) 减少支付价款；

(3) 对迟延或不履行合同要求损失赔偿；

(4) 解除合同，并要求损失赔偿。

同步案例

淘宝商城"双 11"订单无效长时间无人处理。网友韩小姐称参加淘宝商城"双 11"活动，于 0:16 购买淘宝商城西街网商品(订单号为 115290723759338)，由订购信息可知为第一个购买此商品的用户，且通过淘宝支付平台支付宝正常付款 159.6 元。其后开始等待卖家发货，一直过了 3 天没有发货，后通过淘宝旺旺联系卖家西街网多次，均没有回应。一直到 11 月 18 日通过热线拨打西街网电话，才被告知这个订单由于淘宝系统问题是无效订单，要求退款处理。

然后韩小姐联系淘宝处理，淘宝给出的意见确实是由于当时系统问题，订单有问题，只能退款，同时发给 3 000 淘宝商城积分作为补偿。

思考：该订单是否成立？买家是否可以要求继续履行？

分析提示：网上订购一旦下订单付款，就应该视为合同成立，单方面要求取消订单无效，淘宝和卖家有义务履行合同。

（二）买方的义务

学前思考

2013年12月5日，张某在淘宝某店铺购买了一款手机，等货物寄到后，张某由于出差没有及时拆封，到了2014年1月28日张某回家后拆封手机，发现手机是被人使用过的，并非新手机。张某于是通过淘宝系统索赔，商家说寄出的时候是好的，买家已经签收了，而且已经距离收货1个多月了。请你分析一下买方是否可以索赔。

在电子商务条件下，买方同样应当承担三项义务。

1. 买方应当承担对标的物验收的义务

如果交付标的物是有形商品，则按常规方法验收。买方接受标的物后，应及时进行验收。规定有验收期限的，对表面瑕疵应在规定的期限内提出。如果不及时进行验收，事后又提出表面瑕疵的，卖方可以免责。发现有隐蔽的瑕疵或卖方故意隐瞒瑕疵的，买方在合理的期限内，可以要求卖方承担责任。

如果所交付的商品为大众化的软件，在线下交付的情况下，因为每个复本数量、质量都一致，则通过检验包装、标识等，判断属于正版即可。如果通过在线下载，则检验能否正常安装，并试运行。

在面向客户开发的软件和为客户定做的软件情形下，许可证应当详细规定清楚验收的条款。验收的标准中应当建立一个具体的基准，使得许可证能够客观地决定该软件是否符合要求。

受许可人也应当建立一个明确的检验接收程序。检验接收包括在软件安装完毕后对其主要功能的检验接收，对该软件与其他应用程序的兼容性的检验接收，并且通过其运行大量的数据与交易来“重点检验”该软件。检验接收也应当包括使用更新数据和交易数据将软件与其他应用程序一并运行以确保其输出数据的准确性。对接收程序的规定应当包括检验软件以及软件开发商对发现的任何问题进行纠正的时间限制。

2. 买方应承担按照合同规定的时间、地点和方式接受标的物的义务

如果是线下交付，则与传统接收无区别：由买方自提标的物的，买方应在卖方通知的时间内到预定的地点提取；由卖方代为托运的，买方应按照承运人通知的期限提取；由卖方运送的，买方应做好接受标的物的准备。如果是线上交付，一般是接受方保留了无形商品复本和实现了预定的利益就算完成了接受，如果无形商品由多个部分构成，那么整体的接收才算接受完成。虽然我国《合同法》还没有具体的规定，但是可以从法律原则当中推导出这些内容。

美国的《统一计算机信息交易法》，在关于“复本于何时形成接受”中，对接受的一般条件所作的规定如下。

复本的接受发生于向接受方提交复本之时：

(1) 对履行，或对复本以行为方式表示，是符合合同的，或该当事人愿意接受保留复本，尽管不相符；

(2) 没有作出有效的拒绝；

(3) 将复本和信息混合的方式，而使拒绝后再遵守义务成为不可能；

(4) 从该复本得到了实质的利益并无法返回该利益；

(5) 以不符合许可人所有权的方式行事，而该行为只有在许可人将其选择为接受来对待，并认可该行为在合同使用条款范围内，才能作为接受。

3. 买方应承担按照网络交易规定方式支付价款的义务

由于电子商务的特殊性，网络购买一般没有时间、地点的限制，支付价款通常采用信用卡、智能卡、电子钱包等方式，这与传统的支付方式也是有区别的。但在电子交易合同中，采用哪种支付方式应明确肯定。这些将在后面《电子交付法律制度》一章中进一步加以讨论。

由于买方责任造成的违约，卖方也可以采用必要的补救措施。若买方不履行合同义务包括买方不按合同规定支付货款和不按规定收取货物，卖方可以选择以下补救方法：

(1) 要求买方支付价款、收取货物或履行其他义务，并为此可以规定一段合理额外的延长期限，以便买方履行义务；

(2) 损害赔偿，要求买方支付合同价格与转售价之间的差额；

(3) 解除合同。

(三) 电子控制和电子自助措施

1. 电子控制

由于信息具有容易复制、传递的特点，电子信息开发商、供应商对信息利用施加某种限制是必不可少的。在电子合同的履行过程中，合同的一方当事人采取电子控制的方式，主要有用户认证程序、软件版本使用次数的限制、信息访问范围和时间限制等。其目的是保护电子信息或服务提供方的自身利益，因此在电子合同的履行中乃至合同履行终止后，均存在电子控制的问题。它是一种基于合同约定、惯例或法律的规定而产生的权利。

首先，电子控制权是一种合同约定的权利，是电子信息开发或服务提供方，如信息许可人，对其信息采取的技术控制措施。而许可方要运用电子控制权，一般需要经过与被许可方签订协议，得到被许可方的明确授权，方可实施。同时，它又是相对权，只能对合同关系中的被许可方使用该种信息进行控制而不能破坏其他程序。其次，对电子控制权的实施应予以严格的条件限制。由于电子控制涉及电子合同双方当事人或第三人的权益，如果过于限制许可方的电子控制权，将会使许可方无法较好地保护自己的利益，尤其是在数据产品极容易被复制，在知识产权越来越容易被侵权，而法律保护又较为无力的当今社会，如果不允许许可方在技术上对自己的产品加以保护，那么网络的知识产权侵权将会泛滥。但如果过分地强调电子控制，难免又会对被许可方的信息利用形成羁绊。

电子商务法力图对其进行有效的规制。美国的《统一计算机信息交易法》第六百零五条“履行的电子控制”项下，对“自动限制措施”的含义及“自动限制措施”的适用条件和禁止条件进行了明确的规定。该《统一计算机信息交易法》第六百零五条“履行的电子控制”规定：

（1）本条中的“自动限制措施”，是指目的在于限制对信息使用的程序、代码、装置或类似的电子或物理措施。

（2）在下列情况下，有权对信息的使用进行限制的一方，可以在信息或信息的复制中加入一个自动限制措施并使用该限制措施：①协议中有条款授权这种限制措施的使用。②限制措施阻止的是与协议不一致的使用。③限制措施阻止在规定的合同期限到期后或一定次数的使用之后的使用。④限制措施阻止在合同终止以后，而不是规定的合同期限或一定次数的使用之后的使用，且许可方在阻止进一步使用之前向被许可方发出了合理的通知。

2. 电子自救措施

电子自救措施是与电子控制紧密联系的问题。电子控制是许可方和被许可方通过合同约定赋予许可方的一种程序上的自动控制权，而电子自救则是在因用户或被授权方违约而使电子合同取消后，法律赋予许可方利用电子方式进行自我救济的权利。它具体表现在占有权和阻止权两个方面。

许可方的占有权是指在撤销合同时，许可方有权占有所有被许可方控制或占有的许可信息的副本和任何其他与该信息有关的根据合同应由被许可方退还或交付给许可方的材料。而许可方的阻止权是指在撤销合同时，许可方有权阻止被许可方继续根据许可行使合同上或信息上的权利。

美国的《统一计算机信息交易法》第八百一十五条“占有权和防止使用权”规定：

（1）在撤销一项许可证时，许可方有权：①占有所有为被许可方所占有或控制的被许可信息的所有拷贝以及与该信息有关的所有其他材料，这些信息、拷贝或材料，根据合同本应由被许可方退还或交给许可方；②阻止根据许可证对被许可方信息上的合同权利和信息权利的继续行使。

（2）除第八百一十四条另有规定，许可方可不经过司法程序行使第一款项下的权利，只要此种措施：①不影响和平；②没有造成人身伤害或对被许可信息以外的信息或财产造成重大损害的风险；③符合第八百一十六条的规定。

第八百一丨六条“对电子自助的限制”规定：

（1）本条中的“电子自助”，是指使用电子手段以行使许可方根据第八百一十五条第二款所享有的权利。

（2）在撤销一项许可证时，除非本条另有规定，不容许使用电子自助。

（3）被许可方应单独以同意的方式表示对授权使用电子自助的条款的同意。此种条款必须：①就第四款中规定的行使电子自助的通知作出规定；②说明由被许可方指定的接收通知的人的名称、发送通知的方式及向该人发送通知的地点；③对被许可方改变其所指定的人或地点规定简单的程序。

（4）在行使许可证条款所许可的电子自助之前，许可方应在以一份记录向被许可方指定的人发出的通知中说明：①许可方拟于被许可方收到通知以后的15日内进行电子自助作为救济；②许可方有权诉诸电子自助的违约行为的性质；③被许可方可就被主张的违约行为与许可方交涉的人的名字、职称和地址包括直接的电话号码、传真号码或电子信箱。

(5) 被许可方可以就由于电子自助的错误使用引起的直接的和附随性损害获得赔偿。在下列情况下，被许可方还可就由于电子自助的错误使用所引起的后果性损害获得赔偿，而不论此种损害赔偿是否为许可证条款所排除：①在第4款①项所规定的期限内，被许可方向许可方指定的人发出通知善意地说明损害的一般性质和大小；②许可方有理由知道电子自助的错误使用可能导致第五款所规定的特定类型的损害；③许可方没有提供第四款要求的通知。

(6) 即使许可方遵守了第三款和第四款，如其有理由知道电子自助的使用将对公众健康或安全造成严重伤害，或给公共利益造成严重损害，并且严重影响与争议无关的第三人，许可方仍不得使用电子自助。

电子自救措施是赋予许可方取消权的一种救济措施。电子自救措施包括拒绝被许可方进一步获得授权软件的积极使用。但通常情况下，电子自救是不允许的。因为在被许可方违约的情况下，许可方为避免被许可方仍对其所占有的或控制的信息加以使用造成损失的扩大，采取不经过司法程序的防止使用权虽然是一种正当防卫行为，也是一种阻却违法的行为，但此种行为毕竟是基于许可方的主观判断，且没有经过司法程序的许可，如果不加以严格的限制，很有可能造成许可方的权利滥用，损害被许可方的利益。一般而言，只有在电子控制无法阻止被许可方的违约行为后，方才启动电子自救，电子自救是电子控制的一种延续，但受到更加严格的限制。

许可方必须具有充足的证据证明被许可方违约或在授权行为终止时，仍有继续占有、使用信息的意图，并可能对许可方造成损害，才能进行电子自救。

在2000年的美国全国统一法委员会年会上，大会对《统一计算机信息交易法》的自救措施的规定进行了修改，规定在大众市场交易中不能允许这一措施的行使。在其他情况下，大会对《统一计算机信息交易法》文本作了修订，使得其更加清晰，即许可人行使自救措施权利必须得到被许可人的同意。

第五节 有关电子格式合同的法律问题

一、电子格式合同问题的产生

（一）点选包装合同

当消费者通过网络进行交易时，网络商家会预先制定合同条款。消费者如果需要购买某物品或者需要服务，就要按照商家预先设定好的购买操作步骤。消费者会先看到商家预先制订的合同条款,在合同条款的末尾有同意以及不同意两个按钮,消费者只有在按下同意按钮后,才能进行下一步操作。如果不按下同意按钮就无法完成购买行为。因消费者对于该预先制订的合同的具体内容无从表达不同意见,只有同意或者不同意的选择,而如果不同意的话,就无法购买它所需要的货物或者接受服务。所以这是典型的格式合同。

所谓格式合同,也叫标准合同,是指由一方当事人事先制定的,并适用于不特定的第三人,第三人不得加以改变的合同。在上述过程中,消费者只要按下同意按钮,即视为已经完全阅读、理解并且同意整个合同的内容,所以我们把这种合同称为点选合同(point and dick contract)或者点选包装合同(click-wrap contract)。

点选包装合同,是指由商品或服务的提供人通过计算机程序预先设定合同条款的部分或全部,以规定其与相对人之间的法律关系,相对人必须点击同意键后才能订立合同。这种点选包装合同对某些网络交易而言是必须的,并且体现了电子商务低成本、高效率的特点。消费者通过网络购物,是希望能够节省时间和精力,如果要求消费者和商家对于每一笔交易都要对每一个合同条款进行协商是不现实的。借助标准化的合同条款,可以加快消费者和商家的交易速度,降低交易的协商成本,提高交易效率。

小贴士

虽然点选合同有众多优势,但是也存在弊端。在点选包装合同的网络交易中,一方面合同的提供方大多处在经济或技术的优势地位,这种优势地位使之有能力通过事先拟定合同的条款来保证其利益的最大化,消费者只有全部接受或者全部拒绝。在缺乏替代商品或者服务的情况下,消费者对于这种合同中的不合理条款往往不得不接受,从而丧失选择权;另一方面点选包装合同的条款显示在显示屏上,有的长达多个页面,在看完一个页面后需要按下一个页面的按钮才能够阅读下一页内容,不能够把几个页面内容像书面文件一样摆在一起互相对照,还有的在一个屏幕中显示一个小框架,框架里显示着点选包装合同的一小部分,要用鼠标按住框架右边的小按钮往下拉,才能看到合同的其他内容。这种阅读习惯和我们平常的书面阅读习惯不同,在事实上使得许多人可能会没有全部理解甚至不会仔细阅读这种点选包装合同的详细内容。针对消费者存在潜在危险。

(二) 软件拆封授权合同

除了点选包装合同外,还存在软件拆封授权合同问题。拆封授权合同是一种常见的软件授权形式,是指合同提供人将其与不特定第三人之间权利义务关系的相关条款印在软件的包装封面上,并在合同中声明:消费者在购买后只要拆开包装,即视为接受的格式合同。拆封授权合同最初用于计算机软件的销售,最常见的情形是当消费者拿到一份计算机软件时,在包装盒上面往往会印刷着:“当您打开包装时,表示您已经愿意接受下列授权条件。”之所以会出现拆封授权合同,是由于软件产品易于盗版和滥用,为了保护软件所有人和销售商的利益，将有关限制消费者使用的条款印在了产品的包装上，只要购买人打开包装即视为拆封合同生效。

在交易电子化之后，信息产品可以直接从网上购买，不再具有传统的包装形式，但也更加易于复制和非法使用。这样拆封授权合同也就随之电子化了。从网络上购买软件和安装软件时，通常会看到软件提供商的格式条款，在点击“同意”或点选相关条款后，购买或安装才得以继续。这实际上也类似于点选包装合同，因此，这种软件授权的法律效力也可以参照点选包装合同加以确定。

还有一种情况是通过网络购买软件，在合同成立后，使用下载方式，把软件下载到购买方的计算机中，软件下载的时间可能比较长，购买方要等到软件安装完毕后，才可以看到软件中所包括的安装授权协议。这种安装授权协议对购买方是否具有约束力？购买方在软件下载前的点选包装合同中按下同意按钮，是否等于他们已同意了软件安装中的所有协议？如果购买方不同意协议中的某些条款，是否可以否认合同的成立？

（三）电子格式合同的含义

格式条款是指“由当事人一方预先拟定，相对方只能对该拟定好的合同概括地表示全部同意接受或者全部不予接受，而不能讨价还价的合同类型”。在《国际商事合同通则》第二条、第十九条第二款给格式条款下的定义是：“一方为通常和重复使用的目的而预先准备的条款，并在使用时未与对方谈判。”

与传统交易相比，在网上交易中格式合同使用得更加广泛。网络上的格式条款在表现形式上，往往被经营者故意置于合同的尾部或非主页的中间或夹杂于其他条款之中；或用小字与模糊字体展现，使消费者难以发现；或被制定得晦涩难懂，让消费者不知所云。其中，对消费者不公平的格式条款在内容上主要有以下几种类型：①经营者减轻或免除自己的责任；②加重消费者的责任；③限制或剥夺消费者的权利，如规定消费者在所购商品存在瑕疵时，只能要求更换，不得解除合同或减少价款，也不得要求赔偿损失；④不合理的分配风险，如规定系统故障、第三人行为、不可抗力等因素产生的风险由消费者负担；⑤缩短法定的瑕疵担保期限；⑥转移法定的举证责任；⑦约定有利于自己的纠纷解决条款。可见，这些格式条款的使用剥夺或限制了消费者的合同自由，使消费者面临不利的局面。

二、国外的相关判例及立法

鉴于网络环境的无国界性、虚拟性、高技术性等特征及其对消费者保护的影响，不少国家和地区已经开始对电子合同中的格式条款进行规制，以防止商家利用格式条款侵犯消费者的正当权益。

（一）美国

ProCD 公司诉泽登博格(Zeidenberg)拆封合同案作为电子商务领域的第一例拆封合同纠纷，第七巡回上诉法院对 ProCD 公司诉泽登博格案的裁决已经被作为经典判例载入

《联邦上诉法院判例汇编》,并在许多相似的案例中首先予以引用。本案发生于 1996 年,于同年 6 月由艾斯特布鲁克法官裁决推翻一审法院判决,并首次承认拆封合同的效力,从而奠定了信息技术许可合同的法律地位。

(1) 案情摘要。本案的原告 ProCD Incorporated(以下简称 ProCD 公司)是一家计算机数据库信息服务商,为了开展相应业务,ProCD 公司将 3 000 多个电话号码簿进行汇编形成了一套数据库信息系统。尽管该数据库的数据内容可能不具有版权,但该数据库系统确实具有相当的复杂性,它包括了 9 位数的地区编码和工业普查编码,并按照与原电话号码簿不同的编排方式进行了重新编辑,跟其他案例中的数据库系统相比具有更多的原创性特点。

ProCD 将该数据库信息系统命名为 SelectPhone,并以此进行了商标注册,同时将该系统软件以 CD-ROM 只读光盘的形式向社会发行、销售。该公司首次将此光盘商品用赛璐玢塑料(cellophane)进行缩体包装(shrink wrap),并将印好的许可协议也封入光盘包装中,一旦用户购买该商品并拆开包装封套,即可发现相应的许可协议条款并使之生效,这就是所谓"拆封合同"(shrink wrap)的由来;因为购买并使用该商品的用户通常都是最终用户,因此该许可协议又称为"最终用户协议"。

该数据库系统还采用了一项新的数据压缩技术,并采用密码进行有效加密,合法用户在解密的同时解压缩光盘数据,并通过一项应用程序运行数据库系统,这项具有版权的应用程序在运行时可以按照用户的要求进行数据库信息检索,检索结果自动生成一个可阅读文件并能够通过其他软件如文字处理软件对其进行编辑。

ProCD 公司花费了一千多万美元来研制 SelectPhone 数据库系统,并投入了高昂的运行经费以保证该数据库系统的随时更新。制造商和批发商可以利用它来编制潜在的客户名录,一般用户也可用它来寻找地址不明的朋友和编辑自己的电话号码簿,因此该数据库商品具有较大的经济实用价值。为了体现其销售策略,ProCD 公司将该商品按照一定的价格差异进行销售,对于一般用户来说其价格为 150 美元,而对于商业客户的销售价格则要高得多。另外,ProCD 公司也将该数据库信息上载到"美国在线"(AOL)的网站服务器上供互联网用户在线使用,其服务费用则是通过 AOL 的用户上网费来进行收取的。

如果 ProCD 公司要想在实行单一价格的情况下收回成本并盈利,那么其商品定价将在 150 美元的基础上大幅度提高,随之而来的销售量锐减则将伤害一般用户的利益。因为从消费者市场细分的角度来看,如果商品需求弹性太大,则盈利的唯一方法便是使价格只对商业用户具有吸引力,那么包括商业用户在内的所有用户都将会受到伤害,因为这样一来,ProCD 公司将无法从一般用户身上收回成本,它只好制定更高的价格政策。

但是,同航空运输业和电影放映业相比,软件销售商要采用区别价格政策显然要难以控制得多。例如,在软件零售店中,销售商对于客人是商业用户还是个人用户就很难鉴别,因此这种区别价格政策的实际操作性就很差,实际上任何一个商业用户都可以个人用户的名义来购买 150 美元的数据库商品,然后再将其销售给其他个人用户。

为此,ProCD 公司决定通过许可合同的限制条款来区别一般用户与商业用户,在每一件数据库商品的包装中都随附了一份许可协议,其条款中说明了该商品的限制范围。该许可协议在光盘商品及其用户手册中进行了明示,而且在运行该光盘时许可协议也将显示在用户的计算机屏幕上，该许可协议明确规定此光盘系统的应用程序和目录仅限于非商业性使用。

本案被告泽登博格是一名在校大学生，他于 1994 年在威斯康星州麦迪逊市的一家软件零售店中购买了一套个人用户版的 SelectPhone 数据库光盘系统，但没有按照其许可协议中有关条款的规定仅用于非商业性目的。泽登博格自己成立了一家网络服务公司，即 Silken Mountain Web Services, Inc.（以下简称 Silken 公司），并将该数据库系统中的信息销售给该公司，由该公司将 SelectPhone 数据库上载到 Silken 公司网站并向所有的互联网用户发布，凡是进入该网站进行该数据库查询的用户都将支付一定的费用，当然这笔费用低于 ProCD 公司向商业用户所收取的费用。Zeidenberg 购买了两套 SelectPhone 个人用户数据库系统及其更新版，以随时通过互联网进行发布和更新，并由其 Silken 公司收取费用。

ProCD 公司遂以违反许可协议条款为由，对泽登博格提起诉讼，请求判决禁止泽登博格继续向互联网传播其数据库信息。威斯康星州西区地方法院经过审理认为，拆封授权合同的性质基本上属于《统一商法典》(UCC)2－204(1)、2－204(2)、2－206(1)(a)所规范的商品买卖合同，所以法院认为，原告把要出售的光盘放在售货架上的行为属于要约，被告把光盘取下并且付款的行为构成承诺，这时买卖合同成立。但是拆封授权条款的实质内容是印刷在内包装盒上的，被告在双方成立买卖合同的时候，商品的外包装盒上确实声明包装盒内有授权合同，但是不能从盒子上看到拆封授权合同的全部内容。因此，拆封授权条款并不构成买卖合同的一部分，从而对被告没有约束力。ProCD 公司在一审裁决后立即向联邦第七巡回上诉法院提起上诉，第七巡回上诉法院于 1996 年 5 月开庭审理了此案。

(2) 上诉法庭审理。1996 年 5 月 23 日，由联邦第七巡回上诉法院的三名法官对 ProCD 公司上诉案进行了审理。在艾斯特布鲁克法官的主持下，双方当事人就计算机软件交易中的许可协议是否有效，用户是否应当遵守许可协议的约束等关键问题进行了深入的辩论，法官也对此提出了有关意见。

被告泽登博格认为，销售商将软件商品置于货架上的行为可以看作一项合同要约，而顾客付款并带走商品的行为就是对于该要约的承诺，至此该合同达成并履行完毕。根据威斯康星州的合同法律原则，只有交易双方一致同意的内容才能构成合同条款，当事人不可能对隐含的合同条款给予任何承诺。被告还认为，根据威斯康星州的法律，只有印刷在包装盒外面的明示内容本身才属于合同条款的内容，此外其他的条款或者衍生条款都不应属于合同的内容。

原告 ProCD 公司则认为，要求销售商将全部合同条款都印刷在外包装盒上，即使是采用缩微字体也无法做到，而且对于软件而言，其许可条款和“自述文件”的内容可能会长达几十页，再加上担保和其他条款，其内容就会更多。因此把注意事项印在包装盒上，而将许可协议等内容印在包装盒内或者用户手册上并告知购买者如不能接受许可条款可以退货，这是对当事人双方都比较公平的一种交易方式，这种大众市场格式合同也是计算机软件交易业的一种通行方式。

美国联邦第七巡回上诉法院的二审判决撤销了一审判决，改判原告胜诉。其理由是，上诉法院认为合同成立的时间点应该按照《统一商法典》2－204(1)来加以确定:“商品买卖合同可以通过表达合意的任何方式来成立,包括以双方当事人的行为表示承认该合同的存在。”原告已在外包装盒上声明存在拆封授权条款,使用者在拆开后也可以看到全部条款。另外,包装盒内有一本使用者手册,其中规定使用者一旦使用,就表示同意接受该拆封授权合同的约束。而且,使用方在安装程序时如果不点击同意接受的按钮,就无法执行程序。从中可以看出,被告在使用程序前已经知道授权条款内容,仍然选择继续使用,这种继续使用行为就可以构成承诺。本案的情况正是如此,ProCD提出一项合同要约,软件的购买者可以通过阅读许可协议并使用该软件的方式接受该要约,而泽登博格也正是在购买软件并有机会阅读许可协议以后使用该软件的,因为即使其没有阅读包装盒中的书面许可协议,也是不可能错过软件运行时在计算机屏幕上多次显示的许可协议的条款内容的。

美国法院虽然认可了这两种格式条款的效力,为了加强相对方的保护,又对格式条款作出了限制。比如,要能引起用户足够的注意,不能显失公平,等等。根据美国《统一计算机信息交易法》的规定,格式许可合同是指用于大规模市场交易的标准许可合同,包括消费者合同及其他适用于最终用户的许可合同。计算机信息的提供者拟定的这类合同面向广大公众,基于基本相同的条款提供基本相同的信息。由于网上交易大量采用自动的格式许可合同形式,因此为了保护格式合同相对人的利益,《统一计算机信息交易法》对这种合同的约束力作出了专门的规定:

第一百一十一条第一款规定:“如果一个法院按照法律的规定发现一个合同或其中的某一条款于制定时有失公平,则法院可以拒绝执行该合同,或执行该合同中除去有失公平条款之外的其余条款,或限制该有失公平条款的适用以避免造成有失公平的结果。”

第一百一十二条第四款规定:“关于审查的机会,应适用以下规则:①只有在某一记录或条款是以一种应该能引起常人的注意并允许其审查的方式所提供的情况下,才可认为某人有对该记录或条款进行审查的机会。②只有在某一记录或条款是以一种能够使合理设置的电子代理人对其作出反应的方式提供的情况下,才可认为该电子代理人具有对该记录或条款进行审查的机会。③如果某一记录或条款只有在某人负有付款义务或开始履约之后才可审查,则只有在该人如拒绝该记录时有退还请求权的情况下,才可认为该人有对该记录或条款进行审查的机会。”

第二百零九条第二款规定:“如果提供一件大众市场许可证或其拷贝的方式使被许可方在其负有付款义务之前无法取得进行审查的机会,且被许可方在获得审查机会后对该许可不予同意,则被许可方有权根据第一百一十二条行使退还请求权,以及①要求补偿按照许可方的指示退还或销毁计算机信息过程中发生的任何合理费用,或在缺乏此种指示时,在退还计算机信息过程中所发生的邮费或类似的合理费用;以及②要求补偿为恢复被许可方的信息处理系统以消除由于安装而引起系统设置改变过程中的任何合理的、可预见的费用,如果:由于信息必须加以安装才能对许可证进行审查而进行安装,并且安装改变了系统或其中的信息,但在被许可方拒收该项许可证并删除安装的信息之后并不使系统或信息恢复到原有状态。”

依照《统一计算机信息交易法》的规定,格式许可合同的对方当事人只有在对合同条款表示同意的情况下，才受合同约束。如果有些格式条款不易为人所察觉或者相互冲突，则不对格式合同的相对人具有约束力。在这种情况下，如果格式合同的相对人已经付了款、支付了有关费用或者遭受了损失，格式合同的提供方应当予以合理补偿。

（二）欧盟

欧盟在消费者保护方面最初最重要的行动之一就是制定了《关于消费者合同中不公平条款的指令》(*Directive on Unfair Terms in Consumer Contracts*)（以下简称《指令》）。《指令》明显适用于网上供应货物、提供服务。《指令》提出了很重要的一点就是卖方、供应商与消费者缔结的合同中不得含有任何不公平条款；合同中有不公平条款的，应当去掉。通常消费者对规范货物、服务销售的法律是一无所知的，这会妨碍他们直接从另一成员国购买货物或服务。欧盟有关消费者保护和信息政策的两项行动计划突出了在合同具有不公平条款的情况下保障消费者的重要性。

《指令》第三条对"不公平条款"作了规定，即：没有经过个别议定的合同条款，"有悖于诚信的要求，并造成合同项下当事人权利义务的重大失衡，有损于消费者的利益的"，将视为不公平的条款。一项条款，如果事先就拟定好，并且消费者不能改变条款的实质内容的，尤其是预先拟好的标准合同，一概视为没有经过个别议定。仅有一项条款的某些方面或某一具体条款是个别议定的，而整个合同仍被视为预先制定的标准合同的，则第三条的规定仍适用于合同的其他部分。卖方、供应商主张标准合同条款是个别议定的，举证责任应由其自己承担。

《指令》附件第一条列举了一份非穷尽的不公平条款表，凡具有以下目的或效果的条款均属不公平条款。

(1) 由于卖方、供应商的行为、疏忽而造成消费者死伤时，开脱卖方、供应商法律责任的。

(2) 卖方、供应商全部或部分不履行合同义务，或履行合同义务不当时，相对于卖方、供应商或另一当事人而言，不适当地剥夺、限制消费者的合法权利的，包括选择通过放弃消费者可向卖方、供应商主张的权利而抵消所欠卖方、供应商的债务。

(3) 卖方、供应商提供服务依赖其自身意志即可完成，却作出约束消费者的协议的。

(4) 消费者决定不缔结合同、不履行合同时允许卖方、供应商保留消费者所付款项的，卖方、供应商撤销合同时没有规定消费者从卖方、供应商处得到同等数额退款补偿的。

(5) 消费者不能履行义务时要求其支付过高赔偿额的。

(6) 允许卖方、供应商随意取消合同而消费者却不具有此权利的，卖方、供应商取消合同却允许自己保留尚未提供的服务款项的。

(7) 卖方、供应商没有合理通知就终止不定期限的合同的，有充分理由的除外。

(8) 给予消费者表达不延长合同的最后期限设得过早，消费者没有以其他方式表示同意就自动延长固定期限合同的。

(9) 使消费者不得不接受合同缔结前其无法知道的实际条款约束的。

(10) 没有有效理由使卖方、供应商有权单方变更所提供产品、服务的任何特性的。

(11) 规定货物价格在交货时才确定的，或者允许货物卖方、服务供应商提高货物、服务价格,而最终价格远远高于合同缔结时的议定价格却不给予消费者以合同撤销权的。

(12) 给予卖方、供应商决定提供的货物、服务是否与合同相符的权利的,或者给予卖方、供应商解释合同条款的排他性权利的。

(13) 对卖方、供应商承担其代理商产生的责任的义务予以限制的,或者使其责任要符合特定格式的。

(14) 卖方、供应商不履行义务却要求消费者履行所有义务的。

(15) 卖方、供应商可以不经消费者同意转让合同项下的权利义务,而降低消费者保障的。

(16) 剥夺、阻止消费者起诉、寻求其他法律救济的权利,尤其要求消费者只把争端付诸仲裁,不当阻止消费者获取证据或把举证责任强加于消费者的。

需要指出的是,上述(7)、(9)、(11)三款规定不适用于:"可转让证券、金融工具交易及价格由卖方、供应商无法控制的股票交易时价、交易指数、金融市场汇率决定的其他产品、服务交易;外汇、旅行支票、外币国际汇票买卖合同。"

评定合同条款的不公平性,应顾及合同标的货物、服务的性质,参照合同缔结时的各种情况及合同或合同据以依赖的另一合同的其他条款。提供给消费者的书面合同必须以清楚易懂的文字起草,对条款的真实意思存在疑问的,应以对消费者最有利的方式解释。

三、我国相关的法律规定

学前思考

2014 年 6 月 12 日,赵某在淘宝某店铺选购了衣服,但是衣服送到后发现大小不合适,而且穿上后效果也不是很好,与店家联系希望能够退货,但是店家答复,如果仅仅因为效果不佳不予退货,而且在店面中也明确写明了该条。赵某很郁闷。请你学完下列知识后帮助赵某分析一下,店家这么做是否合理?

对于格式合同,我国《合同法》第三十九条第一款规定:"采用格式条款订立合同的,提供格条款的一方应当遵循公平原则确定当事人之间的权利和义务,并且采取合理的方式提请对方注意免除或者限制其责任的条款,按照对方的要求,对该条款予以说明。"第二款规定:"格式条款是当事人为了重复使用而预先拟定,并在订立合同时未与对方协商的条款。"对此,有的学者提出了异议,认为不是"未与对方协商",而是"不能与对方协商"的条款。第四十条规定:"格式条款具有本法第五十二条和第五十三条规定情形的,或者提供格式条款一方免除其责任、加重对方责任、排除对方主要权利的,该条款无效。"第四十一条规定:"对格式条款的理解发生争议的,应当按照通常理解予以解释。对格式条款有两种以上解释的应当作出不利于提供格式条款一方的解释。"我国的《消费者权益保护法》第二十四条规定:"经营者不得以格式合同、通知、声明、店堂告示等方式作出对消费者不公平、不合理的规定,或者减轻、免除其损害消费者合法权益应当承担的民事责任。格式合同、通知、声明、店堂告示等含有前款所列内容的,其内容无效。"

这些条款当然适用于点选包装合同和软件拆封授权合同这些电子格式合同。从这些条文可以看出我国法律对格式合同的态度是，承认格式合同的效力，但加以以下限制：①以合理方式提请对方注意免除或者限制责任的条款；②免除格式合同提供方责任，加重相对方责任，排除相对方主要权利的条款无效；③有多种解释时以对相对方有利为准；④不得有对消费者不公平、不合理的规定。在这四条限制中，对于第①条限制，很容易会让人推导出“不是免除、限制责任的条款就不要提请对方注意”的结论。正确的做法是，任何格式条款都应由提供方以合理方式提请相对方的注意，对于其中的免责条款，应更加予以强调和突出，确保相对方理解。

小　　结

本章主要论述电子合同从订立到履行的相关法律问题。电子合同在订立上有哪些规定，电子要约与承诺的问题，并且结合新出台的《民事诉讼法》解决电子证据的问题。之后论述了电子合同成立的时间和地点。电子合同履行中也会有一系列的法律问题，对买卖双方的权利和义务进行了阐述。最后是网络中普遍存在的电子格式条款问题，告诉大家应当如何正确理解电子格式条款，如何维护自己的权益。

职业能力检测

1. 2014 年 5 月 31 日，张某以“Bob”为用户名在交易平台注册，成为易趣网的用户，由易趣网为张某提供免费的网络交易平台服务。2014 年 7 月 1 日，易趣网开始向用户收取网络交易平台使用费，并于 9 月 18 日发布了新的《服务协议》供新老用户确认，该协议对用户注册程序、网上交易程序、收费标准和方式及违约责任等作了具体的约定。此后，张某确认了易趣网的《服务协议》，并继续使用易趣网的网络交易平台，但至 2014 年 9 月 24 日，张某尚欠易趣网网络平台使用费 1 330 元，为此，易趣网诉至法院，要求刘某支付网络平台使用费，赔偿律师费用。张某则认为，《服务协议》长达 67 页，过于冗长，致使用户不能阅读全文，故用户不应受该协议的约束。

请问：该份网络服务合同是否成立？并说明理由。

2. 网友王先生称于 2013 年 11 月 11 日购买商城 kasimir 鞋类旗舰店 590 元男士皮靴一双(订单号为 115633243079433)。17 日收到货物，21 日穿着后右脚后部皮饰在轻轻提拉过程中脱落，左脚后部皮面断开，王先生要求退货退款。商家表示非质量问题不予同意。

请问：该合同是否成立并生效？商家的履行是否适格？

3. 网友邹小姐称在淘宝网聚划算团购了一个火盟通信店 8G 的 U 盘(订单号为 107884698446978)，收货的时候没有发现邮件包裹有问题，但是里面只有一个空的 U 盘盒和一些报纸，此外什么都没有。与商家联系后，他们否认没发货这件事，而且推卸责任，拒绝退款。

请问：你认为遇到这种情况应当如何处理？

第二章

电子支付法律制度

知识目标

1. 熟悉电子支付的概念。
2. 掌握电子支付的种类和程序。
3. 熟悉电子支付的工具。
4. 掌握电子支付当事人的权利和义务。

能力目标

1. 能够按照电子支付程序完成电子支付程序。
2. 能够结合实际支付需求选择电子支付的工具。
3. 能够根据电子支付当事人的权利和义务,维护自身权益。

情境导入

张莹在慧通公司熟悉了两个星期后,对网络程序开发、网络推广有了一些认识。张莹被安排在外联岗位负责与相关合作商日常沟通,主要合作商有:淘宝、中国工商银行、中国电信。张莹负责协调有关游戏等支付结算问题。她接到了李某的投诉电话,说其通过中国工商银行网上银行支付了 100 元用于购买 10 000 游戏金币,银行网银界面显示支付成功了,但是自己游戏账号中的金币却没有增加。请思考:

1. 作为游戏服务一方是否要承担责任呢?并说明理由。
2. 如何与客户沟通交流,并且提供帮助呢?

让我们与张莹带着类似的问题一起来学习电子支付相关法律知识,帮助我们处理工作和生活中的问题。

第一节 电子支付概述

电子支付是一种采用先进的技术通过数字流转换来完成信息传输，通过数字化的方式进行款项支付的形式。电子支付方式是一种新的支付方式，与传统的支付方式相比，二者有很多的不同之处。为了更好地认识电子支付，我们有必要先回顾一下传统的支付方式。

一、传统支付方式及法律规定

（一）传统支付方式

传统的支付方式主要有三种：现金、票据和信用卡。

1. 现金

现金有两种形式，即纸币和硬币，是由一国中央银行发行的，其有效性和价值是由中央银行保证的。纸币本身没有价值，它只是一种由国家发行并强制流通的货币符号，但却可以代替货币加以流通，其价值是由国家加以保证的；硬币本身含有一定的金属成分，故而具有一定的价值。

在现金交易中，买卖双方处于同一位置，而且交易是匿名的。卖方不需要了解买方的身份，现金具有使用方便和灵活的特点，多数小额交易是由现金完成的。其交易流程一般是：一手交钱，一手交货。

2. 票据

票据有广义和狭义之分。广义上的票据包括各种具有法律效力、代表一定权利的书面凭证，如股票、债券、货单、汇票等，人们将它们统称为票据；狭义上的票据指的是《票据法》所规定的汇票、本票和支票，是一种载有一定的付款日期、付款地点、付款人的无条件支付的流通凭证，也是一种可以由持票人自由转让给他人的债权性凭证。这里所指的都是狭义票据。

3. 信用卡

信用卡是指具有一定规模的银行或金融公司发行的，可凭此向特定商家购买货物或享受服务，或向特定银行支取一定款项的信用凭证。真正的信用卡具有透支的功能，也称“贷记卡”。

小贴士

现在人们所使用的很多俗称“借记卡”的银行卡，不具有透支功能，所以不是严格意义上的信用卡。

信用卡正面印有信用卡的名称和持卡人的姓名、卡号、发行日期、有效日期、发卡人等信息，背面有持卡人的预留签名、磁条和发卡人的简要声明等。

小贴士

信用卡起源于美国。早在 1915 年，美国的一些饭店和百货公司，为推销商品、扩大业务，开始发行信用卡。到了 20 世纪 60 年代，信用卡得到了广泛的运用，在英国、加拿大、日本以及西欧国家盛行起来，使用范围也拓宽了，买房置地、旅游购物等均可使用信用卡。

在我国，1978 年中国银行广州分行率先与香港东亚银行签订了代理信用卡业务，1980 年，中国银行先后与万事达卡(MASTER Card)、维萨卡(VISA Card)等多家外国信用卡公司签订了受理信用卡取现和直接购货业务协议。

1985 年，中国银行珠海分行发行了我国第一张信用卡。

（二）传统支付方式的法律规定

1. 现金支付的管理规定

目前，国家虽然鼓励个人多使用信用卡或银行转账等方式进行支付，避免使用大量的现金，但对于个人使用现金限制不多，主要有：禁止故意损坏人民币，妨碍人民币流通；禁止制作、贩运和使用假人民币；未经中国人民银行批准，不得在宣传品、出版物或者其他商品上使用人民币图样；禁止利用人民币进行商业装饰等。另外，中国公民、外国公民出入境每人每次携带人民币也有一定的限额。

目前，国家对于企事业单位使用现金支付的限制和要求较多，有关的管理规定主要有《现金管理暂行条例》、《现金管理暂行条例实施细则》、《大额现金支付登记备案规定》等。主要的内容如下。

规定了使用现金的范围：支付职工工资、津贴以及个人劳务报酬以及劳保、福利费；向个人收购农副产品和其他物资的价款；出差人员必须随身携带的差旅费等。

规定了使用现金结算的范围和结算起点(目前为人民币 1 000 元)，超过结算起点的支付，应采用银行转账支付的形式。

开户单位可保留 3～5 天日常零星开支所需要的现金量，边远地区和交通不便地区的开户单位，可以保留 15 天以下的日常零星开支所需要的现金量，超过限额的现金及时送存银行。不得坐支现金。

开户单位在提取大额现金时，要填写有关大额现金支取登记表格。表格的主要内容应包括支取时间、单位、金额、用途等。开户银行要建立台账，实行逐笔登记，并定期报送中国人民银行当地分支行备案。

2. 银行支付结算的管理规定

支付结算的概念源于“银行结算”一词，是指单位、个人在社会经济活动中使用票据、信用卡和汇兑、托收承付、委托收款、信用证等结算方式进行货币给付及其资金清算的行为,是国民经济活动中资金清算的中介。支付结算是一种要式行为。根据《支付结算办法》规定,票据和结算凭证是办理支付结算的工具。单位和个人与银行办理支付结算,必须使用按中国人民银行规定印刷的票据凭证和统一规定的结算凭证,未使用统一规定格式的结算凭证,银行不予受理。

小贴士

为了规范支付结算工作,我国制定了一系列支付结算方面的法律、法规和制度,主要包括:1995 年 5 月 10 日,第八届全国人大常委会第十三次会议通过,1996 年 1 月 1 日实施的《中华人民共和国票据法》;1997 年 8 月 21 日经国务院批准由中国人民银行发布,1997 年 10 月 1 日起施行的《支付结算办法》;1994 年 10 月 9 日中国人民银行发布,1997 年 11 月 1 日起施行的《银行账户管理办法》等。

(三) 支付结算的原则和纪律

支付结算的原则是指单位、个人和银行在办理支付结算时必须遵守的准则。支付结算的原则如下。

1. 恪守信用,履约付款

各单位通过银行办理结算,应根据各自的具体条件,自行协商订约,使收付双方办理款项收付完全建立在自愿、相互信任的基础上。当事人必须依法承担义务,严格遵守信用,履行付款义务,应按约定的金额和时间进行支付。

2. 自主支配

银行在办理结算时,必须尊重开户单位资金支配的自主权。做到谁的钱进谁的账,银行不代扣款项,以维护开户单位对资金的所有权,保证开户单位对其资金的自主支配。

3. 银行不垫款

银行在办理结算过程中只负责将结算款项从付款单位账户划转到收款单位账户,银行不承担垫付款项的义务。

根据《支付结算办法》及有关规定,办理支付结算的单位和个人必须遵守下列结算纪律:不准签发没有资金保证的票据或远期支票,套取银行信用;不准签发、取得和转让没有真实交易和债权债务的票据,套取银行和他人资金;不准无理拒绝付款,任意占用他人资金;不准违反规定开立和使用账户。

二、电子支付概述

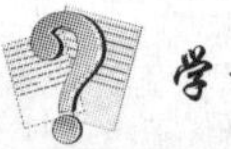

学前思考

张某是某款游戏的忠实粉丝,由于张某想购买游戏的金币,但是需要通过电子支付的方式进行，你能帮助张某解释一下什么是电子支付，并且如何完成电子支付吗？

（一）电子支付的概念

目前，人们对于电子支付还没有一个统一的定义，很多的学者或学术机构给出了不同的定义，以下是一些常见的定义。

电子支付，指的是电子交易的当事人，包括消费者、商家和金融机构，使用安全电子支付手段通过网络进行的货币支付或资金流转。

电子支付，又称"网上支付"，是指以包括计算机及其网络为手段，将负载有特定信息的电子数据取代传统的支付工具用于资金流通，并具有实时支付效力的一种支付方式。

电子支付是指以商用电子化工具和各类电子货币为媒介，以计算机技术和通信技术为手段，通过电子数据存储和传递的形式，在计算机网络系统上实现资金的流通和支付。

尽管上述定义各有不同，但都体现了电子支付的一些共同的特点。

（二）电子支付的特征

与传统的支付方式相比，电子支付具有以下特征。

(1) 电子支付是采用先进的技术，通过数字流转来完成信息传输的。其各种支付方式都是通过数字化的方式进行款项支付的，而传统的支付方式则是通过现金的流转、票据的转让及银行的汇兑等物理实体来完成款项支付的。

(2) 电子支付的工作环境是基于一个开放的系统平台。如互联网，这个开放的平台，可以保证各方当事人在同一基础平台上顺畅地参与电子商务活动及支付；而传统支付则是在较为封闭的系统中运作。

(3) 电子支付使用的是最先进的通信手段。如互联网，而传统支付使用的则是传统的通信媒介。电子支付对软、硬件设施的要求很高，一般要求有联网的计算机、相关的软件及其他一些配套设施，而传统支付则没有这么高的要求。

(4) 电子支付具有方便、快捷、高效的优势。用户只要拥有一台联网的计算机，便可足不出户，在很短的时间内完成整个支付过程，具有实时性的特点；而传统的支付方式，除了现金交易，"一手交钱，一手交货"，可以迅速完成支付过程外，不管是使用票据还是通过汇款等方式支付，都需较长的时间。相比之下，电子支付虽然要通过认证等环节，但速度仍快得多。

(5) 电子支付的成本费用较低。纸币的发行、流通过程和保管成本较大，而电子支付以数据流转来完成支付过程，免去了这些费用。电子信用卡和电子支票的使用者，需交纳一定的费用；参加电子商务活动的各方，亦需要支付很少的网络入网费和网络服务费；电子商务服务系统中广泛使用的电子商务服务器、电子钱包管理器等软件通常都是免费提供的，所以整个电子支付的费用仅相当于传统支付的几十分之一，甚至几百分之一。

(6) 电子支付涉及多方当事人。传统的支付方式主要包括消费者（或者付款人）和商家（或收款人），可能还包括银行或邮局等。电子支付的当事人则包括消费者和商家，金融机构（主要有信用卡公司和银行等）以及认证机构。其中，认证机构是电子支付方式特有的当事人，也是关键的一环。多方当事人的存在使得在确立当事人之间的法律关系时变得较为复杂。

（三）电子支付的程序

使用不同的电子支付工具进行电子支付的程序有所不同，以下将会详细介绍，这里先作个简单的介绍。整个电子支付工作程序，可简单地分为下面几个步骤。

（1）消费者利用计算机通过互联网选定所要购买的物品，并在计算机上输入订货单，订货单上包括在线商店、购买物品名称及数量、交货时间及地点等相关信息。

（2）通过电子商务服务器与有关在线商店联系，在线商店作出应答，询问消费者所填订货单的货物单价、应付款数、交货方式等信息是否准确，是否有变化。

（3）消费者选择付款方式，确认订单，签发付款指令给银行，要求银行将指定的款项支付给商家。消费者必须对订单和付款指令进行数字签名，同时利用双重签名技术保证商家看不到消费者的账号信息。

（4）在线商店接受订单后，向消费者所在银行请求支付认可。银行批准交易后，返回确认信息给在线商店。

（5）在线商店发送订单确认信息给消费者，消费者终端软件可记录交易日志，以备将来查询。

（6）在线商店发送货物或提供服务，并通知银行将钱从消费者的账号转移到商店账号，或通知银行请求支付。至此，电子支付活动结束，同时一个完整的电子商务活动也完成了。

电子支付的程序如图 3-1 所示。

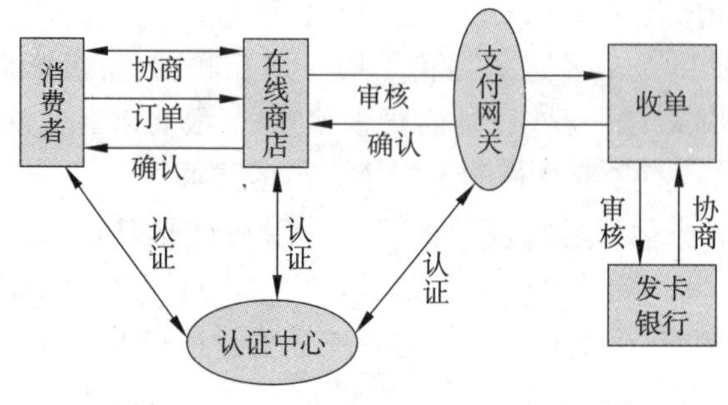

图 3-1　电子支付的程序

（四）电子支付的类型

根据服务对象的不同与支付金额的大小，电子支付分为小额电子支付和大额电子支付。

1. 小额电子支付

小额电子支付又称小额电子资金划拨或零售电子资金划拨，它的服务对象主要是广大消费者个人、从事商品销售和服务提供的工商企业。这些交易的特点是交易频繁，但交易金额相对较小，一般通过信用卡（或银行卡）进行支付。根据小额支付的多样化要求，现在有多种小额电子支付系统可供使用，常见的有自动柜员机（ATM）、销售点终端（POS）

及部分网上银行业务等。

2. 大额电子支付

大额电子支付又称大额电子资金划拨或批发电子资金划拨，它的服务对象包括货币、黄金、外汇、商品市场的经纪商和交易商，在金融市场从事交易活动的商业银行以及从事国际贸易的工商企业。大额电子支付的每笔交易金额巨大，在支付时间性、准确性和安全性上都有特殊要求。目前，世界上在用的主要的大额电子支付系统有美国的联储电划系统（FEDWIRE）、清算所银行间支付系统（CHIPS）、英国的清算所自动支付系统（CHAPS）、日本的日本银行清算网络（BOJ-NET），以及我国试运行中的中国国家现代化支付系统（CNAPS）。

第二节　电子支付的工具

随着计算机技术的发展，电子支付的工具越来越多，主要包括以下三大类：第一类是电子现金，也称电子货币、数字现金等；第二类电子支票，包括电子支票、电子汇款、电子划款等；第三类是电子信用卡，也称以信用卡为基础的电子支付。

学前思考

张某是某游戏公司的员工，在 2014 年年初发生了以下几件事情：

1. 张某想在淘宝上购买一件衣服；

2. 张某代表公司购买一批新的设备，对方希望通过电子方式结算；

3. 张某同时是某款游戏的忠实粉丝，需要购买金币；

4. 张某的工资发放是在中国工商银行，张某还有一张中国工商银行的信用卡，由于现实办理还款业务比较麻烦，等候时间也比较长，张某想采用其他方法。

思考：学习完下面的知识，请你帮助张某选择付款结算的方式。

一、电子现金

（一）电子现金的概念

电子现金（electronic cash），又称为电子货币或数字现金。简单地说，电子现金是一种以数据形式流通的货币，它把现金数值转换成为一系列的加密序列数，通过这些序列数来表示现实中各种金额的币值。电子现金就是纸质现金的电子化，因此电子现金同时拥有现金和电子化两者的优点，具有多用途、灵活使用、匿名性、快速简便的特点，无须直接与银行连接便可使用，适用于小额交易。其主要好处是可以提高效率，方便用户使用，因此，电子现金必将成为网上支付的主要手段之一。

用户在开展电子现金业务的银行开设账户并在账户内存钱后，就可以在接受电子现金的商店购物了。当用户进入互联网网上银行，使用一个口令和个人身份识别码（PIN）

来验明自身，直接从其账户中下载成包的电子“硬币”，这时电子现金才起作用。然后，这些电子现金被存放在用户的个人计算机硬盘中，直到用户从网上商家进行购买。为了保证交易安全，电子现金系统的计算机还为每个硬币建立随机的序号，并把这个号码隐藏在一个加密的信封中，这样就没有人知道谁提取或使用了这些电子现金，从而有效地保障了个人隐私权。

小贴士

总部设在荷兰的 Digicash 公司于 1995 年就开始在美国的一家银行试验一种名为 Digicash 的电子现金系统，也称“无条件匿名电子现金支付系统”，该系统的主要特点是通过数字记录现金，集中控制和管理现金，是一种足够安全的电子交易系统。当时有大约 50 家 Internet 厂商和 1 000 名客户使用这种电子现金。目前使用该系统发布电子现金的银行有十多家，包括一些世界著名的银行。随后芬兰 Merite 银行也实现了电子支付系统。日本的日立公司也进行了电子支付系统研究。

目前，电子现金支付已经使用的典型的实用系统，除了 Digicash 系统外，还有 Netcash 系统。Netcash 系统也称“可记录的匿名电子现金支付系统”，其主要特点是设置分级货币服务器来验证和管理电子现金，使电子交易的安全性得到保证。

（二）电子现金的支付过程

电子现金的支付过程可以分为以下三步。

(1) 客户在电子现金发布银行开立电子现金账号，用现金服务器账号中预先存入的现金来购买电子现金证书，这些电子现金就有了价值，并被分成若干成包的“硬币”，可以在商业领域中进行流通。

(2) 客户使用计算机电子现金终端软件，从电子现金发布银行取出一定数量的电子现金存在硬盘上，用户与同意接收电子现金的商家洽谈，签订订货合同，使用电子现金支付所购商品的费用。

(3) 接收电子现金的商家与电子现金发布银行之间进行清算，电子现金发布银行将用户购买商品的款项支付给厂商。

（三）电子现金的特点

电子现金具有以下特点。

(1) 银行和商家之间应有协议和授权关系。

(2) 客户、商家和电子现金发布银行都需使用电子现金系统软件。

(3) 电子现金发布银行负责客户和商家之间资金的转移。

(4) 电子现金身份验证是由电子现金发布银行本身完成的。电子现金发布银行在发放电子货币时使用了数字签名。商家在每次交易中，将电子货币传送给电子现金发布银行，由电子现金发布银行验证用户支付的电子现金的有效性，即验证电子现金是否伪造或使用过等。

(5) 匿名性。电子现金被匿名使用,电子现金的使用者无迹可寻。

(6) 具有现金特点,可以存、取、转让,适用于小额的交易。

然而,电子现金支付方式也存在以下一些问题。

(1) 成本较高。电子现金对于硬件和软件的技术要求都较高,需要一个大型的数据库存储用户完成的交易和电子现金序列号以防止重复消费。因此,尚需开发出软硬件成本低廉的电子现金。

(2) 风险较大。如果某个用户的硬盘损坏,电子现金丢失,钱就无法恢复,这个风险许多消费者都不愿承担。更令人担心的是电子伪钞的出现,使用某些技术,就可能制造出使电子付款的收款人甚至发行人都难于或无法检测的电子伪钞,电子现金的发行人因存在伪钞的可能性而陷于危险的境地。复杂的安全性能意味着制造电子伪钞获得成功的可能性将非常低。然而,考虑到预期的回报相当高,因此不能忽视这种可能性的存在。一旦制造电子伪钞获得成功,那么,发行人及其一些客户将面临巨大的损失。

二、电子支票

(一) 电子支票的概念

电子支票(electronic check)是利用数字化手段,用数字化信息彻底取代了纸质支票。实质上,电子支票的支付过程与传统支票的支付过程是一致的,只是电子支票完全抛开了纸质的媒介,其支票的形式是通过网络传播,显现在电子屏幕上,并用数字签名代替了传统的签名方式。

现在,在一些发达国家,纸质支票的使用已经逐步减少,这一方面是因为纸质支票的处理成本较高,支付速度慢;另一方面,由于信息安全技术的应用使纸质支票转化为电子支票成为可能。

电子支票是网络银行常用的一种电子支付工具。将银行通常大量采用的支付工具之一的支票,改变为带有数字签名的报文或者利用数字电文代替支票的全部信息,就是电子支票。利用电子支票,可以使支票支付的业务和全部处理过程实现电子化。网络银行和大多数银行金融机构通过建立电子支票支付系统,在各个银行之间可以发出和接收电子支票,就可以向广大顾客、向全社会提供以电子支票为主要支付工具的电子支付服务。

建立电子支票支付系统的关键技术有以下两项技术:一是图像处理技术;二是条码技术。支票的图像处理技术首先是将物理支票或其他纸质支票进行图像化处理和数字化处理,再将支票的图像信息及其存储的数据信息一起传送到电子支票系统中的电子支付机构;条码技术可以保证电子支付系统中的电子支付机构安全可靠地进行自动阅读支票。实际上,条码阅读器是一种软件,即是一种条码阅读程序。

(二) 电子支票的支付过程

电子支票交易的过程可分为以下几个步骤。

(1) 消费者和商家达成购销协议并选择用电子支票支付。

(2) 消费者通过网络向商家发出电子支票，同时向银行发出付款通知单。

(3) 商家通过验证中心对消费者提供的电子支票进行验证，验证无误后将电子支票送交银行索付。

(4) 银行在商家索付时通过验证中心对消费者提供的电子支票进行验证，验证无误后即向商家兑付或转账。

小贴士

电子支票支付发展的主要方向是今后将逐步过渡到互联网上进行传输。电子资金转账(Electronic Fund Transfer，简称 EFT)或网上银行服务(internet banking)方式，是将传统的银行转账应用到公共网络上进行的资金转账。

三、电子信用卡

如前所述，信用卡是一种普遍使用的传统支付工具，经过一定的技术改造，这种传统的支付工具也可以成为电子支付的工具之一。将信用卡输入电子计算机，通过电子钱包管理器或电子钱夹管理器，可以装入电子钱包或电子钱夹内，成为电子信用卡(electronic credit card)。电子信用卡可以在各种网络上在线使用。

信用卡支付是电子支付中最常用的工具，使用信用卡作为电子支付工具最简单的方式，是让用户提前在某一公司登记一个信用卡号码和口令，当用户通过网络在该公司购物时，用户只需将口令传送到该公司，购物完成后，用户会收到一个确认的电子邮件，询问购买是否有效，若用户对电子邮件回答有效时，公司就会从用户的信用卡账户上减去这笔交易的费用。这种方式虽然使用起来简单、方便，但其安全性较差，现在已逐渐被更先进、更安全的方式所取代。

这种电子支付的基本流程是，持卡人就其所传递的信息进行电子签名加密，然后将信息及电子签名经认证机构认证后，再同电子证书一起传送到商家。

具体方式分为账号直接传输方式、专用账号方式和专有协议方式三种。

1. 直接传输方式

直接传输方式的工作流程是，客户在网上购物后，将信用卡号码的信息加密后在线直接传送给商家。这种方式在美国应用非常普遍。但这种方式有个重要的缺陷：信用卡密码等信息可能被银行或商家获取，不利于个人资料的保护。

2. 专用账号方式

采用专用账号方式进行电子支付要求商家在银行的协助下来核实每个客户是否为信用卡的持卡人，并且由商家为每个客户建立一个与信用卡相对应的虚拟账户，每个虚拟账户都有独立的账号和密码。客户使用虚拟账户进行付款，虚拟账户的账号和密码经过加密后传送到商家的系统。

专用账号方式避免在网上直接使用信用卡的卡号和密码，有效地保障了信用卡的安全。但由于虚拟账户须由商家建立，建立过程比较复杂，并且同一张信用卡在不同的商家有不同的账号和密码，导致客户使用起来很不方便。

3. 专有协议方式

专有协议方式是指客户、商家和电子支付服务供应商之间采用一种专用加密协议，通过这种协议把信用卡的账号转为密码的形式。

专有协议方式的主要运作过程是：电子支付服务供应商向客户和商家免费供应客户终端软件，这种软件自动地通知商家把电子订购表格发送给客户，客户填写订购表格的同时还需要填上自己的信用卡号码，然后通过这种专用的软件译成密码发送给商家。由于采用这种具有加密功能的软件和特殊的服务器，商家无法从客户的支付数据中得到信用卡账号的任何信息，保证了支付信息的安全。

目前比较普及的协议有 SSL 协议和 SET 协议，其中又以后者在世界上应用最为广泛，以下将对这两种协议进行详细介绍。

(1) SSL 协议

SSL(Security Sockets Layer)即安全套接层协议，主要用于提高应用程序之间的数据的安全系数，采用了公开密钥和专有密钥两种加密方式：在建立连接过程中采用公开密钥；在会话过程中使用专有密钥。加密的类型和强度则在两端之间建立连接的过程中判断决定。它保证了客户和商家间事务的安全性。

SSL 协议在运行过程中可分为六个阶段。

① 建立连接阶段：客户通过网络向服务商打发信息，商家回应。

② 交换密码阶段：客户与商家之间交换双方认可的密码。

③ 会谈密码阶段：客户与商家之间产生彼此交谈的会谈密码。

④ 检验阶段：检验商家取得的密码。

⑤ 客户认证阶段：验证客户的可信度。

⑥ 结束阶段：客户与商家之间相互交换结束信息。

当上述动作完成之后，两者之间的资料传输就以对方公开密钥进行加密后再传输，另一方收到资料后以专有密钥解密。即使盗窃者在网上取得加密的资料，如果没有解密密钥，也无法看到可读的资料。

在电子商务交易过程中，有银行的参与。按照 SSL 协议，客户购买的信息首先发往商家，商家再将信息转发给银行，银行验证客户信息的合法性后，通知商家付款成功，商家再通知客户购买成功，将商品寄送客户。

SSL 协议是国际上最早应用于电子商务的一种网络安全协议，在一些发达国家有许多网上商店至今仍然在使用。在美国几乎所有提供安全交易的在线网址都依靠网景公司(Netscape)的安全套接层(SSL)提供安全交易，SSL 协议保护使用公用密钥编码方案传输的数据。在我国也有一些网上支付系统采用了 SSL 协议，例如招商银行、中国工商银行就是采用了这种方式。

但是 SSL 协议也有它的缺点：首先，客户的信息先到商家，让商家阅读，这样，客户资料的安全性就得不到保证；其次，SSL 协议只能保证资料信息传递的安全，而无法保证传递过程是否有人截取，所以，SSL 协议并没有完全实现电子支付所要求的保密性、完整性。另外，多方互相认证也是很困难的，因为 SSL 协议运行的基础是商家对客户信息保密的承诺，缺乏客户对商家的认证，这是由于电子商务的开始阶段，参与电子商务的大都是一些大公司，信誉较高，随着参与电子商务的厂商迅速增加，对厂商的认证问题越来越突出，SSL 协议的缺点完全暴露出来了。

(2) SET 协议

SET(Secure Electronic Transaction)即安全电子交易模式，是由万事达卡、维萨卡两大信用卡组织提出的以信用卡为基础的电子付款系统规范，用来确保在开放网络上持卡交易的安全性。SET 规范使用了公开密钥体系对通信双方进行认证，利用加密方法进行信息的加密传输，并能鉴别消息的真伪、有无篡改，以维护在任何开放网络上的个人金融资料的安全性，SET 体系中还有一个关键的认证机构(CA)。

SET 协议规定发给每个持卡人(客户)一个数字证书。持卡人选中一个口令，用它对数字证书和专有密钥、信用卡号以及其他信息加密存储。这些与一个 SET 协议的软件一起组成了一个"SET 电子钱夹"。

在 SET 协议中，一共有五种实体：持卡人，即拥有信用卡的消费者；商家，在互联网上提供商品或服务的企业；支付网关，它是一个互联网服务器，是连接互联网和银行内部网络的接口，由金融机构或第三方控制，它处理持卡人购买和商家支付的请求；收单行，负责将持卡人的账户中资金转入商家账户的金融机构；发卡行，负责向持卡人发放信用卡的金融机构。

SET 协议的工作流程如下。

① 支付初始化请求和响应阶段。当客户决定要购买商家的商品并使用 SET 钱夹付款时，商家服务器发出要求付款的信息给客户，客户利用 SET 钱夹付款时，SET 钱夹要求客户输入口令，然后与商家服务器交换信息，使客户和商家相互确认，即客户确认商家被授权可以接受信用卡，同时商家也确认客户是一个合法的持卡人。

② 支付请求阶段。客户发出订单和支付命令，在订单和支付命令中必须有客户的数字签名，同时利用双重签名技术保证商家看不到客户的账号信息。只有位于商家开户行的被称为支付网关的另外一个服务器可以处理支付命令中的信息。

③ 授权请求阶段。商家收到订单后，商家的服务器发出授权请求的信息，其中包括客户的支付命令，发送给支付网关。授权请求信息通过到达收单银行后，收单银行再到发卡银行确认。

④ 授权响应阶段。收单银行得到发卡银行的批准后，通过支付网关发给商家授权响应信息。

⑤ 支付响应阶段。商家发送购买响应报文给客户，客户记录交易日志备查。

涉及 SET 交易的有持卡人、商家和支付网关三个实体。认证机构需分别向持卡人、商家和支付网关发出持卡人证书、商家证书和支付网关证书。三者在传输信息时，要加上发送方的数字签字，并用接收方的公开密钥对信息加密，从而使得商家无法获得持卡人的信用卡信息，银行无法获得持卡人的购物信息，同时又能保证商家能收到货款的目标。

SET 协议在安全性方面主要解决五个问题：①保证信息在 Internet 上安全传输，防止数据被黑客或内部人员窃取。②保证电子商务参与者信息的相互隔离,客户的资料加密或打包后通过商家到达银行,但是商家不能看到客户的账户和密码信息。③解决多方认证问题,不仅要对客户的信用卡认证,而且要对在线商家的信誉程度认证,同时还有客户、在线商家与银行间的认证。④保证网上交易的实时性,使所有的支付过程都是在线的。⑤规范协议和消息格式,促使不同厂家按照一定的规范开发软件,使其具有兼容性和相互操作功能,并且可以运行在不同的硬件和操作系统平台上。

自1996年SET协议面世以来,得到了国际商用机器公司(IBM)、惠普(HP)、微软(Microsoft)、网景(Netscape)等许多大公司的支持,促进了SET的发展。和SSL协议相比,SET标准更适合于消费者、商家和银行三方进行网上交易的国际安全标准。它可以对每个参与者进行多点认证,对交易的每个环节也进行认证,具有较高的安全性,可以确保交易各方身份的合法性,使商家只能得到消费者的订购信息而银行只能获得有关支付信息,确保了交易数据的安全、完整和可靠,从而为人们提供了一个快捷、方便、安全的网上购物环境。目前中国银行就是采用这种协议。

小贴士

SET仍然存在一些问题:①只适用于客户安装了"电子钱夹"的场合;②使用成本高,在一个典型的SET交易过程中,整个交易需花费较长的时间;③协议复杂,格式比较特殊。正是由于存在上述缺陷,使得它在国内开展得还不是很普遍。

四、网上银行

在介绍电子支票时曾提到网上银行。网上银行是电子支付活动的重要参与者,有时也把它作为一种电子支付的工具。现在介绍有关这方面的情况。

网上银行(Internet Bank)也称网络银行、在线银行,是指利用网络技术,如互联网或局域网,为客户提供综合、统一、安全、实时的银行服务,包括提供对私和对公的个人或团体的全方位的银行业务,还可以为客户提供跨国支付和结算等其他贸易、非贸易的银行服务。自从1995年10月美国的安全第一网络银行SFNB(Security First Network Bank)诞生以来,网上银行已经成为金融机构拓宽领域,争取业务增长的重要手段,网上银行的范围涉及电子支票兑付、在线交易登记、支票转账等几乎全部的金融业务。

1995年10月18日,全球第一家网上银行——安全第一网络银行在美国诞生。这家银行建在互联网上,员工只有10人,其前台业务在互联网上进行,其后台处理只集中在一个地点进行。该银行可以保证安全可靠地开办网络银行业务,业务处理速度快、服务质量高、服务范围极广。1996年存款达到1 400万美元,1999年存款金额达到4亿美元。该银行正在由一个地区性银行发展成为美国全国性银行。目前该银行已加入美国联邦存款保险,成为完全独立经营的银行,股票亦已上市,客户遍及美国各州和全球各地。

1998年3月,中国银行开设了我国第一家网上银行。当年的3月6日,我国第一笔网上银行交易在互联网中获得成功,从而拉开了中国内地网上银行业的序幕。接着招商银行也在网上建立网址,设置了招商银行天地、招行动态、公告版等栏目;中国建设银行也在网上建立了以客户为中心的信贷管理系统,中国工商银行也在网上进行宣传多种网上服务。

截至2013年6月底,我国使用网上支付的网民规模达到2.44亿。说明中国已经进入网络消费时代,网上银行已经成为一个支付的主要渠道。[①]

第三节 电子支付当事人概述

一、电子支付的当事人

电子支付当事人分为三类,一是指令人或资金划拨人,这是可以发出资金支付命令的当事人;二是接受银行,这是接到指令的银行;三是收款人或受益人,这是最终收到资金的当事人。

现在的电子资金划拨多为贷方划拨,即债务人(负有支付义务的人,如消费者或购买商品、接受服务的公司等)作为指令人向其代理银行(即接受银行)发出支付指令。

需要指出的是,指令人与接受银行的概念是相对的,某个当事人在一个完整的支付过程中,在某一阶段可能作为接受银行,在另一阶段又可能成为指令人。

"指令人"是负有支付义务的当事人,即消费者或购买货物、接受服务的公司或企业;"收款人"是出售商品或提供服务的公司或企业;指令人与收款人之间通过银行来进行资金的电子划拨。参与电子资金划拨的银行可能不止一家,而是若干家。最接近指令人的银行是"指令人银行",它是指令人的代理银行;最接近收款人的银行是"收款人银行",它是收款人的代理银行;指令人银行与收款人银行间可能还有发挥联系作用的"中介银行"。

在指令人向指令人银行发出支付指令的过程中,指令人银行作为接受银行。而当指令人银行向中介银行发出支付指令的时候,它又成了指令人,此时的接受银行是中介银行。同样地,当中介银行向收款人银行发出支付指令时,它又成了指令人。总之,某个银行在上一层指令关系中是接受银行,在下一层指令关系中又成了指令人。

下面,我们将以上述当事人之间的关系来讲述各当事人的权利义务关系。

二、电子支付当事人的法律关系

学前思考

李某想要一个付费的邮箱,选择了网易的126 VIP邮箱,觉得比较好用,但是发现需

① 《CNNIC第32次调查报告:网民互联网应用状况》http://tech.sina.com.cn/i/2013-07-17/10468548167.shtml,2013.12.7.

要通过网络支付。你能结合这件事情分析一下有几个当事人吗？并且你能分析出当事人之间有什么关系吗？

（一）指令人与接受银行的关系

资金划拨是依照银行与指令人所订立的协议来执行的。除了大额的电子资金划拨双方会就协议的某些问题进行协商，银行与指令人之间的协议通常是由银行起草并作为开立账户的条件交给指令人的，这种协议属于标准合同，可见银行与指令人之间存在合同的关系。

在协议规定的范围内，接受银行承担如约执行资金划拨指示的责任。一旦资金划拨失误或失败，接受银行应向指令人进行赔偿。如果指令人与接受银行之间的协议明示或暗示了接受银行在资金划拨中采取行动的期限，而接受银行未能如约进行，则接受银行也应承担违约责任。

（二）银行之间的法律关系

如上所述，银行之间在电子资金划拨的某个阶段也形成指令人与接受银行的关系，所以，银行之间的法律关系也如（一）中所说的是一种合同关系，所以它们也应执行它们之间签订的协议。

（三）收款人与收款人（代理）银行的法律关系

收款人与收款人（代理）银行之间同样存在合同关系。收款人银行应按合同的规定妥善地接受由付款人划拨来的资金。收款人银行一旦接到付款人银行传送来的资金划拨指示便应立即履行其义务，如有延误或失误，应按与收款人之间的合同规定来处理。

（四）付款人与收款人的法律关系

付款人与收款人之间因为买卖活动而产生了债务债权关系，付款人必须履行向收款人付款的义务。付款人的付款义务并不因向接受银行发出资金划拨的指令而结束，需直至收款人收到并接受该款项，付款人的义务才结束。

三、电子支付当事人的权利义务

学前思考

张某购买某游戏公司某款游戏产品的金币，通过电子银行转账支付，显示支付成功，银行也已经扣款，但是游戏产品中的金币却没有增加。张某与游戏公司沟通，游戏公司发现系统出现故障，请问这时作为这件事情的当事人张某、银行、游戏公司，各有什么样的权利和义务？

带着这个问题，我们来学习电子合同的特征，符合这个特征的将是电子合同。

（一）指令人的权利义务

1. 指令人的权利

指令人有权要求接受银行按照指定的时间及时将指定的金额支付给指定的收款人。

2. 指令人的义务

指令人主要承担以下的义务。

(1) 受自身指令的约束。当指令人发出支付指令后，必须承担从自身账户中付款的义务。

(2) 接受核对签字和认证机构的认证。只有经过身份核查，才能确定指令人的身份，这是保护指令人的利益的手段，指令人必须配合。

(3) 按照接受银行的程序，检查指令有无错误或歧义，并有义务发出修正指令。

（二）接受银行的权利义务

指令人与接受银行的权利和义务是相对的，指令人的权利意味着接受银行的义务，反之亦然。

1. 接受银行的权利

接受银行的权利主要有：

(1) 要求指令人支付所指定资金并承担支付费用。银行本身并无支付的义务，对于指令人要求支付的资金只能由指令人承担；

(2) 拒绝或要求指令人修正其发出的无法执行的或不符合规定程序和要求的指令。

2. 接受银行的义务

接受银行的义务主要是按照指令人的指令及时完成资金的划拨。

（三）收款人的权利义务

收款人除了有权要求付款人在约定的时间支付款项外，也有权要求它的代理银行妥善地接收付款人划拨过来的款项。当然，收款人同时要积极配合其代理银行做好收款的工作。

同步案例

2014 年 5 月 28 日，张先生突然发现，支付宝账户出现了自己不知晓的四笔交易，后通过网上银行查询，自己的信用卡确实被扣除了 396 元。

张先生平时喜欢在网上购物，在宿舍上网很少关闭阿里旺旺软件。并且他在 2014 年 5 月 22 日开通了支付宝快捷支付方式，就是将支付宝和信用卡绑在了一起，网上小额消费很方便，阿里旺旺软件通过快捷支付直接登录信用卡，在信用卡里面刷钱消费，不需要再进行信用卡的登录验证密码程序。

经民警分析，张先生的计算机或被植入了木马，对方可以遥控他的计算机进行交易。

办案民警提醒，喜欢在网上购物的用户，应经常给自己的计算机杀毒清除木马，消费软件用后及时退出，密码设置一定要复杂些，同时网上最好用U盾等高级安全工具。

同步案例

7月，小李在淘宝网上购买了商品。7月25日，货物送到，小李在支付宝上点击付款。

谁知第二天，他接到一个电话，对方自称是与他交易的淘宝卖家。“你好，你购买的商品已付款，但支付宝系统故障，需要通过其他方式重新付款。你放心，交易成功后会将重复付款的钱退给你的。”支付宝怎么会出错？小李将信将疑。然而电话那头，“卖家”详细且准确地说出了他所买的商品型号及收货地址，这让小李最终选择了相信，并将信用卡账号等信息报给对方。没过多久，对方又来电称余额不足，需要更换一种付费方式。轻信大意的小李竟然又将借记卡卡号和密钥交给对方，前前后后总共付了4 000元。

之后小李左等右等，也等不到所谓的“退款”，这时他才如梦初醒，想到可能是骗子盗取了他的淘宝购物信息并设下圈套，小李立即向警方求助。

第四节　电子支付的法律问题

一、国外电子支付立法情况

（一）美国

美国的电子计算机、网络、通信产业在世界上处于领先地位，电子支付得到了较为广泛的应用，随之，美国在电子支付立法上也是走在世界前列的国家。它的立法对联合国国际贸易法委员会的《电子支付示范法》的制定曾起到过借鉴的作用。美国在电子支付方面的立法主要有《电子资金划拨法》与《统一商法典》第4A篇《电子资金划拨法律规范》，另外还有一些相关的判例以及行业电子支付系统的操作规则。

美国于1978年颁布了《电子资金划拨法》，这是世界上最早出台的有关电子支付的专项立法，但它仅适用于客户是自然人的小额电子资金划拨，即有消费者参与的交易活动（也就是我们现在经常所说的BtoC）。对于公司或企业通过银行办理大额电子资金划拨甚至跨国电子资金划拨（即我们现在经常所说的BtoB），该法尚未涉及。

为了填补《电子资金划拨法》在大额电子支付上的空白，1985年美国的立法界在《统一商法典》第4篇——“银行存款和收款”中增设第4A篇——《电子资金划拨法律规范》，专门适用于大额电子资金划拨的新条款，供各州立法采用，成为美国规范大额电子资金划拨最重要的法律。

所以《电子资金划拨法》与《统一商法典》第4A篇构成了美国电子支付立法的完整体系，这个体系既可调整客户为自然人的小额电子支付的情况，也可调整客户为商家的大额电子支付的情况。

除此之外，美国犹他州于1995年颁布了世界上第一部《数字签名法》，该法适用于网络金融交易数字签名。1999年，美国全国州法统一委员会通过了《统一电子交易法》，供各州在立法时采纳。

目前，美国自动清算所协会正在计划的完善电子支付章程，将对使用自动化清算所进行支付的互联网交易的运作规则和章程进一步完善。运作规则的完成将会使电子商务商家大量使用自动化清算网络进行电子支付。

（二）欧盟（含原欧共体）

作为世界上另一大政治经济实体的欧盟，到目前为止，尚未以立法的形式为电子支付立法，但欧洲中央银行在1998年的报告中讨论了建立电子货币系统的基本要求，这个基本要求将成为电子支付立法的指导思想。该要求包含以下七个方面。

（1）严格要求。电子货币的发行要严格管理。

（2）建立可靠和明确的法律保障体系。法律应明确规定电子货币相关当事人的权利、义务和责任，且作为电子支付纠纷处理和法院判决的依据。

（3）技术安全保障的要求。电子货币系统必须在技术、组织和处理过程方面具有足够的安全度，防止盗窃活动。这里所说的盗窃活动是指伪造、变造及篡改电子数据。

（4）有效防范“洗钱”等违法犯罪的金融活动。

（5）货币的统计报告。电子货币系统必须按要求向相关国家中央银行报告货币政策有关要求的信息，使得中央银行能够控制一国货币发行和流通量。

（6）电子货币的可回购性。这是要求在电子货币持有人的要求下，电子货币的发行人可与中央银行“一对一”地兑换现实的货币，即发行电子货币必须以现实的货币为基础。

（7）储备要求。中央银行可向所有的电子货币发行人提出储备要求，这是中央银行对电子货币的发行管理的必备手段。

（三）联合国

联合国国际贸易法委员会一直致力于统一国际电子支付的规则，减少各国相关电子支付法律的差别。该委员会于1987年颁布了《电子资金划拨法律指南》，该指南分五部分，分别就电子资金划拨系统，资金划拨协议和划拨指示，欺诈、错误、划拨指示处理不当和有关责任，划拨的完成与法律责任作出了规定。1992年，该委员会根据美国《统一商法典》第4A篇制定并颁布了《国际贷记资金划拨示范法》，该法对命令发送人的义务、接受银行的义务、银行履行事务的责任以及贷记划拨的完成和后果作出了规定。该法的制定旨在统一各国的电子支付规则，并为各国提供立法依据。此外，该委员会还制定了其他一系列法律文件:《计算机记录法律价值的报告》、《电子商务示范法》、《电子商务示范法实施指南》等。

（四）其他国家、地区或组织

俄罗斯于1995年颁布了《俄罗斯联邦信息法》。该法调整所有电子信息的生成、存储、处理和访问活动，适用于网络金融交易。马来西亚于1997年制定了《数字签名法》。

韩国于1997年制定了内容较为全面的《电子商务基本法》。新加坡于1999年制定了《新加坡电子交易规则》。中国香港金融管理委员会制定了《虚拟银行认可》。国际商会正在起草制定《电子贸易和结算规则》，该规则对电子支付的安全性、数字签名、加密及数字时间签章作了规定，一旦获得通过，将可成为全球电子商务及电子支付的指导性交易规则。

二、我国电子支付立法情况

我国电子金融化程度还比较低，相关的立法也比较滞后，尚无电子资金划拨的专门立法，《票据法》中也没有关于电子资金划拨的有关内容。我国的中央银行，即中国人民银行于1997年颁布了《中国金融IC卡卡片规范》和《中国金融IC卡应用规范》，1998年又颁布了与金融卡规范相配合的POS设备的规范，这些规定主要集中在技术标准和应用方面，还不能算是关于电子支付活动的直接立法。

中国人民银行于1999年颁布了《银行卡业务管理办法》。该办法分九章，即总则、分类及定义、银行卡业务审批、计息和收费标准、账户及交易管理、银行卡风险管理、银行卡当事人之间的职责、罚则、附则。它规定了商业银行向社会发行的具有消费信用、转账结算、存取现金等全部或部分功能的信用支付工具的相关法律问题。

为了规范和引导我国网上银行业务的健康发展，有效防范银行业务经营风险，保护银行客户的合法权益，中国人民银行于2001年颁布了《网上银行业务管理暂行办法》。该办法共五章，包括总则、网上银行业务的市场准入、网上银行业务的风险管理、法律责任和附则。

电子商务催生了在线交易和第三方交易平台的产生和发展，在线交易金额的日益膨胀，使规范支付机构运营、统一交易流程、设定行业入门标准等成为当务之急。在2010年6月14日，中国人民银行发布了《非金融机构支付服务管理办法》，意在促进支付服务市场健康发展，规范非金融机构支付服务行为，防范支付风险并保护当事人的合法权益。此外，为规范支付机构客户备付金的管理，央行分别于2011年11月4日和2012年1月5日发布了《支付机构客户备付金存管暂行办法》和《支付机构互联网支付业务管理办法》。

三、电子支付面临的法律问题

当前，电子商务发展迅速，电子支付也日益普遍，但相关的法律仍很缺乏。我国现有的网络方面的立法主要集中在计算机及网络的建设、运营、域名注册、网络安全等方面，关于电子支付方面的立法几乎没有。缺少法律的规范，直接制约了电子支付的发展。从法律方面看，电子支付的问题主要有以下几个方面。

（一）支付工具效力问题

信用卡的支付已经比较普遍，现实社会中应用也比较普遍，其效力已经得到充分认可。电子信用卡只是信用卡在网络上的应用而已，除去对支付安全性的顾虑，其本身的法律效力并无争议。

网上银行，实质上就是现实银行在网上业务的拓展和延伸，随着网络技术的逐渐成熟，网上银行变得更快捷、方便、安全，广大零散个人客户更倾向于采用这种方法。对于银行而言，随着个人收入的不断提高，个人客户与企业客户已经逐渐占到了同等重要的地位，面对如此巨大的个人金融市场，网上银行是最节约、最有效、最接近小额零售业务客户的一种手段。由于客户与银行都会积极推进网上银行的建设，其效力一般不会出现问题。

但电子现金和电子支票，因为其与传统法律具有一定抵触，其效力存在一定争议。

1. 电子现金的法律地位

电子现金现在的应用还很少，但它既具有现实现金的一般特点，又具有网络的特性，发展前景还是很乐观的。电子现金与现实货币一般没有什么不同，是一般等价物的一种表现形式，但其法律地位一直难以确定。这是因为按照货币的实质和网络无国界性来推断，各国中央银行的地位都将受到挑战，因为任何一个有实力、有信誉的全球性公司，都可以发行购买其产品或服务的数字化等价物，从而避开银行的烦琐手续和税收。而这会扰乱一国的金融秩序，任何国家都不会允许。但随着电子现金技术的不断成熟，其又具有网络化的方便性、安全性、秘密性，所以电子现金的发展优势是不可阻挡的。关键是要在法律方面进行调整：①限制电子现金的发行人。目前情况下，可只允许银行发行电子现金，这样，许多现行的一些货币政策和法规可以应用于电子现金，而无须太大的改动。当电子商务环境成熟时，再扩展到有实力和有信誉的大公司和网络服务提供商。②建立合理的电子现金识别制度。发行统一的电子现金是不可能的。所以在不同的电子现金并存的情况下，必须建立合理的电子现金识别制度。

2. 电子支票的效力问题

我国现在电子支票应用极为有限，甚至可以说是一片空白。其原因是：一方面由于我国金融电子化程度较低，市场需求有限，但更主要的原因是受到我国《票据法》的制约，电子支票的法律地位难以得到确认，使银行难以开展该项业务。

我国《票据法》第四条规定："票据出票人制作票据，应当按照法定的条件在票据上签章，并按照所记载的事项承担票据责任，持票人行使票据权利，应当按照程序在票据上签章，并出示票据。其他票据债务人在票据上签章的，按照票据所记载的事项承担票据责任。"显然，这些规定不能直接适用经过数字签章认证的非纸质电子票据的支付和结算方式。

与电子支票有关的电子签名的效力问题，是需要认真解决的一个问题。

根据新加坡的《电子交易法》，电子签名是指"任何以数字形式表现的任何字母、字符、数字或其他代码，其特征是附随于电子记录之后，或与之具有逻辑关系，或为了认证或批准某一电子记录而执行或采用的代码"。

联合国国际贸易法委员会《电子商务示范法》第七条规定如果符合下列两种情况，数据电文就满足签字的基本法律要求：①如果数据电文的发件人或收件人使用了一种方法，其效果是既鉴定了该人的身份，又表明了该人认可了数据电文内含的信息。②从所有各种情况来看，包括根据任何相关协议，所用方法是可靠的，对生成或传递数据电文的目的来说也是适当的。

在电子商务中确定权利、义务的主要手段是电子签名。它有时是进入特定信息系统的钥匙，有时是利用网络信息系统的屏障，有时是从事网络活动的标记。电子签名是一组特殊排列的数字，电子签名技术的发展，对于伪造、变造票据的含义将会产生深远的影响。

过去伪造票据是指模仿他人的签名、私刻或盗用他人的印章；变造票据是指依法没有变更权限的人，在有效的票据上，变更除签章以外的其他记载事项，从而使票据上的权利义务内容发生变化的行为。

以往的票据认证主要用手写签名。签名的书写随意性很大，并且中文的方块字极易模仿。盖章也是一样，几乎没有一种公章不能被私刻。现在银行采用计算机自动识别签名和所盖印章，提高了工作的效率，但是只要票据真伪的凭证仍然是签名盖章，就必然有不法分子试图模仿签名和私刻印章，同样也还有不法分子试图改造和涂销票据。近年来，一些不法分子采用计算机扫描，计算机刻章技术，使得私刻印章实现了电子化和自动化，完全可以以假乱真。因此印章自动识别系统与签名盖章系统一样，绝对不是票据认证系统今后发展的方向。所以，密码机制和电子签名在网络活动中的意义被赋予了新内容。如收票人事先根据票据号编制密码，通过安全的信息通道，传送给出票人。出票人每次签发一张票据，就根据票据号，粘贴上密码。收票人根据票据号和密码的对应关系来验证票据的真伪，以防止第三者伪造票据。在金融机构则可开发变码印鉴系统，又称为密码支付系统认证票据。它采用传统的单钥密码体制。出票人和收票人事先约定一个密钥，由他们各自保存。出票人每签发一张票据，他先把票据内容数字化，然后他再用保存的密钥、链路加密报文，得到一个鉴别码，把它作为票据真伪的凭证，同票据一起传送给收票人。收票人重复同样的计算过程，又得到一个鉴别码，只要两个鉴别码相同，就认为票据是真实的。由于鉴别码是密钥和报文的函数，因此报文的任何变动都会改变鉴别码，而且不使用密钥是无法计算得到鉴别码的。如此一来，传统的解释几乎是没有应用的价值了。这时，伪造则将很困难，或许就不可能，但是，变造和传统伪造的内容如何界分有时会很困难。

由此可见，现有的《票据法》已无法适应电子支票的发展了，修订《票据法》或专门制定《电子票据法》已成当务之急。

（二）网络安全问题

根据对网上支付使用情况的调查显示，目前网民不使用网上支付的原因，最主要是因为担心安全，其次是个人隐私，以及注册麻烦和不太习惯使用这些工具等因素。央视生活频道近日播出的节目中，披露了一种新型金融造假手段，不法分子在网民网上购物交易时，利用与银行网站相类似的网络页面，盗取银行卡密码等私人信息，然后通过网上转账的方式将资金转走，导致网民在支付的过程中受到损失。另外，黑客、木马病毒的攻击让网民在支付的过程中防不胜防。木马潜伏在计算机中，时刻监视用户的一举一动，从而盗取账户密码和信息。而黑客，则利用系统漏洞、用户的安全意识薄弱入侵用户的计算机，盗取用户的相关信息和密码，导致网民在网上支付受损。安全问题已经成为影响网上支付发展的主要因素。

目前，全世界每 20 秒钟就有一起黑客事件发生，仅美国每年因此造成的经济损失就高达 100 多亿美元。据美国联邦调查局统计，一起刑事案件的平均损失是 2 000 美元，而一起计算机犯罪的平均损失则为50万美元;美国一年因计算机犯罪所造成的损失高达75亿美元。而且目前这个数字还在呈上升趋势。作为计算机犯罪分子的黑客往往来自世界各地。金融网络中的安全监管已成为严重的国际法律问题。此类黑客案件在我国也有发生,一名19岁的青年在上海用笔记本电脑侵入了某证券公司营业部的计算机系统,窃取了所有客户的账户信息及密码。如何制定安全的操作规章和技术防范措施,确保业务、通信软件、网络设计和网络交易系统配置的安全,并利用法律对金融网络和计算机系统犯罪分子进行严厉打击,将直接影响到金融机构的安全和相应的业务开展。

为确保网上支付在我国的顺利发展,应采取以下措施来确保网上支付的高效安全运行,促进国民经济信息化的发展。

(1) 不断采用新的安全技术来确保电子支付的信息流通和操作安全,如防火墙、滤波和加密技术等,把正确的信息及时准确地在电子支付当事人之间传递,同时又防止非授权用户如黑客对电子支付活动所存储的信息的非法访问和干扰。

(2) 制定法律对利用计算机在网上银行实施犯罪行为的犯罪分子进行严惩,同时也制定法律对电子支付业务操作、电子资金划拨的风险责任进行规范,还要制定互联网上犯罪案件的管辖、仲裁等规则。我国1997年修订的《刑法》中,仅制定了四条有关网络上计算机犯罪的法律条文,同时新《刑法》已不允许采用类推的方法进行定罪量刑。我国在2011年最高人民法院、最高人民检察院《关于办理危害计算机信息系统安全刑事案件应用法律若干问题的解释》(法释〔2011〕19号)中有一些解释,但并不是很全面。而利用计算机对网上银行等金融机构进行贪污、盗窃、诈骗、挪用等种类繁多,现有的四条犯罪条文难以适应网上金融业日益发展的需要,应通过实践和对比借鉴发达国家的网上金融犯罪的立法经验,不断补充我国刑法上金融计算机犯罪的种类,或制定我国单独的惩罚互联网上金融犯罪的法律法规。

(3) 根据互联网上金融业的实际情况,修改或制定适用于电子支付操作运行的法律规范。同时,借鉴美国《1978年电子资金划拨法》和《统一商法典》第4A篇及联合国国际贸易法委员会制定的《国际贷记划拨示范法》来制定我国的《电子资金划拨法》,以便明确电子支付等金融业的业务操作规则及电子资金划拨的风险责任负担。

由于互联网是无国界、无地域、无时间限制的,通过计算机对网上银行实施犯罪的人可以来自全球各个角落的不同国家。同时,随着社会的发展、技术的不断完善,网上银行等金融业的客户也可以来自不同国家和地区,发生纠纷时如何确定案件管辖权以及审判或仲裁的规则如何确定都无法律规定。因此,我国应加强与世界刑警组织以及世界各国国际金融司法部门和业务主管部门的联系和磋商,共同制定打击网上金融犯罪的法律和签订调控网上金融业风险责任承担的国际条约,来确保网上金融业的顺利发展。

(4) 通过管理、培训手段来防止互联网上计算机犯罪和金融风险的发生。《中华人民共和国计算机系统安全保护条例》、《中华人民共和国计算机信息网络国际联网管理暂行规定》,对计算机信息系统的安全和计算机信息网络的管理使用作出了规定,应严格要求网上银行等金融业从业人员依照国家法律规定操作和完善管理,提高他们的安全防范意识和责任感,确保电子支付业务的安全操作和良好运行。

很多时候,电子支付的危险并不是来自电子支付本身,而是由于人们缺乏警惕性。如果我们能提高警惕性，电子支付还是足够安全的。虽然电子支付现在还存在一些风险，但电子商务和电子支付能给我们带来极大的方便，因此我们不能因噎废食，而应逐渐完善它，使我们最终可以放心地享受电子支付带给我们的便利。

（三）与电子支付有关的其他网上违法行为

在网上通过电子资金的划拨进行违法行为的，除了黑客的攻击外，还有网上洗钱等问题。

所谓洗钱，就是罪犯将其非法活动收益进行“合法化”的手段。无论是贩毒、走私、恐怖主义、黑社会集团还是诈骗，都要通过洗钱来隐瞒其不法钱财来源，以避免在使用过程中被发现而落入法网。

电子支付出现后，为洗钱活动提供了更多的机会和更大的空间。电子支付工具具有体积小、适合远距离传输以及有匿名性等特点，对不法分子来说，都是可乘之机。随着电子支付应用越来越普遍，网上洗钱会越来越泛滥。电子支付都采用密码来保护，这使得电子支付更加安全，同时也能保护当事人的隐私权。但对于执法者的调查工作来说，这种加密技术，使得惩治罪犯变得困难。因此，使执法机关在一定的条件下获得有关密钥就成了一种必然的要求。建立一定的密钥托管机制，使执法机关在特定条件下能够获得密码技术中的私人密钥，这是一些国家的做法。

电子支付还存在其他一些问题，如电子证据的法律效力问题。这主要是计算机所存储的数据，能否在诉讼中被法院采纳为证据及其证据价值的问题。

再如，电子金融合同的效力问题。金融电子化促使许多金融交易采用金融电子化数据交换，也就是无纸化的电子合同的方式进行，即在 EDI 计算机网络上按事先约定的编码进行，这与我国传统法律上的书面和口头合同根本不同。各国传统的合同法中并未对这种电子化的合同形式作出明确规定。合同形式往往是作为民事法律行为能否产生预期法律后果的形式条件。另外在互联网上达成的金融电子化合同通常难以确定合同的签订地和履行地，从而很难确定电子化合同的管辖权。

基于平等性、互换性为基础的以特定主体的特定交易为前提的传统民法，由于金融电子化的发展，正在越来越不适应以集中交易、不特定主体为基础的金融法发展的需要。

四、电子支付立法展望

立法总是滞后于社会经济发展的，目前有电子支付活动而无电子商务法律的现象也是很自然的现象，关键是如何尽快解决这些问题。解决上述法律问题可以从以下几方面来进行。

（一）利用对现有法律法理的扩张性解释来解决问题

每当出现一种新的法律问题，我们经常可以听到一种说法：“无法可依”，但事实上我们不可能针对每一种现象、每一种行为都制定相应的法律，这也是不必要的。我们应借鉴判例法的精神，针对法律问题的实质，利用现有的法律、法规来解决。没有具体的法律、法规规定的情况，可以适用一些法律的基本原则。比如网上支付中银行与客户之间的法律关系，我们只要抓住他们之间存在合同关系，现行的法律就可以确定这一法律关系主体的各项权利义务和民事责任。对有些法律关系还不清楚的，但双方只要存在合同，这种合同关系就可通过相应的法律做些扩张性解释加以解决。这在现实司法实务中也经常使用。

（二）制定新的法律

根据现行法律法理的扩张性解释仍不能解决的法律问题，必须制定新的法律、法规，否则将会阻碍电子支付的发展。只有通过制定新的法律，才能确保不出现法律真空，保证电子支付走上良性运行轨道。只有通过制定新的法律，才能严厉打击破坏金融电子化的金融机构计算机犯罪分子，从而确保金融机构的安全。

电子支付的法律不仅仅是成文法，还应包括判例、行业自律规则、业务惯例等。

1. 成文法

在我国，成文法仍是法律的主体。同样地，在电子支付方面，制定或修订相应的成文法也具有重要的作用。当前，最需要制定或修订的是《票据法》和电子资金划拨法。

前面已提到，现有的《票据法》已无法适应电子支票的发展需要，修改现有《票据法》，增加相应的内容或制定独立的《电子票据法》已是当务之急。在新的《票据法》中，应包含电子签名、电子票据当事人的权利义务、电子票据的伪造、变造的确认与法律责任等问题。

借鉴联合国的《电子资金划拨法》与《国际贷记划拨示范法》与美国的《统一商法典》第4A篇，订立我国的电子资金划拨法也是一项紧迫的工作。在电子资金划拨法中，主要订立调整银行与客户的法律关系、银行间的法律关系、银行与电子交换所的法律关系、银行与数据通信网络系统的法律关系、客户间的关系的条款。比如，在银行与客户的法律关系中，用法律明确划拨中出现欺诈时的责任承担、银行承担责任的形式、损失赔偿的范围、发送行与客户的关系、接收行与客户关系，等等。此外，在电子资金划拨法中，还应充实信用卡方面的内容。虽然我国有《信用卡业务管理办法》，但对一些与银行、消费者有重大的利害关系的问题，如自动取款机的问题、划拨失败所致损失的责任承担以及在未经授权提取款项的情况下由谁来进行举证等，却未作规定或规定得不充分，所以有必要在电子资金划拨法中强化这方面的内容。

另外，还应修订现有的《合同法》，以适应现在电子金融合同的发展。我国《合同法》第十一条确立了电子数据可以作为合同的文本或是作为证据，但对于如何操作，合同双方在履行合同过程中的权利义务问题，还没有具体的说法，需要进一步规范。

这些制定新法或修订原有法律的工作不能完全独立地进行，相互之间应互相配合，与其他法律，如《刑法》等也应衔接好，这样才能成为我国电子支付方面的成文法法律体系。

2. 判例

在成文法尚难以及时制定出来前，判例无疑成为重要的法律渊源之一。判例在大陆法系（成文法）与英美法系（判例法）的融合发展中，其法律效力已为大陆法系国家逐渐接受。电子支付速度快，往往是不可撤销的，一旦出现过错就难以弥补，而且损失巨大。目前电子支付的发展已大大超过成文法制定的速度，借鉴判例法的精神就显得尤为重要了。

3. 行业自律规则及业务惯例

每个行业或组织都有其自律规则，对其会员有约束力。同样地，参与电子资金的各成员也应订立自己的自律规则。目前，美国的联储电划系统(Fedwire)、英国的清算所自动支付系统(Clearing House Automated Payment System，CHAPS)以及环球银行间金融电讯协会(Society for Worldwide Interbank Financial Telecommunication，SWIFT)，都有其自律的规则。以英国的清算所自动支付系统为例，它制定的《CHAPS 清算规则》共 12 条，主要包括：会员责任、收付线路、错误发送的收付、授权无效、截止与清算程序、系统的完整性等。银行业务惯例是银行业公布的银行业务守则，也具有法律效力。英国银行家协会等民间组织共同公布的《银行业务惯例守则》就对银行产生约束作用。银行与客户之间产生的纠纷可以该守则为依据进行裁决，法院也认同裁决的结果。

(三) 加强国际合作，借鉴国外的先进经验

我国的电子支付及其法律、法规比发达国家落后很多，所以我们在制定电子支付的法律、法规或行业的规定、惯例时，切不可闭门造车，一定要加强和国外同行的合作，借鉴他们的先进的经验，共同探讨立法的问题。对国际公约、国际惯例的吸收，对外国立法、判例的借鉴，无疑是我国电子资金划拨的必由之路。统一或最大限度地减少各国立法的差异，也是世界经济一体化的内在要求。电子资金划拨以及资金跨国划拨的共同发展，正在促使电子资金划拨程序趋于国际标准化。标准化的进程促进了电子资金划拨有关法律的统一和协调。对于国际已经产生和即将产生的国际公约、国际惯例，我国在电子资金划拨的立法中应主动求同存异，在上述诸问题方面与国外法例保持基本协调。当然，立法不可照搬国外法律特有的东西而不加以消化，应既立足于国情，又要大胆引进、吸收和消化。

新的世纪，电子支付系统将会改变我们的生活方式以及贸易方式。在世界各地，电子支付系统已在运行当中并取得了极大的成功，得到众多用户和系统运营商的青睐。未来的电子支付必然涉及与金融领域相关的银行、证券、保险、邮电、医疗、文体娱乐和教育等众多行业，市场潜力巨大。而随着计算机和通信技术的发展，未来将通过互联网构造更加快捷灵活的电子支付系统。在不断前进的信息时代、网络时代、个性化时代，电子支付必然走进千家万户。

要使电子支付能够得到健康、快速的发展，出台相关的法律法规为其“保驾护航”必不可少，我们必须在充分利用已有的法律体系，保持现有法律体系的完整性与稳定性的基础上，参照国际惯例，创建适合我国电子支付实际情况的新的规则。

第五节　电子发票概述

网购市场呈井喷式的状态发展。网购已经逐渐成为了人们生活中不可或缺的一部分。网购产品从吃穿用到娱乐休闲，正逐步覆盖生活的方方面面，几乎到了无所不至的地

步，这也有效促进了企业技术进步和社会经济效益的提高。据正望咨询调查报告显示，中国网购整体市场规模2008年为1 400亿元，而2009年猛增至2 670亿元，年增长率高达90.7%，另据研究机构艾瑞咨询发布报告指出，2011年中国网购市场交易规模达7 735.6亿元，较2010年增长67.8%。

但是这个市场还存在不少的问题，最为突出而普遍的就是开发票难，这也似乎是网购市场中的"潜规则"，其中不仅造成巨额税收流失，也给消费者维权带来证据障碍，同时还给这个新兴的市场提出了监管难题。开发票难的原因有很多种，在成本上说，网购的利润本来就比实体店低，所以为了加大利润，商家故意不开发票，或者对要开发票的买家另加税费。其次，由于天猫商城中"卖家不开发票将被扣分"的规则漏洞，又新生出职业发票投诉师，不少职业差评师都转向发票敲诈。还有，网购中时常出现的假发票事件，更是让这个原本就漏洞百出的消费者网购维权增加了难度。

面对如此多的市场乱象，如何规范电子商务税收问题成为重中之重，而加快普及电子发票就是眼下最好的举措。因为全面试点并推行电子商务发票电子化，无论是对于政府监管，还是销售渠道、品牌商、消费者三方的利益，都有着积极的意义。电子发票的实施，可以促进电商企业的规范化经营，将纳税人的征管基本信息、申报信息、入库信息等都结合起来，可以全方位地监管纳税人。

一、电子发票

（一）电子发票的概念

由于电子发票是继电子商务兴起后而出现的，历史较短，所以还没有统一的定义对其进行概括。但是，从几个有代表性的概念来看，我们可以对其特征和属性加以概括，并进行定义。

依据欧盟关于电子发票之定义，电子发票系借由电子资料交换将电子发票由卖方系统传至买方系统。在EDI制度中，纸张将被使用电信网络转播站的计算机化工作所取代。电子发票制度下，卖方将依据消费者的订单及逻辑信息而自动产生发票，发票开立后即借由EDI传送至买方系统，买方系统收到电子发票后即自动记入相关账户中而不需人工介入。而欧盟也在其《跨边界电子发票的监测法律要求和法律环境的改变建议》中将电子发票定义进一步进行说明："它是这样一种数据集，由提供者列明所有的销售项目并提供给购买者，并包含了交易方所有商定的细节。"

根据我国台湾地区"财政部赋税署"定义，电子发票是指营业人以计算机开立统一发票，并利用网际网络传输。营业人如果以电子计算机替代现行由营业人列印电子计算机统一发票后交付买受人的方式，对营业人而言，除可实时传送发票请款，提高经营效率，也可以节省邮寄发票等各项成本；对稽征机关而言，有利稽征机关推广使用媒体申报或网络申报，进而节省资料整理、登录人力，简化申报作业。

基于上述对电子发票的定义，笔者认为可以将电子发票定义为发票的一连串电子映像与电子记录。作为纳税人的个人和组织机构可以在线领购、开具、传递和申报。相对于传统的纸质发票而言，其突出特点是电子化、无纸化、快捷化。

（二）电子发票的种类及特点

近几年，随着人们对电子发票期望与需求的愈加增强和网络信息技术的超速发展，市场上又不断出现了各种各样的电子发票流程。

(1) 应用于有稳定的供应链和物流的大型企业。在这种流程下，开具发票和接受发票双方的系统被连接起来，系统生成的发票信息自动通过网络传递给对方并根据发票的内容和系统的订单信息核对入账。此流程的优点在于：一是完全的自动化极大地降低了成本，提高了账务处理的效率、准确性和及时性。二是可以细致地记录企业的每一笔业务，企业财务分析的准确性得到了很大提高，同时也有利于财务分析方式的多样化。三是在很大程度上绑定了客户，成为其竞争优势之一。四是通过 ERP 系统生成的电子发票可以自动匹配企业采购订单中的各种信息，如订单号、采购数量、采购单价、税金、运单号，同时生成财务凭证。然而，对于供应链和物流不稳定的企业来说，此流程还不适用。对于业务量较小的企业来说，其单位定制化成本也显得比较高。

(2) 多应用于中间服务型企业。其设计的专门系统可以将发票内容转化为 PDF 格式的电子发票或仅转化成一串数据代码，再将电子发票或代码传递给客户。其特点为：一是使用方便快捷。中间服务商提供的是一整套服务，无论是供应商还是客户，都不用设计复杂的系统连接。二是方便信息转化。服务商可将各种含有发票信息的文件转化为发票。比如，电子邮件中只要写明金额、数量、供应商和客户名字，服务商的系统就会将有用信息提取并形成发票。三是方便客户和供应商的业务交流。客户不用和每个供应商单独沟通、建立项目，一个或几个服务商就可以面向所有的客户。伴随企业需求的不断增加，这种方式将会具有更广阔的市场。

(3) 适用于只有零散订单的小型供应商。这是企业自行开发的一个网络版界面，供应商可以申请账号，然后将发票信息录入网页，或通过网页批量传给客户。同前两者相比，这种方式的成本要小得多。

二、纸质发票与电子发票的对比

学前思考

刘某在京东商城上购买了产品，发现在付款时发票一栏中有电子发票，于是很好奇，电子发票在中国好像很少见，于是想去询问，电子发票怎么用，是否可以报销、计税。学完下面的内容，就可以解答他的疑惑。

与传统发票相比，网络发票无须通过“税控机”，也不需要企业负责人频频到税务部门登记注册。而且它能瞬间即成，虚假真伪即刻核实，操作简便易行。

与传统纸质发票相比，网络发票管理系统可以在线开票，节省发票工本费、税控机成本以及相关人力成本。

网络发票虽然可以方便更多电商企业纳税，但按中国的税制和市场环境，中小企业，尤其是电商企业的生存十分艰难。

20 世纪 90 年代，一种电子发票模式 SBI(Self-Billing Invoice，自我结算发票)作为网络电子发票的原型应运而生。就其发展来讲，ERP 系统愈加成熟和广泛的应用为其提供了不可或缺的支持。ERP 系统整合了企业的资源，使其得到集中配置。经过整合的供应链有效地连接起了供应商和客户。

而此时，更多的采购信息来自于客户而不是供应商。SBI 模式就是由客户代替供应商开具发票，再将发票传回给供应商。

（一）优点

首先，SBI 能显著减少发票的流转时间。传统纸质发票的流转多数依靠邮寄方式，邮寄过程中的不确定性导致发票收到的时间可控性较差。其次，按照国际付款惯例通常是先取得发票再付款，因此，对于一贯视现金流为生命的现代企业来讲，可控的现金流带给企业的是非常现实的、看得到、摸得着的财务利益。此外，SBI 合理减少了整个流程中发生错误的概率。在 ERP 系统的应用中，供应商按照客户需求，提前备足大约 1～2 周的存货，客户便可按需领用，ERP 系统会根据物料的消耗情况生成相应的电子发票。这样就避免了频繁下采购订单、频繁核对不同采购订单、发货单和销售发票的流程以及由此可能出现的错误，既降低了管理成本、提高了效率，又极大地提升了企业竞争力。同时应当关注的是，电子发票替代传统的纸质发票更是环保理念的有效应用。

（二）缺点

SBI 给大型制造企业集团带来极大便利的同时，其局限是有规划、分步骤地进行内部控制建设。企业内部控制建设是一项复杂的系统工程，需要有规划、分步骤地进行。

YY 集团本阶段仅选取母公司和 6 家重要子公司进行财务报告相关内部控制建设，而非全面内部控制建设，更非整个集团的内部控制建设，此举不仅有效地控制了人力、物力、财力的阶段性投入，而且有效地保证了内部控制建设阶段性成果的取得，也有利于企业中内部控制专业力量的逐步形成。

三、国际上电子发票的使用情况

随着电子发票的广泛应用，许多国家和地区也在尝试将纸质发票转变为电子发票。韩国在 2009 年之前也要求企业必须采用固定格式的纸质发票，但从 2009 年开始大规模地将纸质发票转化为网络形式。注册企业可以登录韩国政府的网站录入发票信息并传递给客户进行确认。这样，所有信息都反映在政府专门的系统中，便于监管。为了方便企业账务处理，这个系统还同时具有将发票转化为 PDF 格式的功能。国际电子发票的发展如火如荼，这其中有很多经验值得我们借鉴和学习。

欧盟、美国、我国台湾地区。虽然台湾地区的电子发票正在推广过程之中，但由于同属大陆法系，在文化上与内地有着千丝万缕的联系和同根同源的文化基因，所以其有益经验以及面临的问题，大陆地区可以借鉴。

1. 欧盟

关于电子发票的国际标准主要以欧盟制定的一系列标准为主。欧盟先后颁布了《电子发票用新型商业过程和技术的评估》、《整个欧洲服务供应商电子发票形成的网络基础结构用框架》、《欧洲商业流程中增加的电子发票用采用程序》、《跨边界电子发票的监测法律要求和法律环境的改变建议》(以下简称《法律建议》)等关于电子发票的国际标准。其中《法律建议》对电子发票的定义、实施条件、实用程序、对购买者的要求、电子签名和资格认证以及相关问题都进行了规定。

例如,“不同于纸质发票,购买者不必然被要求接受纸质发票。在有可能接收到电子发票前,购买者就必须接受电子发票的使用”。可以看出,欧盟关于电子发票的标准中,电子发票已经被预设为购买者接受了其使用,而纸质发票则无此要求。

在《法律建议》中,将法律要求和法律建议的实施背景认定为,“虽然电子商务从 20 世纪 70 年代早期即被使用,其主要目的始终是简化和有效促进国家内和国家间的贸易。”而在《法律建议》中也对买方,卖方的相关义务以及电子签名和电子认证、其他保障诚信的方法以及发票业务的外包予以规制。

2. 联合国

联合国国际贸易法委员会 1996 年 12 月 16 日第 85 次全体大会通过了《电子商务示范法》,该法是世界上第一个电子商务的统一法规,其目的是向各国提供一套国际公认的法律规则,以供各国法律部门在制定本国电子商务法律规范时参考,促进使用现代通信和信息存储手段。

《电子商务示范法》共 17 条,有两部分。第一部分为电子商务总则,即一般条款,涉及对数据电文的适用法律要求,数据电文的传递。第二部分为电子商务的特定领域,主要涉及货物运输中的运输合同、运输单据、电子提单的效力和证据效力等问题。

3. 美国

美国大部分的州已根据联合国的《电子商务示范法》修订其商业相关法令,以接受电子交易无纸契约的法律地位。美国国会也通过《政府无纸化办公法案》(*The Government Paperwork Elimination Act*),正式给予电子形式的交易记录和签章法律效力。同时,各联邦政府也尽量利用电子申报系统,处理和民间部门往来的事务。美国政府自 1986 年开始在报税方面鼓吹利用网络报税,而且其国税局(Internal Revenue Service,IRS)也将大部分的报税信息放在网站上,供社会大众使用。另外,在企业报税方面,自 1999 年起 IRS 要求联邦税超过 2 万美元的公司必须利用 IRS 的电子报税系统。

四、我国电子发票的使用情况

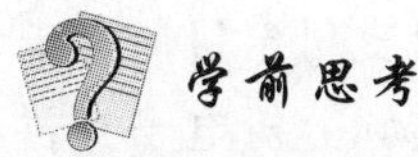

学前思考

现在开始流行使用电子发票了,随着业务发展,国家对电子商务的监管也越来越规范,网购需要开具发票。作为淘宝某店主,认为电子发票是个不错的选择,想要咨询如何开具电子发票。请你学完下列知识后，帮助解答他的问题。

我国借鉴相关国家和地区的电子发票管理的相关规定，在 2013 年 1 月 25 日国家税务总局第一次局务会议审议通过《网络发票管理办法》，该办法自 2013 年 4 月 1 日起施行。由于具体操作由试点的省、自治区、直辖市制定，本教材中以试点地区之一的北京市为例。

（一）申报条件

申报企业应具备的条件：①在北京市行政区域内领取工商营业执照并按照规定依法办理税务登记的从事电子商务经营活动的企业；②有固定生产经营场所；③发票使用量较大；④财务和发票管理制度健全；⑤经营信誉良好。

（二）备案手续

(1) 纳税人向北京市国家税务局申请办理电子发票应用试点备案手续时，需要出示《税务登记证（副本）》，填制《北京市国家税务局电子发票应用试点备案表》一式三份，同时附送电子发票应用试点申请一份。

(2) 对符合条件的纳税人，北京市国家税务局在纳税人提交的《北京市国家税务局电子发票应用试点备案表》上加盖税务资料受理专用章。

(3) 纳税人名称变更后，应在办理变更税务登记的同时，办理电子发票应用试点备案变更手续。

试点纳税人完成电子发票应用试点备案手续后，北京市国家税务局或经授权的第三方机构根据北京市国家税务局电子发票业务和技术标准对试点纳税人进行评估，评估通过后，试点纳税人可以通过北京市国家税务局电子发票管理系统办理开户登记手续，开具电子发票。

（三）消费者

消费者可以在北京市国家税务局网站（http://www.bjsat.gov.cn）或经授权的瑞宏网（http://www.e-inv.cn）查询验证发票信息，电子发票记载的信息与在北京市国家税务局网站或经授权的瑞宏网查询发票信息的结果应当一致。查验结果不一致的电子发票，消费者有权拒收，并可拨打北京市国家税务局纳税服务热线 12366 进行举报。

小　结

本章着重叙述了关于电子支付的概念和支付程序，如申请、审批支付。目前电子支付工具包括电子现金、电子支票、电子信用卡、网上银行。同时结合实际分析电子支付当中各方指令人、接受银行、付款人的权利义务。我国也开始逐步适用电子发票，本章讲解了电子发票的相关申领、使用知识。

职业能力检测

1. 张先生在百付宝账户存储了 1.5 万元，打算购买某网游产品，经过多方比较，发现这里的产品不值，于是打算提现。当张先生提现时却被告知无法提现，而只能在网上消费。请你帮助张先生分析一下，百付宝的行为是否合理，并说明理由。

2. 渣打银行将联手全球汇兑巨头通济隆和 VISA 国际组织在中国内地首推一种外形和功能都类似于借记卡的电子旅行支票，可以在商家消费，也可以在 ATM 机上取现，该电子旅行支票仅限在境外使用。该产品比现在通行的纸质旅行支票更方便、功能更强大，根据相关市场调查，对该电子旅行支票有需求的客户群是相当庞大的。

请结合此案例和对本章知识的掌握，分析电子支票有哪些优点。

3. 如果你是一名在北京上学的学生，决定在“五一”假期去司马台长城旅游，请你选择一个电子商务旅游网站，在该网站上选择路线并确定价格。

4. 朱女士发现银行账户上的近 11 万元在几天之内化为乌有，几经投诉之后，最终换得的仅仅是银行出具的一纸“网上银行不存在系统安全问题”的回复。随后，朱女士支付宝用户的密码被盗，她的信用卡在一夜之间被人在网上连刷了 4 次，损失数千元。朱女士很快便拨打了银行热线，冻结了信用卡。信用卡中心在查卡后，告之钱还在支付宝中，未被取走。但几天之后，她还是眼睁睁地看着资金被人通过支付宝提走了。请你分析这件事应当如何处理。

第四章

虚拟财产的权属

知识目标

1. 熟悉虚拟财产的概念和特征。
2. 掌握虚拟财产的物权法责任。
3. 掌握虚拟财产的合同法责任。
4. 掌握虚拟财产的侵权法责任。
5. 掌握虚拟财产的继承法责任。

能力目标

1. 通过正确运用物权法责任,保护企业的虚拟财产不受侵犯。
2. 通过正确运用合同法责任,保护企业的虚拟财产不受侵犯。
3. 通过正确运用侵权法责任,保护企业的虚拟财产不受侵犯。
4. 通过正确运用继承法责任,保护个人和企业的合法权益。

情境导入

张莹在慧通公司熟悉了两个星期后,对网络程序开发、网络推广有了一些认识,领导又把她安排到客户服务部,来解答客户的问题。有一个客户反映自己的ID号被盗了,自己的道具都没有了,问该怎么办?是否可以通过报警来追查?那些道具能否要回来?张莹也有些疑问,这些道具是虚拟的,法律对此是否保护呢?公司是否应当对这件事承担责任?她决定通过学习来为客户解决这个问题。

1. 如果客户的产品丢失了,公司是否应当承担责任呢?
2. 如果客户将自己的账户转让给第三人,是否可行呢?

3. 如果公司与客户订立的合同中明确表示，客户的网络资源丢失公司不承担责任，是否就真的不需要承担责任呢？

4. 如果客户死亡，那么他的邮箱等一些虚拟财产是否能够被家属继承呢？

第一节 虚拟财产的范围和主体

1995 年 1 月，中国电信开通了北京、上海两个接入 Internet 的节点，这两个节点的开通，本只是中美之间部长级会谈中关于两国加强相互开放的一种交代而已，在 1995 年当年，这根本算不了什么大新闻，更无法称之为事件，但在一部中国互联网史中，这一事件却成为中国互联网诸多事件的开端，成为一个历史时刻。也因此，1995 年被称为中国互联网商业元年①。互联网的出现，加快了人类社会从劳动密集型向知识密集型社会转化的步伐。全球各国也从数百年的工商业时代步入并投身于信息时代的浪潮。到 20 世纪 90 年代末期，网络游戏大量进入中国，数字娱乐业也由网络游戏开始而呈现高速发展的趋势。

我国有关虚拟财产的首例案件发生在 2003 年。案件的当事人双方分别是北极冰科技公司和李宏晨。简要案情如下：北极冰科技公司旗下有一款网络游戏名为“红月”，李宏晨则是这款游戏的玩家。在两年多的时间里，李宏晨共计花费了约数千小时的精力和大量的现金参与“红月”，其控制的账号在该款游戏中拥有顶级的装备。但是在 2003 年 2 月，李宏晨的账号被盗，装备被洗劫一空。当年 2 月 20 日，李宏晨在承德公安局报案，公安局以无法确认虚拟物品的价值为理由拒绝立案。6 月，北极冰公司更是以“通过复制装备作弊”为由删除了李宏晨账号里面的装备。李宏晨后以侵犯私人财产为由状告了北极冰科技公司，北京市朝阳区人民法院于 2003 年 12 月 18 日作出了宣判。这个判决认定李宏晨与北极冰科技公司之间的服务关系；认定作为运营商的北极冰科技公司承担因黑客攻击而产生的不利后果。同时，判决认为装备的虚拟性依然不影响其获得法律上的救济，其原因在于玩家参与游戏需要的充值卡是需要现实货币来购买的。朝阳区法院同时判决北极冰科技公司赔偿李宏晨 1 400 多元。

对于一审的判决，本案的当事人双方均提起了上诉。在 2004 年的 12 月，北京市第二中级人民法院对本案作出了终审判决，该判决要求北极冰科技公司恢复原告的虚拟装备，同时该终审判决特别强调了“虚拟财产是无形财产，但是有价值，应受法律保护”。

在进入 21 世纪后，网络发达，已经成为我们生活中不可或缺的一部分了。如果遇到类似的问题，我们应当如何处理呢？

---

① 林军.《沸腾十五年》[M]. 北京：中信出版社，2009.

一、虚拟财产的概念和特征

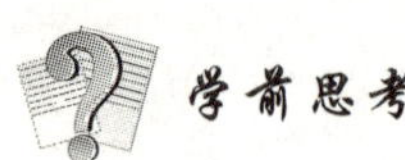

学前思考

张某是某游戏的忠实用户，某天忽然发现自己游戏中的设备被盗窃了，还有另一个自己玩了很高级别的游戏想转让，自己还有一家淘宝店铺不做了，想转让给他人。请你学习完下列知识后，判断张某拥有的上述资源是否是财产，并说明理由。

1. 虚拟财产概念

广义的网络虚拟财产，是指存在于网络虚拟空间的一切专属性的虚拟财产，包括游戏账号、QQ 号码、电子邮箱、游戏 ID、游戏币等。其外延非常广泛，而且是一个开放式的外延，随着网络技术的发展，其范围还会不断扩大。

狭义的网络虚拟财产，是指具有现实交易价值的虚拟财产，主要是指网络游戏中的虚拟财产，游戏币、游戏装备是其典型的表现形式。目前它主要包括游戏 ID、免费与收费邮箱、虚拟货币、QQ 号码、虚拟装备等。

2. 虚拟财产的特征

作为一种全新的财产形式，相对于传统意义的法律规定的财产形式，网络虚拟财产具有其独特的特征。

(1) 虚拟性与现实性共同存在

虚拟性或者无形性是网络平台中网络虚拟财产的最大特色。这是网络虚拟财产区别于传统的现实财产的最重要特征。之所以具有虚拟的特点，是因为网络虚拟财产以数字化的形式存在。网络虚拟财产的虚拟性仅仅是指这些财产只存在于网络虚拟之中，这种虚拟性是相对于社会真实事物的现实性而言的，例如在网络游戏“梦幻西游”中，玩家可以在游戏中看到一条“河”，实际上这只是通过网络编程设计出来的“河”，它与现实中的“河”有着本质的区别，因此可以说虚拟世界中的“河”是不真实的。但是虚拟世界里这条河的功效与现实中的功效是一样的，比如游戏玩家在游戏中遇到这条河时，他不会将其当作一张图片，而是认为这就是一条在虚拟世界中切实存在的河，根据游戏的设定，这条“河”在虚拟世界中具有与现实世界中的河一样的功用。因此虚拟世界中的“虚”，是不同于现实世界能摸得到的有形财产，是“不真实的”，而“拟”则表现于在虚拟社会中玩家认为“真实而存在的”事物。

(2) 网络虚拟财产是通过编程电磁记录而存在的

网络虚拟财产不同于其他财产，它是存在于虚拟网络中的，是通过电磁记录而存在的，在我国台湾地区的相关立法中，对网络虚拟财产称为“电磁记录”。在这里所涉及的电磁记录，主要是指磁性、电子或者别人无法直觉判断的记录，最后由计算机使用者进行处理。也正是由于这一特征，使得网络虚拟物难以按照现行法律进行规范和调整。

(3) 网络虚拟财产的合法性

网络虚拟财产也是与实际财产相同的一种特殊的财产，它的取得和产生应符合相关部门和法律的规定，只有从正规渠道取得和产生的网络虚拟财产，法律才认可并给予保护。所以，对财产的合法性进行辨别时，主要是通过其获取的途径进行判断，当网络虚拟财产的获取途径是通过非法的方式实现的时，法律是不保护的。举例来讲，主要有通过盗取或者诈骗的方式来获取网络的虚拟物品，通过对他人的计算机进行非法入侵，对其计算机数据进行修改获得网络虚拟财产，通过外挂的方式获取网络虚拟财产，通过玩私服而获取的方式等，都是非法的网络虚拟财产获取方式。以上均属于非法获得虚拟物品的方式，都是不被法律保护的，特别是外挂。由于“外挂”和“私服”破坏了游戏的平衡性，又损害了玩家以及游戏服务商的利益，我国政府已明令禁止任何单位或个人从事“外挂”或“私服”行为。

(4) 网络虚拟财产可以进行交易

无论是在现实中的财产还是网络中的虚拟财产，都具有使用价值，没有使用价值的财产是不会产生交易的。因为只有通过交换才能体现出物质的使用价值，所以玩家们会通过投入大量的精力、时间甚至金钱等形式的劳动来获取这份价值。在网络空间就形成了三种最常见的交易方式，即玩家与玩家之间的交易、玩家与服务器运营商之间的交易和玩家与运营商提供的交易平台之间的交易方式。

二、国外目前立法现状

1. 美国对虚拟财产的保护

美国对虚拟财产进行法律保护，主要是通过以下两个判例来体现。

早在 1998 年，美国加利福尼亚州高等法院就发布禁令，禁止三个英特尔的离职人员发送某些邮件。被告是英特尔的离职员工，在遭到解雇后，1996—1998 年先后 5～7 次发大量邮件给英特尔的数万员工，抗议英特尔对员工的不公正待遇。案件引起了激烈的辩论：被告宣称其拥有宪法所保障的权利，可以接触英特尔的电子邮件系统，他寄发邮件的行为属于劳动争端中的合法行为；而原告则认为被告的行为结果是不请自来的大量垃圾邮件。法官审理认为：英特尔职工的电子邮件地址并没有对外公开，英特尔的电子邮件系统也并非公共论坛，因此被告不具有宪法赋予的接触权利。虽然邮件内容属于劳动争端，但是寄送方式已构成非法侵入他人动产的侵权行为，因此颁发了禁令。可见，在英特尔诉其离职员工案中，法官是把英特尔员工电子信箱和英特尔电子邮件系统当作动产加以保护的，因此，网络系统本身也构成财产，侵入该网络系统，就构成非法侵入动产。

另外一个判例：有美国“垃圾邮件大王”之称的华莱士是一家促销公司的员工，他主持开发了电子邮件快速发送软件，并向很多网络用户散发过商业广告性质的电子邮件，造成用户不满，后美国两家公司分别在纽约联邦法院和加州洛杉矶高等法院对华莱士提起诉讼。法院审理后，纽约联邦法院做出裁决，要求华莱士将其客户的电子邮件地址从他的网络中清除，如果华莱士再向其他公司或用户散发垃圾电子邮件或盗用该公司的名义发出这类邮件，华莱士及其代理人每天将要缴纳一万美元的罚金，洛杉矶高等法院也作出了判决，禁止华莱士向用户发送任何垃圾邮件，华莱士向受害用户书面道歉，保证如再有类似行为发生，将会被判罚一百万美元。而洛杉矶高等法院的判决依据是关于禁止非法穿越私人领地的法律,也就是说,洛杉矶高等法院把电子信箱和电子邮件系统当作了私人领地来加以保护。

从上面两个关于电子信箱和电子邮件的判例我们可以看出,无论是将虚拟财产认定为动产,还是将虚拟财产认定为私人领地,美国法院都是把电子信箱及电子邮件系统作为传统的"物"来保护的。这说明在美国,当由虚拟财产所引发的纠纷出现时,而在当前的法律对虚拟财产没有明确规定的情况下,可以由法官通过解释相关法律、扩展现有法律的适用范围的办法来解决由虚拟财产所引发的问题。

2. 韩国对虚拟财产的保护

在网络游戏最发达的韩国,法律已经禁止虚拟物品的交易,然而这种交易却因为现实需要而大量存在,难以完全予以禁止,交易中的欺诈行为也在与日俱增。这些现象的存在促使韩国开始正视虚拟财产的归属问题,明确规定网络游戏中的虚拟角色和虚拟物品独立于服务商而具有财产价值。服务商只是为玩家的这些私有财产提供一个存放的场所,而无权对其进行肆意的修改或删除,这种虚拟财产的性质与银行账号中的钱财并无本质的区别。实践证明,韩国的这一做法是非常成功的,并产生了巨大的现实效应,不仅有效地利用了网络游戏的社会效应,而且促使网络游戏成为韩国经济的有力成长点,目前每年已经可以产生数百亿的产值。可见,韩国把虚拟财产与现实中银行账号中的钱财等同视之,说明韩国把虚拟财产等同于一种"电子货币"来对待,那么虚拟财产当然就具有了物的属性。

3. 日本对虚拟财产的保护

日本的网络游戏产业也十分发达,而且其网络游戏用户数量也十分庞大。但是日本目前并没有相关的单行性立法来对网络游戏的相关问题进行明确的规制。其对于网络游戏中虚拟财产所引起的纠纷也多是通过其《民法》和《著作权法》等相关现行法律和判例来进行解决。例如,当网络游戏玩家在网络游戏中约定对各自拥有的虚拟财产进行交易时,如果出现一方"违约",而导致交易无法完成的情形,一般就会按照以下方式来处理:由网络游戏运营商按照网络游戏中事先设定好的游戏规则对网络游戏玩家进行处理。例如,停止网络游戏玩家的身份等。

4. 我国台湾地区对虚拟财产的保护

在我国台湾地区,网络游戏犯罪案件属于高发性案件,数量占整个网络犯罪案件的第二位。有鉴于此,我国台湾地区不仅出台了相关法律,并且已经出现了因侵犯网络"虚拟财产"被刑事判决的先例。我国台湾"法务部"作出的函释,确定网络游戏中的虚拟财物和账户都属存在于服务器的"电磁记录",而"电磁记录"在刑法诈欺及盗窃罪中均可看作"动产",视为私人财产的一部分,这就直接承认了虚拟财产所具有的财产价值,在网络游戏中窃取他人虚拟财物会被视为犯罪行为,最高可处三年以下有期徒刑。这说明我国台湾直接以明确的法律规定形式确定了虚拟财产是一种动产,进而为其提供相关的法律保护。

5. 我国香港地区对虚拟财产的保护

我国香港地区在虚拟财产的法律属性认定上和对虚拟财产的保护上,也存在着关注不够的问题。但是2002年在香港发生的一名16岁男孩由于自己网络游戏账号下的多件武器被盗而跳楼自杀的严重事件,使这一问题得到了实质性的改变。这一事件的发生,使整个香港当局为之一震,香港对虚拟财产问题非常重视。同时香港通过立法的形式采取了对虚拟财产的法律保护。如根据香港《电讯条例》第27A条,任何人借电讯,明知而致使计算机执行任何功能,从而在未获授权下取用该计算机所保有的任何程序或数据,即属违法,最高刑罚是罚款20 000元。这也为解决由虚拟财产所引发的纠纷问题提供了立法上和实践上的可能,有利于进一步对虚拟财产进行保护。

三、我国虚拟财产保护现状

由于网络游戏在我国起步较晚,所以我国目前并未制定虚拟财产方面的专门的、明确的法律规范。虽然由于虚拟财产引起的纠纷在我国日益增多,但是并没有相关的法律对虚拟财产的地位进行明确的界定,有关虚拟财产的立法显得相对滞后。这使得现行法律对虚拟财产的保护存在着没有合法的依据,进而当出现虚拟财产受到侵害时无法得到及时、有效的保护的情况。

(一)立法保护

2004年我国对《宪法》进行了修订,其中将公民的合法私有财产的保护纳入其明确的保护范围内。虽然在一定程度上体现了我们国家法治的进步和对公民权利的进一步保障,但是其对"合法私有财产"并没有明确列举出来,并没有以明确的条文形式把虚拟财产列入其中。《民法通则》第七十五条规定:公民的个人财产包括公民的合法收入、房屋、储蓄、生活用品、文物、图书资料、林木、牲畜和法律允许公民所有的生产资料及其他合法财产。虽然其对公民的个人财产作出了更为完善的规定,但其同宪法一样也没有对虚拟财产作出界定,更没有相应的对虚拟财产纠纷的解决机制。新修订的《物权法》第二条规定:因物的归属和利用而产生的民事关系,适用本法。本法所称物,包括不动产和动产。法律规定权利作为物权客体的,依照其规定。而《物权法》中所指的物,通常是以有形、有体为限,而并没有明确地将虚拟财产作为物权的客体来进行规制,虚拟财产是否属于物也不明确。而《消费者权益保护法》、《计算机信息网络国际联网安全保护管理办法》等相关的法律也没有对虚拟财产进行明确的规定,这使得当因为虚拟财产出现纠纷时,网络游戏玩家寻求法律的保护没有法律根据,也使得网络游戏玩家的虚拟财产受到损害时无法得到及时有效的救济,从而不利于对网络游戏玩家的虚拟财产进行保护。

(二)司法保护

基于司法实践的角度分析,尽管当前在我国关于网络虚拟财产纠纷的案件不断增多,但仍然没有现行的法律法规可予支持,因此就出现了司法机关在判决时无法可依的尴尬局面。

2011年年底,中国互联网协会副理事长高新民在年会上介绍,自2011年以来,在网络环境中,对我国互联网基础设施其他重要行业,如证券业、金融业、海关、工业、税务及能源等部门的行业渗透和攻击的案例不断增加。在金融行业网站中比较常见的一种就是“网络钓鱼”。这一犯罪手法成为犯罪分子窃取隐私和骗取钱财的重要方式。出现了很多仿冒农行和中国银行等金融机构的事件。经常会出现政府的网站被黑客攻击入侵的案例。根据我国互联网信息中心之前发布的报告,在 2011 年的上半年,约有 28 亿网民受到病毒和木马的攻击,有 12 亿人的账号和密码遭受过攻击;另外,大约有 8%的网民在半年的时间里经历过消费欺诈现象。

正是由于我国在网络虚拟财产保护方面存在着漏洞,导致了一些玩家的网络虚拟财产被商家恶意删除、修改或被他人运用非法手段进行盗窃,助长了犯罪者的嚣张气焰,玩家的个人权益无法得到保障。即使立案受理,司法机关在处理此类纠纷案件,保护玩家的权益时,仍处于没有法律可以参考的局面,因此,加快网络虚拟财产立法是非常紧迫的任务。

由于我国现在还没有完整的关于网络虚拟财产保护的法律体系,因此使得纠纷案件都是通过传统案件来推理的,或者是通过解释扩大现有的法律适用范围。这就造成了司法上的混乱。由于虚拟社会和现实社会存在着很大的差异,关于网络的立法也就成了很大的难题。我国网络虚拟财产的立法仍存在很多的问题:网络虚拟财产价值的计算;网络虚拟财产间的交易违反了税法的相关规定;网络虚拟财产丢失后,后期的查找证据困难及网络虚拟财产回收的价值难以估算,等等。

第二节 虚拟财产纠纷的责任

虚拟财产的法律保护应该主要依靠民法体系。在民法体系中,与虚拟财产相关的主要有物权法、侵权法、合同法、继承法。本章将围绕这四者进行详细的分析。另外,随着网络虚拟空间的继续发展,也必然催生对虚拟财产的专门立法。

一、虚拟财产纠纷

现实中由于网络游戏的风靡,网络游戏中由虚拟财产所引起的纠纷也日益增多。我们对虚拟财产进行保护,就需要首先对虚拟财产所引发的法律问题进行分析,然后在此基础上寻求对虚拟财产合适的保护。一般来说,由于网络游戏中虚拟财产所引起的纠纷主要有以下几种。

(一) 网络游戏玩家和网络游戏运营商之间的纠纷

(1) 网络游戏运营商由于停止营运而导致网络游戏玩家的虚拟财产的损害所引发的纠纷。网络游戏是网络游戏运营商开发出来的一种必须依附于网络而存在的娱乐活动,它的存在期限,取决于网络游戏运营商对于游戏的经营状况、游戏的运营成本、网络游戏玩家对网络游戏的需求度等各个方面。如果网络游戏能够一直赢利或者一直有很大的市场需求,那么网络游戏将一直运营下去,也就不会产生网络游戏玩家和网络游戏运营商之间因游戏终止而引起的纠纷。但是,实际上,一旦网络游戏由于某些原因不能再继续经营下去,比如,由于营运资金的短缺、网络游戏丧失新颖性而没有市场等,网络游戏运营商就会选择适时关闭服务器,终止游戏。这使得网络游戏玩家在网络游戏中获取的虚拟财产丧失了其存在的空间,进而使虚拟财产失去了其存在的价值和意义。而且由于网络游戏运营商采取关闭服务器、终止游戏等措施,可能会牵涉无数的网络游戏玩家,造成网络游戏玩家的利益损害,从而在网络游戏运营商与网络游戏玩家之间产生纠纷。

(2) 因网络游戏中某些游戏数据丢失而导致网络游戏玩家的利益损害而引起的纠纷。网络游戏玩家只有在同意网络运营商预先设定的合同条款的情形下,才能够进入游戏。网络游戏玩家通过支付一定的费用来获取进行网络游戏的资格。网络游戏运营商与网络游戏玩家之间的关系确切地说是一种服务合同关系。网络游戏运营商作为提供服务的一方,有义务为每一位参与网络游戏的游戏玩家提供安全、稳定、高品质的游戏环境;而网络游戏玩家作为合同的另一方,有义务遵守网络游戏的相关规定,积极参与维护网络游戏的正常运行和履行自己的义务。但是,在实践中往往出现因为网络游戏系统的漏洞或者网络游戏运营商经营管理系统的不完善等原因而造成虚拟财产性质的更改,进而导致对网络游戏玩家所有的虚拟财产的价值产生直接的影响,更为严重的是直接导致网络游戏玩家的虚拟财产化为乌有。这些都会在网络游戏运营商和网络游戏玩家之间引发纠纷。

小贴士

近年来,网络游戏用户数量不断增加,玩家网游账号或者网游装备遭遇意外丢失、盗窃等案例屡见不鲜,而相关法律法规尚处完善阶段,玩家因虚拟财产被盗而引发损失纠纷的事件时有发生。为此,GAMEBAR 与阳光保险集团合作推出全球首款虚拟财产保险,以保障玩家虚拟财产的安全,减少相应纠纷。

此次发布的全球首款虚拟财产保险,是面向 GAMEBAR 旗下全 3D 修仙网游《聚仙》的用户设计的"网络游戏运营商用户损失责任险",并在中国版权保护中心的大力支持下,首创网游虚拟财产数据托管机制——"宝物银行"。此外,阳光保险还针对游戏用户开发了一款"网络游戏玩家意外保险",为玩家的安全提供全方位的保障。这款产品于 2011 年 7 月 12 日正式上市。

(3) 因网络游戏玩家在获得虚拟财产时使用不正当手段而引起网络游戏运营商与网络游戏玩家之间的纠纷。我们都知道,作为网络游戏的主导者,网络游戏运营商一般有权在网络游戏中设定相应的大家应当遵守的网络游戏规则,其中包括对于虚拟财产获取的途径和规则。但如果网络游戏玩家违反这些规则,就有可能会根据网络游戏规则中的规定受到网络游戏运营商的处置。实践中,在网络游戏中这种不正当手段一般指的是网络游戏玩家在游戏中使用"外挂"程序、"木马"程序等。外挂程序实质上是一种违反网络游戏规则的作弊行为。例如,网络游戏玩家使用外挂程序能够使自己在游戏中获得更多的金钱、更好的武器装备和更高的级别,QQ 农场中使用外挂,能够使自己在短时间内升到很高的级别,但是这种“作弊”行为不仅损害了网络游戏运营商的利益,而且也妨害了网络游戏中虚拟财产获得公平竞争的权利。一旦网络游戏运营商发现游戏玩家的账户出现异常情况,其就有可能采取删除人物、封账号等措施来处置网络游戏玩家的虚拟财产。那么随着网络游戏运营商对虚拟财产的处分与网络游戏玩家的意见不一致,虚拟财产纠纷也就必然出现了。

同步案例

2014 年 3 月,江西南昌市的张斌在游戏《传奇》中的一把价值 987 元的游戏装备“屠龙刀”,突然被游戏公司“收缴”了,理由是怀疑这把“刀”是赃物。在要求返还无果的情况下,张斌将游戏公司告上法庭,要求返还账号,并赔偿经济损失 8 万元。最终,南昌市东湖区人民法院对双方进行了调解,游戏公司返还了张斌的“屠龙刀”。

(二) 网络游戏玩家和侵权第三人之间的纠纷

所谓的侵权第三人,是指在网络游戏中除了网络游戏运营商和网络游戏玩家之外的任意第三人。在实践中,第三人的侵权方式一般包括第三人欺诈、盗窃、抢劫虚拟财产。在这里主要对第三人盗窃虚拟财产的侵权行为进行分析。

由于虚拟财产不仅本身在网络游戏中具有使用价值,而且在现实社会中能够进行交易,这说明虚拟财产不仅具有使用价值,还具有价值,因此网络游戏中发生虚拟财产被盗的现象也越来越多。目前针对网络游戏中虚拟财产的盗窃,一般都是利用木马程序来盗取网络游戏玩家的账号、密码,进而窃取其虚拟财产。一旦第三人侵入网络游戏玩家的账号,网络游戏玩家账号中的虚拟财产瞬间就能被转移到其他账号上,也就是我们常说的虚拟财产被盗。第三人通过这种方式转移而获得的虚拟财产,就可以进行正常的交易,从而使自己获取利益。

这种对虚拟财产的盗窃,就像我们现实生活中的入室盗窃一样,窃贼在房主不知情的情形下通过某种手段打开房门,进入放有财物的房间,然后窃取财物再进行牟利。第三人的侵权行为直接导致其与网络游戏玩家关于虚拟财产的纠纷的出现,并且这种类型的虚拟财产纠纷也较多。

上述由于虚拟财产所引发的纠纷在我们日常生活中很常见,而且不可避免,因此通过对上述有关虚拟财产的纠纷类型的分析,我们就能够在实践中更好地避免有关虚拟财产纠纷的出现,进而对虚拟财产进行更好的保护。

二、虚拟财产的物权法责任

(一) 基本法律责任

虽然虚拟财产的物权属性产生的前提是由于用户与运营商之间的合同,但是不能否认物权属性对于虚拟财产保护而言是最为关键的。其一,物权的效力相对于其他权利是最高的。其二,物权的保护是最能体现虚拟财产物的性质的。其三,物权法范畴内的救济方式是最彻底的。

1. 虚拟财产权的确认

物权请求权的行使必然是以物权人享有物权为前提条件。现实世界的物权确认主要是通过有权机关以法定的方式来确认，虚拟财产确认权属的问题在这方面有一定的困难。原因在于其涉及的主体往往只有当事人本身，这使得公平性很难得到保证。法院自然可以作为确权的主体，但是这涉及一个举证责任的问题。如果主体不涉及运营商，则是依照谁主张谁举证的原则；如果涉及运营商，则应该主要由运营商来负举证责任，其原因主要在于运营商拥有天然的技术优势以及由此而带来的获取数据信息的优势。

2. 返还原物请求权的行使

虚拟财产的返还原物请求权对用户的合法权利保障极为重要，尤其是在如上所说的金钱不能衡量和弥补的与人格挂钩的情况下。通常来讲，返还原物请求权的行使需要满足如下条件：请求权的主体为对原物失去占有的所有权人；相对人属于无权占有；相对人现在对该物是一个占有的事实。这种占有既可以是直接占有，也可以是间接占有。

如前所说，虚拟财产权实际上是物权，所以其权利主体对于非法占有的事实一样享有返还原物请求权。返还原物请求权的行使通常会遇到如下问题。

(1) 虚拟财产权遭受侵犯的原因是多种多样的，可能是因为被窃取、被作弊程序干扰、被运营商封号。

(2) 相对人属于无权占有，而权利人只需证明这一点而无须证明相对人是否有过错，这对在技术上处于绝对劣势的用户最为重要。

(3) 如果相对人仍然占有该虚拟财产，则可以行使返还原物请求权；如果该物完全灭失，则只能行使损害赔偿请求权了。这里需要强调的是，由于虚拟财产的本质是数字电子记录，所以在通常情况下即使删除后也有恢复的可能性，此时依然可以行使返还原物请求权。

3. 消除危险、排除妨碍请求权的行使

虚拟财产被妨碍的事实是大量存在的，这既包括对系统的妨碍，也包括对他人虚拟财产本身的妨碍。最典型的就是各种各样的计算机病毒。对这种妨碍可以通过行使消除危险、排除妨碍请求权来解决。

行使该项权利应满足如下条件。

(1) 相对人是以占有和侵夺以外的方式妨碍了虚拟财产权。至于妨碍的原因以及相对人是否有过错，则都不能影响此项权利的行使。

(2) 妨碍属于违法。这里需要强调的是，享有虚拟财产权的用户对于应当容忍的轻微妨碍不能主张行使该项权利。

(3) 需要消除的妨碍不一定要事实上出现，只要具有可能性即可。

4. 恢复原状请求权的行使

该权利需要行使的情形在虚拟财产保护的实践中大量存在着，比如 QQ 号被盗后，即使找回了，但是里面的信息却被侵害人删除了。在这种情况下，用户拥有请求恢复原状的权利。

虚拟财产的权利人可以在恢复原状和赔偿损失两种权利之间作出选择，并且如果对于虚拟财产的修复仍然不能弥补权利人损失的，其可以额外再要求损害赔偿。

（二）网络虚拟财产的转让

学前思考

张某是某游戏的忠实用户，有一天忽然发现自己游戏中的设备被盗窃了，另一个自己玩了很高级别的游戏想转让，自己还有一家淘宝店铺不做了，想转让给他人。学习完下列知识后，请你判断张某对于自己游戏设备被盗、转让游戏的级别，以及转让网络店铺的3个想法是否可以，并说明理由。

1. 密码的性质

密码相当于设定并证明玩家享有虚拟财产权的一种凭证。正如在海上货物运输中，提单持有人是货物的所有权人那样，网络游戏账号密码的持有人亦是虚拟财产的权利人。

2. 虚拟财产转让的公示

根据我国《物权法》第九条和第二十三条的规定，对于基于法律行为的物权变动，动产物权以交付为其变动的公示方法，不动产物权以登记之变更为其变动的公示方法。对于网络虚拟财产的转让，可以运用《物权法》有关动产物权变动的公示方法，以“交付”作为网络虚拟财产转让的公示方法。由于网络虚拟财产只能存在于网络游戏中，因此，转让人将其游戏账号的密码交付受让人，即被视为交付了网络虚拟财产。因为受让人凭借受让的密码可以登录网络游戏系统，实现对网络虚拟财产的占有、使用、支配和处分。

3. 网络虚拟财产的善意取得

在网络虚拟财产的转让人并不是真正有权处分网络虚拟财产的人，并且受让人又是善意的情况下，为了保护善意受让人的利益，有必要运用《物权法》第一百零六条的规定，适用善意取得制度。

（1）善意取得的构成要件

要构成网络虚拟财产的善意取得，必须满足以下几个要件。

① 转让人无处分权却处分了。虚拟财产转让人无处分权是指转让人在法律上没有转让该网络虚拟财产的合法权限，即转让人不是该网络虚拟财产的真权利人，并且转让人未得到真权利人有关处分该网络虚拟财产的授权。转让人无处分权是网络虚拟财产转让适用善意取得的前提。如果转让人有处分权，则转让人的处分就成了有权处分，不存在善意取得的问题。

此处的“处分”意指处分行为，即转让人使得该虚拟财产的权利发生了变动。至于转让人为什么能够控制网络虚拟财产并将其处分，其原因可能是转让人窃取了真权利人的游戏账号密码，也可能是因为真权利人有意将其密码交给转让人，以让其共同分享占有和支配虚拟财产的快乐和愉悦。

② 受让人为善意。受让人的善意是适用善意取得制度的关键。如果受让人为恶意，法律自无保护恶意之人的必要，真权利人有权行使其权利的追及效力，追回被处分的网络虚拟财产。只有在受让人为善意的情况下，法律出于保护交易安全的考虑，才有意牺牲真权利人的利益，认可受让人取得网络虚拟财产权。

③ 受让人支付了合理的对价。首先，受让人必须支付对价。如果受让人未支付对价，就允许其善意取得网络虚拟财产，这显然对于真权利人不公。其次，受让人支付的对价必须合理，不宜过低。最后，受让人必须现实地支付了对价。如果受让人仅仅是口头允诺支付合理对价，但并未实际支付，则不能适用善意取得制度。

④ 已经完成了公示。如果网络虚拟财产的交易双方尚未完成公示，则受让人占有网络虚拟财产的公信力无从产生，自无适用善意取得制度的必要。只有在转让人将其游戏账号的密码交付受让人后，网络虚拟财产交易方完成公示，受让人是网络虚拟财产权利人的公信力方产生，善意取得制度才有适用的必要。

(2) 善意取得的法律效果

① 虚拟财产权的变动。善意第三人取得的虚拟财产是原始取得，存在于虚拟财产上的原权利人的虚拟财产权消灭，善意第三人取代原权利人成为虚拟财产的权利人。原权利人不得向善意第三人主张返还虚拟财产，其只能要求无权处分虚拟财产的转让人赔偿损失或者承担其他法律责任。

② 虚拟财产上的原有权利消灭。《物权法》第一百零八条规定："善意受让人取得动产后，该动产上的原有权利消灭，但善意受让人在受让时知道或者应当知道该权利的除外。"

根据该条的规定，虚拟财产的善意受让人对让与权利的欠缺为善意，虽能善意取得虚拟财产权，但是否能取得无负担的虚拟财产权，则取决于受让人对第三人权利存在是否为善意。

③ 无权转让人承担法律责任。由于虚拟财产的原权利人因善意取得而丧失了虚拟财产权，为了救济原权利人，法律上对原权利人提供了一种债权上的救济，即原权利人可以基于债权上的请求权要求转让人承担合同责任、侵权责任或者不当得利的返还责任，但不能向善意受让人和其他权利人追及。具体而言，首先，如果原权利人与转让人之间事先存在着租赁等合同关系，而转让人擅自处分原权利人的虚拟财产，则原权利人可以以违约为由，要求其承担违约责任。其次，转让人对原权利人的虚拟财产无处分权，却仍然将该虚拟财产转让给第三人，转让人的行为侵犯了原权利人对虚拟财产享有的权利，其应当对原权利人承担侵权损害赔偿责任。最后，由于善意受让人在从转让人处受让虚拟财产时向转让人支付了一定的价金，这笔价金相对于转让人而言构成不当得利，原权利人有权要求转让人返还该不当得利。上述违约责任请求权、侵权责任请求权以及返还不当得利请求权可能构成竞合，在构成竞合时，原权利人可以根据情况选择一种最有利于保障自身利益的请求权提出主张或者诉讼。

同步案例

小张是一家保险公司的员工，同时也是网游帝国 OL 的玩家。因交易游戏装备账户被封闭，小张将该游戏的运营商广州某网络科技公司告上法庭，要求网络科技公司解除账号封停，且不能造成任何损失，并进行公开道歉，赔偿账号在封停期间的损失和精神赔偿合计帝国 OL 虚拟货币 4 万银币。

小张起诉称，2010 年 3 月 24 日凌晨，他在网络游戏帝国 OL 游戏中于星月齐晖服务器第4线，以游戏内提供的交易方式出售物品中级魔力精华时，该物品被游戏其他玩家所购买。但在当日17:30分，网络科技公司以金钱数据异常为理由封停了他的游戏账号。通过电话联系，网络科技公司告知他出售物品所获得的虚拟货币为非法获得，故此要没收此笔财产才能归还账号。事后小张曾多次与网络科技公司协商均未果。

小张认为，他是在不知情的情况下通过正当的交易途径且有偿获得此笔货币，并没有违反任何游戏规定，网络科技公司无权没收自己善意取得的财产。因此，他将网络科技公司诉至法院，要求网络科技公司解除账号封停，且不能造成任何损失，并进行公开道歉，赔偿账号在封停期间的损失和精神赔偿合计帝国OL虚拟货币4万银币。

三、虚拟财产的合同法责任

学前思考

李某拥有自己的QQ空间，某天他想把该空间给自己的女友，但是QQ空间服务条款中有这样的规定:QQ账号的所有权归腾讯，用户完成申请注册手续后，获得QQ账号的使用权。腾讯QQ账号使用权仅属于初始申请注册人，禁止赠与、借用、租用、转让或售卖。李某觉得不合理，但是又不知道该怎么办。学习完下面的知识后，你能帮助李某解决这个问题吗?

虽然存在于虚拟财产之上的虚拟财产权是物权性质的权利，但是无论是虚拟财产的取得还是虚拟财产权的行使，都是以运营商与用户之间的合同关系的产生为前提的。从这个角度讲，虚拟财产的合同法保护是颇为重要的。

1. 用合同法保护虚拟财产的必要性

在网络世界里，用户与运营商之间法律关系的产生就在于他们之间合同的签订。这个合同既是服务的协议，也是用户进行注册的必经过程，更是用户享受服务、享有虚拟财产权的一个前提。其重要性不言而喻。但是这种用户与运营商之间的合同存在很多问题，这些问题直接决定了需要用合同法来保护虚拟财产，具体表现如下。

(1) 这种合同由运营商事先拟定，用户只能选择接受或者不接受，毫无磋商的可能性，限制了合同的自由。

(2) 从内容上讲，这种合同存在大量不公平条款，把用户的权益压缩到了极致，有违合同公平。

(3) 这种合同通常非常冗长，绝大多数玩家不可能充分阅读。看似公平的签订过程存在实质上的不公平。

2. 用户与运营商之间合同的性质

用户与运营商之间签订的合同中的权利与义务涉及买卖、服务、授权、保管等多项性质，所以这种合同应该是属于非典型合同中的类型结合合同，其包括如下性质。

(1) 服务合同。用户与运营商之间签订的合同首先包括的是服务的内容、提供服务的方式、服务的对价等内容。

(2) 权利变动合同。这种合同的签订必然导致运营商对与虚拟财产有关的诸多权利的让渡。

(3) 保管合同。用户对于任何虚拟财产的数据都不可能直接占有,而必须通过运营商的服务器来占有,而运营商对服务器上的数据有着谨慎保管的义务。

(4) 软件授权使用合同。任何一个网络项目的本质都是一组软件程序。运营商提供服务的过程实际上也是授权用户使用软件的过程。

3. 用户与运营商之间合同的内容

用户与运营商之间合同从内容上讲包括很多方面,归纳起来讲,主要涉及运营商的权利与义务、用户的权利与义务、纠纷的解决三个方面。

运营商的权利主要包括在提供服务的同时可以对用户使用服务的过程进行监控和管理、对用户的作弊行为进行处罚、发现数据异常时进行修改等。运营商的义务主要包括维护用户的数据安全、维护用户的隐私等。

用户的权利主要包括享受运营商提供的服务。用户的义务主要包括付出相应的费用、不使用作弊软件、不攻击运营商的服务器等。纠纷的解决主要包括责任的承担、解决的方式等。

4. 用户与运营商之间合同的效力

用户与运营商之间合同的效力主要有两个方面的问题需要探讨:第一,运营商自我免责的条款是否有效。第二,禁止用户享有虚拟财产权并且禁止虚拟财产交易的条款是否有效。对于这两个问题,如前所说,《合同法》第四十条已经有了明确规定。具体而言,包括但不仅仅限于如下 10 种情形的条款,应当被作为无效条款来处理。

(1) 免除运营商在故意或者重大过失情形下的责任。

(2) 赋予运营商最终解释权。

(3) 赋予运营商任意解除合同的权利。

(4) 赋予用户苛刻的、从技术上无法轻易达到的义务。

(5) 赋予运营商可以任意降低服务标准、不保障服务质量的权利。

(6) 赋予运营商可以任意干涉用户的账户及其中财产的权利。

(7) 赋予运营商任意删除数据的权利。

(8) 赋予运营商在通常情况下先行处理的权利。

(9) 免除运营商的举证义务。

(10) 赋予运营商任意变更其他合同内容的权利。

5. 用户与运营商之间合同的违约责任

用户与运营商之间合同的违约责任主要涉及两个方面的问题。一个方面是运营商对用户的赔偿范围和赔偿数额的问题。就赔偿范围而言,运营商不仅应当赔偿已经产生的损失,还应当赔偿在正常服务和用户的正常使用下用户能够获得的可期待利益。就赔偿数额而言,如前所说,要综合考虑虚拟财产的价值。

另一个方面是侵权责任与违约责任竞合的问题。如果主张违约责任,则无法在有人格意义的虚拟财产遭受损失或者时间精力遭受损失时获得精神损害赔偿;如果主张侵权责任，则无法获得合同价款的返还。因此，受害方需要根据不同的情形来具体选择，以实现自身利益的最大化。

同步案例

2009年，苏州吴江的小沈终于用自己的账号登录了游戏网站，对于一个玩惯了游戏，可以说早把里面的人物当作自己分身的玩家来说，在账户被封的1个月多时间里，他别提有多纠结了。“现在虽然虚拟游戏币少了2 000多万两，但至少账户恢复了。”这场风波的起因，则是他在网店里花近2 000元人民币购买了游戏中的虚拟货币——银子，被网游公司认为这属于私下交易，不合规矩而封停账户。

“小沈当初进入该游戏注册大厅时，只顾交钱注册，不看该游戏对虚拟货币服务的有关规定，存在着一定的过错。”消协有关负责人告诉记者，不过，经营者对该游戏的虚拟财富服务规定中称“玩家违反规定，私下交易虚拟货币，将对双方交易账户作永久性封停，冻结处理”，根据《合同法》，该格式条款不合理，且缺乏法律依据。

2009年7月17日，小沈花了近2 000元人民币，在一家网店里购买了杭州文一西路上某网络有限公司旗下的游戏虚拟货币银两2 757万两，可这些银子刚刚到账，他的游戏账户就被该游戏客户服务部封停了，加上原有的虚拟游戏币，里面总共4 000余万两银子也被封了。这下，小沈急坏了，马上通过QQ与客服联系，要求解封，但对方拒绝了他的要求。

“我都专程赶到杭州来，想找到这家公司论理。”小沈说。可等到他赶到文一西路，却被告知公司已经搬迁了。于是，他只好投诉到省消保委，强烈要求网络公司归还被封停的账户和银两，这相当于人民币4 000多元呢。

西湖区消协受理了沈某投诉，与该网游公司取得联系后，得知该公司客服部已搬迁至滨江，主要是为了躲避被封停账户的玩家上门闹事。客服表示，“封停账户是因为玩家违反了该游戏虚拟货币禁止私下交易的规定”。但小沈认为，虚拟货币是在网店上购买的，是合法的。网游公司则坚持认为，在他们的游戏注册大厅告示里，明确规定了购买虚拟货币属于私下违规交易，按公司规定可以封停账户。

经过调解，网游公司解封了小沈的账户，扣除了他私下交易而得的同城游戏虚拟货币，归还该账户原有的虚拟货币。

“这是我们处理的首例虚拟游戏币投诉纠纷。”杭州西湖消协负责人表示，网络游戏作为一种新兴事物，近年来投诉日渐增多，对于网游公司来说，在设定规章时，应当按照国家有关规定，不能设置对玩家不平等的条款；而对于玩家来说，事先要对网游的条款了解清楚，以免日后造成不必要的损失。

四、虚拟财产的侵权法责任

学前思考

李某拥有自己的QQ空间，但是有一天他发现自己QQ空间中的留言非常不好，而且这些留言者也非自己的好友，请你帮助李某维权。

侵权法保护是财产权保护最基本的途径，对虚拟财产权而言亦是如此。但是实践中法院更多地选择以合同关系来审理与虚拟财产相关的纠纷。笔者认为，虽然虚拟财产的纠纷经常存在侵权责任与合同责任的竞合，但侵权法相对有着更广泛的保护范围和更有效的救济手段。

1. 虚拟财产的侵权法保护的必要性

虽然有关虚拟财产的争议大量存在着侵权责任和违约责任的竞合，且《合同法》第一百二十二条规定了两者选其一的规制，但是用侵权法保护虚拟财产是尤其必要的，原因如下。

(1) 与侵权法相关的义务更加具有法律意义上的强制性。尤其是当今的用户与运营商之间的服务协定，往往把用户的权利缩小到了极致，而肆意扩张了运营商的权利。虽然《合同法》第四十条规定："格式条款一方免除其责任、加重对方责任、排除对方主要权利的，该条款无效。"但是在实践中，由于运营商的绝对优势地位，总是有很多极不公平的条款被用户接受并为法院所采纳。而侵权法上的义务则是法律强制性的义务，这有利于保护处于弱势一方的用户。

(2) 侵权法偏向保护固有利益，合同法偏向保护交易利益。而往往用户更希望的是一种固有利益而非交易利益，特别是很多虚拟财产更多的价值在于其成为了用户人格的化身和精神的寄托。另外，相比物权请求权，虚拟财产之上的侵权请求权有其特别的意义。

① 侵权法一般以过错为构成要件，这使得运营商可以通过证明自己没有过错而免责，有利于防止对运营商要求过严。

② 行使侵权请求权可以使侵害人履行损害赔偿之债，以货币的行使弥补无法通过物权请求权弥补的损失。这主要是指在虚拟财产无法找回的情况下。最典型的就是当用户与用户之间发生对于虚拟财产的侵权行为时，侵权方通常已经变卖原物，无法找回，此时只能通过侵权请求权要求其以货币的形式赔偿相应的损失。

再比如，运营商在关停服务器的过程中存在违规，但是关停服务器已经不可避免，如果用户此时通过物权请求权要求返还原物必然没有意义，而侵权请求权则是此时最佳的选择。

2. 对虚拟财产侵权的类型

从总体上划分，侵害虚拟财产权的行为可以划分为"作为"和"不作为"两种形式。"作为"形式主要包括四种情况，即对虚拟财产的侵占、毁损、妨害和造成危险状态。

对虚拟财产的"侵占"主要表现为盗窃虚拟账号或者虚拟道具，既包括通过外挂、木马等黑客手段进行盗取，也包括通过现实中的偷窥和第三方平台进行盗取。

"毁损"行为主要包括删除部分甚至是全部的数字记录、修改数字代码等。"妨碍"主要指造成权利人行使权利的不便以及财产实际效用的降低。

"妨害"的主要表现形式包括对他人网络系统的侵扰和对他人网络空间的侵扰，最典型的就是发送垃圾邮件。

“造成危险”主要指来自网络内部的危险，当然也包括来自外部的危险。最典型的，比如来自计算机病毒的危险。曾经出现的“熊猫烧香”就是最典型的情况，其导致了许多网站的大面积瘫痪。

“不作为”针对的主体主要是运营商。运营商负有安全保障义务和纠纷出现之后的协助义务，如果不履行则是不作为。其原因在于运营商在运营中获得了巨大的理论，且其一般也拥有履行这种安全保障义务的技术水平。同时，用户之所以选择运营商的服务，一个重要因素便是对其信赖，即相信运营商能够正确地履行安全保障义务。

虽然大多数的运营商都在服务协议里规避了安全保障义务和纠纷出现之后的协助义务，但是笔者认为这种规避是无效的。其深层次的原因在于，技术的进步为全人类带来了更加丰富的娱乐，此项权利是任何人都不能阻碍的。虽然有如此众多的网络项目，理论上用户有不接受服务协议而选择其他项目的“用脚投票”的权利，但是绝大多数运营商都规避了安全保障的义务和纠纷出现之后的协助义务，这使得用户“用脚投票”事实上被架空了。而如果不选择，则意味着被剥夺了享受因为技术进步而带来的精神娱乐的权利。事实上，在接受服务协议的时候，用户也完全没有协商的可能性。所以说，服务协议中的规避也不能够阻碍运营商负有安全保障义务和出现纠纷之后的协助义务。

3. 侵害虚拟财产权的侵权责任归责原则

网络侵权行为本身是复杂的，基于此，应当按照不同的情形来分别适用过错推定原则和过错责任原则。

(1) 对于运营商侵权的责任，应当主要适用过错推定原则，即当损害事实发生时，除非运营商能够证明自己没有过错，比如其自身的安全保障符合国家规定或者玩家自身存在故意等，否则就应该推定其有过错，并应当由其承担责任。

(2) 对于非运营商造成的侵权责任，应该适用过错责任原则。根据受害用户可以证明的有无过错来判断是否承担责任，且过错的大小也直接影响到责任的大小。

4. 侵害虚拟财产权的侵权责任构成要件

对于侵害虚拟财产权的侵权责任而言，其构成要件应该包含如下部分：行为的违法性、损害的事实、有过错、存在因果关系。

对于行为违法性，按照张新宝教授的观点主要包括四个方面的内容。①加害人违反了最广意义上的法律对其所设定的义务。②加害人违反了司法解释、立法解释、行政解释等有约束力的规范性文件对其所设定的义务。③加害人违反了因为公序良俗原则而应当承担的义务。④加害人违反了因为最基本的常识或者诚实信用原则而应当承担的义务。

对于损害事实的判断要注意两个方面的问题。①这种损害的事实既包括财产上的损害，又包括精神上的损害。因为最高人民法院《关于确定民事侵权精神损害赔偿责任若干问题的解释》第四条，规定了特定纪念物品的损害能够产生精神损害的事实。②损害事实的构成不仅要求权利被损害，还必须同时出现因权利受损害而导致的利益也受到了损害的客观事实，缺失其中之一都不应该被认定为法律意义上的损害事实。

对于过错的判断要注意两个方面的问题。①一定要结合行为主体的能力。比如，对于用户而言，其只用尽到妥善保管用户名和密码、不使用非法作弊软件、不使用非法交易平台等一般义务即可，而没有诸如辨别“复制物品”、避开程序漏洞等义务。②一定要结合行为主体是否适度地应用了自己的能力。比如，对于有些义务的履行，运营商可能确实有这方面的能力，但是如果存在其使用能力的代价过大或者大量使用成本过高等情形，则应该具体考虑其在这种情况下是否存在过错，而不能按其可以达到的能力来直接判断。

对因果关系的判断要分两种情形：①运营商以作为或者不作为的形式直接导致用户虚拟财产遭受侵犯；②第三人的不法行为导致了虚拟财产损害后果的发生，但是此时运营商没有尽到安全保障义务或者发生纠纷后的协助义务。第一种情形，其因果关系是很明显的。第二种情形，还要综合考虑运营商不作为的损害后果和受害人行为带来的风险。比如，对于受害人自己将账号密码告诉他人而增加的风险，就与运营商的不作为没有联系。

5. 侵害虚拟财产权的侵权责任承担方式

侵害虚拟财产权的侵权责任承担方式与普通的侵害财产权的侵权责任承担方式相似，即停止侵害、排除妨碍、消除危险、返还财产、恢复原状、赔偿损失、赔礼道歉、消除影响、恢复名誉。

同步案例

2014 年，在武昌广埠屯资讯广场做计算机配件生意的应女士遇到了一件烦心事：她从熟人手里购买了一个淘宝网店，却因该网店拖欠相应税款，无法办理税务登记变更手续。在与对方交易网店的过程中，应女士既没有与对方签订合同，也没有相应的书面协议，导致网店转让后，无法正常经营。

1. 亲戚介绍她买下网店

应女士介绍，她与家人在资讯广场做计算机配件生意已有一年多。2004 年年初，她的丈夫想通过开网店扩大经营途径，一家人就在网上留意网店转让信息。

2014 年 4 月，应女士一个表亲的朋友在 QQ 群里发布了一条转让淘宝网店的消息。因事先并未经营过虚拟店铺，应女士就发动亲友，四处打听网店需要缴纳哪些费用等问题。

应女士说："因为认识对方，我就先让表亲跟他谈转让价格。当时对方说稍后会拟一份合同给我们，但到现在我们仍没见到任何书面材料。"经过协商，双方以 6 万元的价格成交，应女士先交给对方 2 万元保证金，等办完工商、税务等相关手续后，她再付给对方 4 万元现金。

让应女士意想不到的是，当她去税务部门办理税务登记变更时，被对方告知该网店仍拖欠部分税款，税务登记证转不到自己名下。

2. 交易条件有严格规定

记者从百度文库的《淘宝网注册协议》中看到，该协议第二条对注册者淘宝账户的安全作了详细介绍。协议中称：您（注册者）应对您的账户（会员名）和密码的安全，以及对通过您的账户（会员名）和密码实施的行为负责。除非有法律规定或司法裁定，且征得淘宝的同意，否则，账户（会员名）和密码不得以任何方式转让、赠与或继承（与账户相关的财产权益除外）。

应女士介绍，因自己手中资金不多，如重新注册淘宝新账号，则无法维持实体店的经营和日常开销。“别人开过的淘宝店如果信誉等级高,花钱买下来就会很划算,而且价格也不会太贵。当时我是抱着这种心理去买的,因为都是熟人,我也没考虑过会出现什么问题。”应女士说。据介绍,应女士在该网店的账户中有近4万元资金,2014年7月份,网店卖家竟在未通知她的情况下,私自将这些资金取走。经过数次协商,卖家已于近日答应收回网店,并会将钱款退还给应女士,这让应女士松了一口气。

3. 网店买卖须谨慎对待

湖北首义律师事务所陈刚律师称,淘宝店铺转让有一定风险。从淘宝网的态度来讲,到目前为止,淘宝网对网店转让持明确的禁止态度。尤其是淘宝网店与店家的身份证、支付宝捆绑,一经注册就终身无法更改,这意味着现有的淘宝网店交易都是“地下交易”。

陈律师说:“从法律角度讲,淘宝店铺的转让,实质上是虚拟财产的转让。对于这种虚拟财产能否交易,我国这方面的法律是一片空白。这就有待于相关部门能就日趋成熟的电子商务制定出有效的法律制度。”

其次,从该事件双方当事人角度讲,网店转让时,当事双方都会面临很大的风险。对卖家来说,网店一旦出现纠纷或其他问题,自己仍然是第一负责人。而对买家来讲,卖家一旦通过身份证向淘宝要回店铺账户和密码,买家所出的转让费等于“打了水漂”。因此,陈律师建议,当事人最好还是谨慎对待买卖淘宝网店这件事。

五、虚拟财产的继承法责任

学前思考

在2013年10月份,沈阳的一位徐先生因车祸去世后,其妻子王女士想保留徐先生生前在腾讯公司所注册的QQ号,因为这个QQ号上保存了大量夫妻二人从恋爱到结婚期间的信件、照片。因不知道丈夫QQ号的密码,王女士遂向腾讯客服寻求帮助。但腾讯客服人员给出的答案是:腾讯号码所有权归腾讯公司所有,这包含在用户当初注册QQ号时腾讯官方与用户所签订的网络协议中,所以用对QQ只有使用权,而无所有权,因此不属于遗产的范围,王女士不能继承。请你判断腾讯公司的说法是否正确,并说明理由。

1. 虚拟财产属于遗产

遗产是指被继承人死亡时所遗留的个人合法财产。虚拟财产是公民死亡时所遗留下来的个人合法财产,是可以转移给他人的财产。

虚拟财产作为遗产,与传统的遗产相比较,有其自身的特点,主要体现为它具有虚拟性。虚拟财产脱离现实,仅存在于网络世界中,而且它的具体表现形式也存在差异。另外,虚拟财产还具有价值性,它可以满足人们的物质需要和精神需求,尤其是电子邮箱、电子相册、微博等虚拟财产主要能给继承人带来精神的慰藉。

2. 继承方式

我国《继承法》规定了两种继承方式,即法定继承和遗嘱继承。虚拟财产也可以通过这两种方式由继承人继承。

(1) 法定继承。当被继承人死亡后没有留下合法有效的遗嘱，或者遗嘱中有未处分的财产等情况时，采用法定继承的方式。继承开始后，首先应当依据《继承法》第十条的规定确定继承人。其次，应对被继承人的虚拟财产进行分割。在分割虚拟财产时，应当依据物尽其用的原则由继承人协议分割。在具体分割虚拟财产时，因为虚拟财产没有实体形式，所以不适合实物分割，可以采取变价分割的方式，将虚拟财产变卖后，对变卖所得的价金进行分割。例如，游戏装备等。另外，对于邮箱、博客等虚拟财产，可以依据继承人的意愿进行分配，如果继承人都愿意取得该遗产，可以采用由多个继承人共有的方式来继承，因为此类虚拟财产主要是对当事人精神的一种慰藉。

(2) 遗嘱继承。当被继承人死亡后留有合法有效的遗嘱时，可以采取遗嘱继承的方式分割虚拟财产。被继承人在生前亲自将自己所拥有的虚拟财产进行处分，指定了继承人。在被继承人去世后，由遗嘱执行人来分配虚拟财产。

3. 无人继承的虚拟财产的处理

我国《继承法》第三十二条规定："无人继承又无人受遗赠的遗产，归国家所有；死者生前是集体所有制组织成员的，归所在集体所有制组织所有。"这是我国现阶段处理无人继承遗产的主要法律依据。

同步案例

"七格格"是一家在淘宝网颇有知名度的高档女装店，2011 年，"七格格"员工人数超过 400 人，年销售额达 2.5 亿元。然而到了 2012 年，这对创始人却因感情破裂和财产分割问题在杭州市下城区法院对簿公堂。案件的焦点问题在于网店的归属权，根据淘宝网目前的做法，淘宝店是以实名认证的支付宝账户来确定网店的所有权，如果要分割也只能分割支付宝账户内的资产，目前淘宝店尚无法继承和转让，除非法院明确判决了网店的归属，淘宝可根据判决办理相应手续。

中国电子商务研究中心特约研究员张延来律师认为，因离婚、转让、继承等要求变更虚拟财产的所有权主体，这样的案例并不鲜见，实践中越来越多的合伙人不争房、不争车，争的是网店、QQ 农场、游戏装备等。随着网络社会向人们现实生活逐步渗透，越来越多的虚拟事物也具备了现实世界中的财产属性，因此引发纠纷在所难免。

小　　结

本章阐述了虚拟财产的概念和特征。所谓虚拟财产，是指存在于网络虚拟空间的一切专属性的虚拟财产。这些虚拟财产由于不同于现实财产的特殊性，决定其归属权存在争议。本章结合国外现有立法情况，介绍我国目前从立法、司法上关于个人及公司虚拟财产的相关规定。并结合案例，针对目前已经出现的民事纠纷，介绍如何通过物权法、合同法、侵权法、继承法解决。

职业能力检测

1. 游戏玩家陈先生几年前开始迷上《传奇》，并以会员注册和购买缴费卡的方式与广州光通通信发展有限公司建立了网络游戏服务关系，开始了惊险刺激的“传奇之旅”。一个偶然的机会，他在砍掉一个“魔王”后得到了一枚极具杀伤力的“降妖伏魔戒指”。正当他准备大展拳脚时，2014 年 2 月 24 日上午，游戏运营商在没有提前告知的情况下，突然封停了他的游戏账号，一直到 27 日才解封。但当他再次进入游戏时，发现那枚“魔戒”不见了。陈先生认为广州光通无故封停他的会员账号并导致“魔戒”丢失，是对其合法权益的损害，虽然“魔戒”是虚拟物品，但不影响其作为无形财产来获得法律上的评价和救济。

想一想：如果你是广州光通的员工，面对客户这样的问题应当如何处理？（可以从法律、沟通等各个方面来分析。）

2. 一对《传奇》玩家在网上游戏中因游戏情节的“求助”而认识，并迅速结婚。然而，二人婚后生活并不和谐，在过了 8 个多月磕磕绊绊的夫妻生活后，两人协议离婚。但在财产分割时，双方都愿意放弃已按揭的房子，争夺起两人近一年来共同练到 50 多级的 10 多个《传奇》号。据当事人解释：他们两人在一起的时候，一共练了 10 多个 40～50 级的“传奇”号，以及一大堆“极品”装备，在网上可以卖到四五万元钱。原告在诉状中特别写着，他在成都、绵阳等传奇游戏服务区的“50 级传奇号，圣战 1 套，极品黑头 1 个，屠龙 45 裁决”等全应归自己。而被告称：“传奇”号是夫妻间共同财产，应平均分割。

想一想：你认为应当如何处理这起案件？

3. 浙江宁波市的张某在网上出售网络游戏账号，江苏南通的申某以 4 800 元的价格购得该账号。申某将 4 800 元打进张某的银行卡里，张某则将游戏账号和密码给了申某。申某拿到游戏账号没玩几天游戏发现账号被盗，遂向警方报案。警方经过侦查，发现是张某将账号盗走。

想一想：(1) 游戏公司应当如何处理这件事情，公司是否应承担责任？

(2) 张某是否应当承担责任呢？

第五章

电子商务与消费者权益保护法

知识目标

1. 熟悉消费者权益保护法的概念和特征。
2. 熟悉消费者权益保护法的保护氛围。
3. 熟悉在线消费者的概念。
4. 掌握现行消费者权益保护法对在线交易消费者的保护。
5. 掌握经营者的义务。
6. 熟悉在线交易隐私权保护。

能力目标

根据现行《消费者权益保护法》,保护企业或者个人在线交易。

情境导入

张莹在客服部工作期间,不断接到玩家的各种投诉,包括服务不到位,玩家信息被泄露,在线购买的金币等游戏产品被盗窃等。如果稍有怠慢,玩家就会提出“我是消费者,我要到消费者协会反映你们”来威胁公司。这个情况引起了张莹深深的思考。

1. 玩家作为自己公司的消费者享有什么权利?
2. 玩家要求的权利是否都合法呢?
3. 作为经营者到底有哪些权利和义务呢?
4. 经营者要承担什么样的责任呢?

第一节 消费者权益保护法概述

《消费者权益保护法》是直接保护消费者的合法权益的法律，是在交易中保护分散的、相对处于弱势地位的广大消费者权益的重要法律。制定《消费者权益保护法》是为了维护消费者的合法权益，维护社会经济秩序，促进社会主义市场经济健康发展。要了解这部法律，首先应该明确消费者的含义。

一般来说，所谓消费者是指购买商品、使用商品或接受服务的人，包括自然人、法人或其他社会组织。然而，《消费者权益保护法》所指的消费者，专指生活消费者，即为了满足生活需要而直接购买商品、使用商品或接受服务的居民个人，并不包括生产消费者。

一、消费者权益保护法的概念和特征

（一）消费者权益保护法的概念

消费者权益保护法的概念，可以从广义和狭义两个方面来理解。广义的消费者权益保护法是指调整在确认消费者权利，规定经营者的义务，以及国家在保护消费者权益的过程中发生的社会关系的法律规范的总称。广义的消费者权益保护法，既包括《消费者权益保护法》这部保护消费者权益的基本法律，也包括其他法律、行政法规中的有关规定，以及单行的保护消费者权益的行政法规。狭义的消费者权益保护法则专指 1993 年 10 月 31 日第八届全国人民代表大会常务委员会第四次会议通过的，1994 年 1 月 1 日起施行的《中华人民共和国消费者权益保护法》①。

小贴士

除了《中华人民共和国消费者权益保护法》以外，《反不正当竞争法》、《产品质量法》、《广告法》、《商标法》、《价格法》、《药品管理法》等相关法律中也涉及了消费者保护的相关内容。

（二）消费者权益保护法的法律特征

1. 专门性

消费者的权利，如人身安全权、财产安全权等，从法律的角度来看，属于民事权利的范畴，是民法保护的对象。而消费者权益保护法，是专门保护消费者在生活消费过程中的权

---

① 根据 2013 年 10 月 25 日第十二届全国人民代表大会常务委员会第五次会议《关于修改〈中华人民共和国消费者权益保护法〉的决定》第二次修正。

益的法律，其专门性是十分突出的。因此，相对于民法，消费者权益保护法是特殊法，民法是普通法。

2. 实体性与程序性相结合

在消费者权益保护法中，既有关于消费者权利、经营者义务，以及国家在保护消费者合法权益方面的权力等实体性的规定，也有关于解决消费纠纷的途径等程序性的规定。因此，消费者权益保护法是集实体法与程序法于一身的法律。

3. 经济性

消费者的生活消费行为，实际上是一种经济行为，经营者的经营行为当然更是经济行为。保护消费者的权益，解决消费纠纷，明确经营者对消费者合法权益的责任，以及关于国家对消费者权益的保护，消费者自我保护的组织和权利，以及侵害消费者合法权利的法律责任等规定，从根本上说，有利于维护社会主义市场经济秩序，促进经济发展。因此，消费者权益保护法的经济性是非常明显的。

二、消费者权益保护法的主要内容

学前思考

郭某要为女儿购买奶粉，由于近年国产奶粉出了一些问题，张某想从淘宝上找人海外代购，找了一家信誉和级别比较高的海外代购店铺。当她想询问如何购买，以及从哪里购买奶粉等一些问题时，店家告诉她这些属于商业机密，不能告知，奶粉肯定保真。学完下面的知识后，请你帮助郭某分析店家的说法是否正确。另外，作为消费者，郭某还享有哪些权利？

（一）关于调整范围

参考国外的一般做法，《消费者权益保护法》的调整范围限定为消费者的生活消费，凡是消费者为生活需要购买、使用商品或接受服务，其权益均属《消费者权益保护法》调整范围。虽然生产消费也会影响到生活消费，但对消费者来说只是一种间接影响，因而没有纳入《消费者权益保护法》的调整范围。另外，农民购买、使用直接用于农业生产的生产资料，其性质也属于生产消费，本不应属于《消费者权益保护法》的调整范围，但考虑到目前我国农村普遍实行的是家庭联产承包责任制，一方面农业生产力和农民的经济能力还比较低；另一方面假农药、假化肥、假种子等农用生产资料坑农害农的情况还比较严重，农民受损害后又没有适当的途径寻求保护，因此，《消费者权益保护法》第五十四条规定："农民购买使用、直接用于农业生产的生产资料，参照本法执行。"

（二）关于消费者的权利

消费者的权利是消费者利益在法律上的体现，是国家对消费者进行保护的前提和基础。1985 年联合国大会通过的《保护消费者准则》，提出了保护消费者权益的一般性原则，主要有：①保护消费者的健康和安全不受危害；②促进和保护消费者的经济利益；③使消费者得到充足的信息；④使消费者能够按照个人意愿和需要作出选择；⑤消费者教育；⑥提供有效的消费者赔偿办法；⑦保护消费者团体或组织的自由。

这些权利被许多国家的消费者权益保护法所采用，在我国一些地方的立法中，也有所体现，尽管表述不大一致，但内容大体相同。因此，我国的《消费者权益保护法》在参考了国内外立法的通行规定的基础上，结合我国的实际情况，具体规定了消费者的九项权利。

1. 安全权

安全，其具体意思就是指没有危险，不受威胁，不出事故的状态，是消费者在整个购物过程中的一种最基本的心理需求。对于网上购物的消费者来说，其安全权具体包括人身安全、财产安全、隐私安全三个方面。《消费者权益保护法》第七条明确规定："消费者在购买、使用商品和接受服务时享有人身、财产安全不受损害的权利。消费者有权要求经营者提供的商品和服务，符合保障人身、财产安全的要求。"

2. 知情权

知情权也叫知悉权，是指消费者有权知悉其购买、使用的商品和接受的服务的真实情况的权利。《消费者权益保护法》第八条对此作了明确规定："消费者享有知悉其购买、使用的商品和接受的服务的真实情况的权利；消费者有权根据商品或者服务的不同情况，要求经营者提供商品的价格、产地、生产者、用途、性能、规格、等级、主要成分、生产日期、有效期限、检验合格证明、使用方法说明书、售后服务或者服务内容、规格、费用等有关情况。"

3. 选择权

消费者在自主选择商品或者服务时，有权进行比较、鉴别和挑选。消费者有权自主选择商品或服务。《消费者权益保护法》第九条明确规定："消费者享有自主选择商品或者服务的权利。消费者有权自主选择提供商品或者服务的经营者，自主选择商品品种或者服务方式，自主决定购买或者不购买任何一种商品、接受或者不接受任何一项服务。"

4. 公平交易权

消费者享有公平交易的权利，消费者在购买商品或者接受服务时，有权获得质量保障、价格合理、计量正确等公平交易条件。《消费者权益保护法》第十条明确规定："消费者享有公平交易的权利。消费者在购买商品或者接受服务时，有权获得质量保障、价格合理、计量正确等公平交易条件，有权拒绝经营者的强制交易行为。"

5. 求偿权

消费者因购买使用商品或接受服务受到人身或财产损害的，可以依法获得赔偿的权利。《消费者权益保护法》第十一条明确规定："消费者因购买、使用商品或者接受服务受到人身、财产损害的，享有依法获得赔偿的权利。"

6. 结社权

《消费者权益保护法》第十二条明确规定："消费者享有依法成立维护自身合法权益的社会团体的权利。"

7. 获取知识权

消费者享有获得消费或消费者权益保护方面的知识的权利。《消费者权益保护法》第十三条明确规定:"消费者享有获得有关消费和消费者权益保护方面的知识的权利。消费者应当努力掌握所需商品或者服务的知识和使用技能,正确使用商品,提高自我保护意识。"

8. 受尊重权

《消费者权益保护法》第十四条明确规定:"消费者在购买、使用商品和接受服务时,享有其人格尊严、民族风俗习惯得到尊重的权利。"

9. 监督批评权

《消费者权益保护法》第十五条明确规定:"消费者享有对商品和服务以及保护消费者权益工作进行监督的权利。消费者有权检举、控告侵害消费者权益的行为和国家机关及其工作人员在保护消费者权益工作中的违法失职行为,有权对保护消费者权益工作提出批评、建议。"

(三) 关于经营者义务

在消费领域中,经营者是与消费者相对应的主体,消费者享有的权利一般就是经营者应承担的义务。《消费者权益保护法》从保护消费者合法权益的需要出发,针对消费者的权利相应的规定了经营者的10项义务,主要有:经营者应当依照有关法律、法规的规定或者与消费者的约定履行义务;应当接受消费者的监督;应当保证其提供的商品或服务符合保障人身、财产安全的要求;应当向消费者提供有关商品或者服务的真实信息,不得作引人误解的虚假宣传;应当标明其真实名称和标记;不得对消费者进行侮辱、诽谤,不得搜查消费者的身体及其携带的物品,不得侵犯消费者的人身自由等。

小贴士

《消费者权益保护法》与其他法律、法规之间的关系,立法上作了以下两点技术处理:①对其他法律、法规已有规定的,遵从其相应的规定,其中与消费者密切相关的内容,予以强调并具体化。②对其他法律、法规没有规定或规定不明确的,根据实际情况作出比较详细的规定。

(四) 关于消费争议的解决

《消费者权益保护法》规定了五种解决消费者同经营者争议的途径:①当事人协商和解;②通过消费者协会调解解决;③向有关行政部门申诉;④当事人不愿协商、调解解决或者协商、调解不成的,根据当事人达成的仲裁协议,可以向仲裁机构申请仲裁;⑤当事人不愿通过协商、调解解决或者协商、调解解决不成,又没有达成仲裁协议的,可以向人民法院提起诉讼。

第二节 在线交易消费者及保护

一、在线交易消费者

学前思考

赵某在1号店购买了两袋瓜子，由网店免费送货上门，货到付款；因为淘宝母亲节搞活动，赵某在某店铺购买了两件衣服，通过支付宝付款后等待卖家发货；女儿需要两本图书，赵某发现这两本参考书在北京图书大厦均有销售，之后赵某到西单图书大厦购买了这两本图书。请你学习完下面的知识，判断赵某的三个行为中哪个行为是在线消费。

（一）在线交易消费者的概念

网络只是改变了人们购物和消费的手段和环境，而根本没有改变对消费者的定义及其法律保护，因此现行法律对消费者的定义完全适用于在线交易消费者。

在线交易消费者即是通过互联网购买消费品和接受服务的消费者，它包括经营者以外的购买商品或接受服务的个人。

（1）在网上购买商品的个人，如在线B to C（经营者与消费者之间通过互联网进行的交易）交易中的购物消费者。

（2）在网上接受服务的个人，如订阅电子报刊、搜集信息等的人。

在B to C交易中，购物人是消费者这一点，毫无疑问。但是《消费者权益保护法》保护的是经营者和消费者的关系，而通过网络销售物品的人显然是经营者，对应的购买人是否还可以称为《消费者权益保护法》中的消费者，就需要另外立法加以确定了。

在线交易消费者与普通消费者有没有什么不同呢？如果现行法律能够解决在线交易消费者保护问题，那么就没有制定在线交易消费者权益保护法的必要了。但是，网络环境毕竟不同于现实环境，在线消费会出现一些传统消费方式所没有的新问题，需要一些特殊保护规则。也就是在线交易消费者在享有传统消费者享有的基本权利的同时，还应该享有一些特殊的保护。

（二）在线消费的基本特点

在线交易消费者权益保护首先适用已有的《消费者权益保护法》，也就是说，在线交易的消费者仍然是普通的消费者，他们应当与普通消费者得到同样的保护。传统的消费者权益保护法虽然仍然适用在线消费者，但是在线交易的网络环境，也决定了它的特殊性。因此，仅仅适用普通消费者保护法是远远不能解决在线交易的特殊性的，这就需要制定新的在线交易消费者权益保护法。在线交易的主要特点如下。

1. 在线交易不是面对面的交易

在线交易并非面对面的交易，因为没有面对面议价、选物的过程，消费者不能直接以感官触摸或接触货物，而只能是通过描述、图片等广告或宣传去实现购物，因此也不可能检验货物，更不可能充分地去挑选货物。从而在电子商务中，在经营者没有充分公开相关信息时，就有可能导致消费者误解，甚至上当受骗。

2. 在线交易不是即时清结的交易

在线交易不是即时清结的交易，通常先由消费者通过信用卡或其他支付手段付款，经营者收到款后才发货；或是先由经营者送货上门，然后付款。这两种方式都打破了传统的一手交钱，一手交货的消费方式。

（三）电子商务中消费者角色的转变

美国营销学者菲利普·科特勒(Philip Kotler)把营销定义为：以在某一点上满足选定的客户群体需要的观念，分析、组合、计划、控制公司的资源、政策的活动。营销的出发点和归宿点都是满足客户的需求。因此，了解客户的需求，加强与客户的沟通，对企业竞争获胜至关重要。然而在实践中，由于在传统的信息环境下信息的双向流动难以实现，信息的传递过程强调了正向(由制造商到消费者)而忽视了反向(由消费者到制造商)，消费者只是产品信息被动的接受者。而今，互联网的迅猛发展为信息双向传递的实现提供了技术支持，使点对点的信息沟通成为事实，并提供了丰富的调研工具，这些调研工具如下。

(1) 网上调查：营销者可以在互联网上举办调查活动，并设置物质奖励以刺激消费者参与。

(2) 电子布告板：营销者可以利用电子布告板传播和共享信息，电子布告板容许多用户在平台上进行电子邮件、文件传输和电子讨论。

(3) 远距离数据检索：营销者可以利用此功能查询各种商业性的专业性数据库，如利用 WWW 等指南服务，查询各种技术数据和政府发布的信息。

(4) 广告效果测试：网上服务器可以自动记录网址和拜访者，营销者可以利用此功能监测网上广告的效果。

(5) 消费者识别系统：制造商与消费者都可以申请安装识别系统，通过此系统可以使制造商与消费者识别对方，并可以进一步协调信息，达成交易。

在此条件下，消费者可以不去传统的有形市场如商场、超市，而通过网络完成发出求购信息、收集相关信息、通过分析比较作出购买决策、采取购买行动、进行购后评价等整个购买过程，由信息的消费者转变为信息的积极提供者，主动促成交易的实现，在一定程度上扮演了营销者的角色。这一角色转变，促进了制造商与消费者的双向沟通，制造商可通过互联网获取消费者的喜好，更好地实现营销的最终目标——满足客户需求。在此，美国通用汽车公司就提供了一个很好的例证。该公司从“土星计划”开始，就让用户“自己组装”汽车，即用户通过互联网将所选汽车的款式、颜色、发动机排量、变速器、坐椅面料及颜色、玻璃、音响和其他配置输入公司信息中心，由计算机对信息进行处理，并控制汽车生产线，使同一生产线源源不断地生产出不同颜色、不同式样、不同排气量的汽车，既提高了生产率、降低了成本，又满足了消费者的个性化需求。由此可见，网络使消费者主观能动性增强，消费行为更趋于理性化、个性化，对消费质量要求更高。

二、网络环境消费者保护的特殊性

在电子商务中,消费者保护具有十分重要的地位。这种重要性不仅在于传统意义上的经营者和消费者之间因交易中的弱势需要保护,更重要的在于在线交易是在一个虚拟的环境下完成的,因此,需要一套取得消费者信任的制度保障。在网络环境下,消费者的保护问题更主要地表现为赢得消费者信任这种新的交易方式。于是,网络环境下的消费者权益保护就演变为消费者信任体系的建立。

国际社会对于消费者保护、赢得消费者的信赖在发展电子商务中的作用有着清楚的认识。国际经济合作与发展组织(以下简称经合组织)1998 年 10 月在加拿大渥太华召开了以电子商务为主题的部长级会议,会议名称为“一个无国界的世界,发挥全球电子商务的潜力”。会上共讨论了四个主题,其中首要问题就是消费者信任问题。

消费者信任的主要内容,既包括传统消费者权益保护法中的消费者保护内容,也包括网上交易安全的内容,即消费者相信网络交易的真实性、可靠性。经合组织渥太华会议在建立用户和消费者的信任全球行动计划中,充分讨论了消费者信任这个主题。讨论共分四个方面:①保护个人信息;②消费者授权、市场营销和广告道德;③保密和信息合法访问的有关问题;④数字签名和认证机构。

因此,消费者信任包括对交易商主体、交易商主体发布的信息、产品或服务质量、信息处理行为等诸多方面,是一个大于消费者保护的新概念,是网络环境下消费者权益保护的特殊问题。

总之,消费者权益的保护在网络企业发展中占有重要的地位,法律应当建立消费者保护的法律体系,为电子商务发展营造良好的环境。

三、经合组织消费者保护的主要框架

经合组织于 1999 年通过了《经合组织关于电子商务中消费者保护指南的建议》(以下简称《指南》),从保护消费者信任的角度,构筑一个庞大的消费者保护体系。该指南第二部分一般条款从以下七个方面对消费者保护提出了指导性建议:信息透明的、有效的保护;公平的商业、广告及销售行为;在线信息披露;确认过程;支付;争议解决和救济;隐私。

(一) 信息透明的、有效的保护

《指南》提出,参与电子商务的消费者应该享有不低于在其他商业形式中享有的透明的和有效保护的水平。这一要求相当于保护消费者的知情权。《指南》要求政府、企业、消费者及其代表应共同努力,以达到这样的保护水平,并决定在电子商务的特殊环境中哪些变化是必须采取的。

(二) 公平的商业、广告及销售行为

经合组织《指南》提出广告行为的一般原则,即应根据公平的商业、广告及销售行为而

行动，并提出如下要求。

(1) 从事电子商务的企业应该对消费者的利益予以应有的关注，并应根据公平的商业、广告及销售行为而行动。

(2) 企业不应有任何虚假陈述和疏忽以及从事可能导致欺骗、误导、欺诈或不公平的行为。主要包括以下内容：①企业在向消费者销售、推销或营销商品或服务时，不应有可能导致损害消费者利益的不合理风险的行为。②不论何时，企业应以清晰的、明显的、准确的及易获知的方式表述其自身或其所提供商品或服务的信息。③企业在涉及与消费者交易有关的政策或行为时应遵循自己的承诺。④企业应考虑电子商务的全球性，只要可能，应考虑其目标市场规则的多样性特征。⑤企业不应利用电子商务的特质隐瞒其真实身份或地址，或不遵循消费者保护的水平和执行机制。⑥企业不应使用不平等的合同条款。⑦广告制作、市场营销行为应同样可确认。⑧广告制作、市场营销应能确认是代表哪一个企业的利益，否则就具有欺骗性。⑨企业作出某种声明后，应当在合理的时期内保证任何明示或默示的声明兑现的陈述。⑩企业应采用并实施有效和易用的程序允许消费者对是否愿意接受未经请求的商业电子邮件进行选择。如果消费者已经表明不愿意接受未经请求的商业电子邮件，这种选择应得到尊重。许多国家里，未经请求的商业电子邮件受到法律特殊的规定或受自律性规范的约束。企业应对针对儿童、老年人、严重疾病患者及其他没有能力完全理解他们所面对的信息的人所做的广告及营销给予特殊的注意。

（三）在线信息披露

信息披露是确保交易透明和消费者知情权的重要措施。《指南》从商业信息、商品或服务的信息、交易信息三个方面列出了在线经营者应当披露的信息。

1. 商业信息

从事电子商务的企业应提供足够多的关于自己的准确的、清晰的、易接受的信息，最低限度应包括以下信息：①企业的身份，包括企业的法定名称及用于交易的名称，主要的商业地址；②电子信箱地址及其他电子联系的方法或电话号码，以及有效的注册地址和任何相关的政府注册号或许可证号；③有与企业进行迅速、简便和有效的交流方式；④能适当和有效地解决争议；⑤法律程序的服务；⑥经营场所和法律实施的负责人及执行规章的官员。

2. 商品或服务的信息

从事面对消费者的电子商务的企业，对其所售商品或服务应当提供准确的和易获知的信息，该信息足以使消费者是否参与交易所作出的决定有依据，及使消费者有可能把这些信息保存足够的记录。

3. 交易信息

从事电子商务的企业应提供充足的有关交易的条款、条件及成本的信息，以使消费者在获取充分信息的基础上就是否缔结交易作出决定。这种充分的信息一般包括：①分项列出企业收取和征收的总成本；②非由企业收取和征收的针对消费者的其他常收成本提示；③交付或履行期限；④付款的期限、条件和方法；⑤购买的限制、限度或条件，如父母或监护人许可条款，地域或时间的限制；⑥正确使用的说明，包括注意安全和健康的提示；⑦有关有效售后服务的信息；⑧有关撤回、终止、返还、调换、取消和退款政策信息的细节和条件；⑨有效的担保和保证。

这种信息应该是清楚、准确、易获知的，并使消费者有充分的机会在缔结交易前加以审查。在交易可采用多种语言进行的情况下，企业应使每一种语言包含所有信息，以使消费者在充分获知信息的基础上作出决定。企业应向消费者提供清晰的、内容完整的交易条款和条件，并使消费者有可能易于获知和保留足够的这种信息的记录。

（四）确认过程

在线交易不同于现实交易，《指南》对在线交易过程作了特别的规范：为了避免消费者购买意思的模糊，消费者应该能够在决定购买之前准确地确认他想购买的商品或服务；确认并纠正任何错误或修改订单；表达有依据的和明确的购买意愿；并且保留完整及准确的交易记录。特别是消费者应该能够在缔结交易前取消交易。

（五）支付

消费者应当得到易用的、安全的支付体制，并被告知该体制给予的安全水平的信息。未经授权或欺诈性使用付款体系的消费者受到限制；退款机制是增强消费者信心的有力工具，应鼓励在电子商务环境中发展和使用该机制。

（六）争议解决和救济

为消费者提供良好及时的争议解决方式，也是确保消费者信任的重要措施。因此，《指南》也特别要求遵循现行的法律和管辖的体系，同时提出因电子商务对现行体系提出了挑战，应该考虑是否对现存的法律适用及管辖进行修改，或是有差别地适用，以保证在持续增长的电子商务环境下消费者保护的有效性及透明度。在考虑是否调整现有的体系时，政府应寻求保证该体系能给予消费者和企业以公平，使消费者享有不低于其他商业模式的保护水平，并且为消费者提供公平和及时解决争议的途径，以及为消费者提供没有不合理费用或负担的补救措施。

《指南》特别提出，寻求不会给消费者带来不合理费用或负担的非诉争议解决方式、内部解决机制、自律机制，要求企业、消费者代表和政府应该共同努力来继续使用和发展公平、有效、透明的自律性规范及其他的政策和程序，包括非诉争议解决机制，来处理消费者的申诉，解决企业与消费者之间在电子商务中出现的争议。

（七）隐私

《指南》提出，企业与消费者的电子商务，应该遵循经合组织于 1980 年颁布的《经合组织关于规范隐私保护和个人信息跨境传输的指导原则》所指出的保护隐私原则，该原则已被公认。同时应考虑 1998 年颁布的《经合组织关于全球网络隐私保护的部长宣言》，为消费者提供合适的、有效的保护。

上述经合组织的消费者保护框架是全面的、指导性的，它既是每一网络企业应当遵守的，也是值得我国立法借鉴和参考的。

四、现行消费者权益保护法对在线交易消费者的保护

学前思考

赵某在某团购网上看到一则“五一”拼团出游的既经济又实惠的广告，经过调查发现，价格确实比较便宜，于是参与了团购。赵某预交了500元两人的费用，这其中包括一晚豪华标准间(200元)的住宿费用，门票两张价值200元，还有酒店100元晚餐券一张。赵某和李某两人五月一日下午到达酒店，由于五月一日期间游客较多，原预定标准间已经没有了，换成了150元的普通标准间，由于已经到这里了，两人决定还是入住普通标准间。之后两人准备用晚餐券去用餐，却被告知必须要再消费100元才能使用，但是这一信息在团购时并没有写明。两人认为这是强买强卖，于是拒绝再消费100元，自己想办法解决晚饭，但是心情已经非常糟糕。回到家后，赵某向该团购网索赔，团购网认为赵某已经入住了，并且自己放弃使用晚餐券，这是消费者自己的事情，因此拒绝退款，双方争执不下。请你结合下面的知识，分析团购网的说法是否正确，并说明理由。

消费者权利是个人消费过程中基于法律而产生的权利，它是法律赋予在消费过程中处于弱势地位的消费者的权利。

(一) 消费者的知情权

我国《消费者权益保护法》第八条规定：“消费者享有知悉其购买、使用的商品或者接受服务的真实情况的权利。”法律赋予消费者知情权，就是要让其明明白白地掏钱买东西。消费者以满足生活需要而购买商品或接受服务，因而，商品或服务只有在能满足消费者某种需求的情况下才会被购买；否则，消费者的需求就不能得到满足。而一种商品或服务是否能够满足消费者的需求，只有在对该商品进行适当了解的基础上才能得知，因此，满足消费者的知情权是非常必要的。

同样，消费者实施正确的消费行为也是依赖于他对商品相关信息的了解。了解商品的真实情况是消费者正确判断选择的前提，只有在充分了解商品的功能、效用、外观设计、等级、规格、主要成分、产品日期等有关情况的基础上，消费者才能对自己花费一定数目的金钱购买该商品或者接受服务是否值得，作出正确的判断，从而引导消费者作出满意的选择。当我们进行网上购物时，一切都是虚拟的，消费者在交易的过程中根本接触不到商家，更不能亲身感受到商品的相关信息，能了解商品的最基本途径就是广告，即通过网上广告宣传来了解商品信息，所以广告对于消费者知情权的行使起着很大的作用。因此对网络宣传性广告的要求就更加严格，其内容必须客观真实，从而引导消费者在整个过程中作出正确的判断。

电子商务法首先要保护消费者在进行网上活动和购物过程中，有权了解真实的商品或者服务信息，即向消费者提供商品和服务的广告及其相关信息是客观的、真实的。在网上发布虚假的、不真实的广告，不仅违反了商业道德和诚实信用原则，更重要的是侵犯了

消费者的知情权。我国《反不正当竞争法》第九条规定:“经营者不得利用广告或者其他方法,对商品的质量、制作成分、性能、用途、生产者、有效期限、产地等作引人误解的虚假宣传。”网络广告纷繁多样,消费者很难就某种商品或服务及其真实的使用价值和价值作出较为准确的判断,处于非常不利的被动地位,人们往往会因各式各样的极具诱惑力的广告而被掩盖耳目,失去判断力。加之在虚拟空间里,消费者不能直接接触到商品,也就更加依赖于广告的提示来判断此类商品是否就是自己所需要的。

同时,消费者购买决策的作出,也都是基于对商品真实情况的了解。若对商品作出引人误解的宣传,就会对消费者产生误导,这种情况不但欺骗了消费者,更侵犯了其合法权益。可见,网上作出的宣传性广告,牵引着消费者的消费倾向、消费欲望。所以,不真实的广告信息会影响消费者作出错误的判断,买到不称心的商品会让消费者感到自己在网上购物容易受骗,从而对网上购物丧失信心,给电子商务这一新兴产业在发展道路上造成障碍。因而,保证消费者在网上获得真实的商品或服务的信息,是电子商务法严格遵从的原则,也是电子商务得以健康发展的基础。

在决定购物之前,消费者有权利了解一切与商品或服务有关的信息。具体包括以下三方面内容。

(1) 消费者要了解产品或服务的基本情况。主要包括商品的名称、注册、商标、产地、生产者名称、服务的内容、规格、费用等。

(2) 消费者要了解商品的技术指标情况。主要包括用途、性能、规格、等级、所含成分、使用方法、使用说明书、检验合格证明等。例如消费者在网上买手提电脑、家用电器或酒类等商品,都需了解商品的技术指标情况。

(3) 消费者要了解商品或者服务的价格及商品的售后服务情况。价格和售后服务情况是交易的关键性内容,直接关系到消费者的切身利益。

只有在了解到商品的相关信息后,消费者才能作出是否购买的决定。在传统消费情况下,消费者的知情权可以主动行使,但是在网上就不同了,知情权的实现就完全依靠网络服务经营者所提供的商品的相关信息。1997 年 5 月 20 日,欧盟通过了《关于远距离合同订立过程中对消费者保护的指令》,“远距离合同”就涵盖了企业和消费者之间通过销售方的远程销售网络。其对消费者的首要保护措施就是规定了“预先告知条款”,该条款规定,在远程合同订立前,货物或服务供应商有义务向消费者提供有关供应商身份、货物或服务性能特点、价格、送货费用、付款及送货方式、消费者撤销订购的权利、可能计入远程通信的费用、报价的有效性等信息。

从目前我国网络商城状况看,购买一些商品基本能够满足消费者的知情权,可是在网上购买信息化商品和接受服务时,消费者的知情权就得不到很好的满足,原因在于网络服务经营者在软件销售界面上仅仅提供了价格及很小的一张图片,并没有对软件内容进行具体介绍,以致消费者在不知晓此类商品具体信息的情况下就要接受格式合同并付款,这显然没有满足消费者的知情权。这类商品,如果消费者决定购买并且通过网上银行支付了现金,当网络服务经营者将商品从网上直接传递给消费者之后,消费者却发现此软件并非自己所需,便要求退货。而网络服务经营者则又怀疑消费者在退货前已经将软件复制,因而拒绝退货。导致这种双方僵局的直接原因,就是在消费者购物之前,网络服务经营者没有充分满足消费者的知情权。所以,消费者要求退货是其正当的权利,应该支持。反之,如网络服务经营者提供了商品的充分信息,消费者又无正当原因要求退货的话,根据软件产品可随意复制这一特殊情况,网络服务经营者有理由怀疑产品已被复制而拒绝退货。

(二)消费者的公平交易权

公平交易,就一般意义而言,是指交易双方在交易过程中获得的利益相当,而在消费性的交易中,就是指消费者获得的商品和服务与其交付的货币价值相当。电子商务法赋予了消费者公平交易的权利,即指:消费者在网上进行交易时,享有获得公平的交易条件的权利。这种公平的交易条件包括商品质量保障和合理价格。在传统的消费领域中,相同的商品在不同场所的消费价格就大不相同,比如一听可乐在市场销售,其最低价格可能是2.5元,而最高价格则可能是30元。相同的消费品就有如此大的价格差,这是由于人们在不同的消费场合所决定的。网络购物则是一种全新的购物空间,由于简单、快捷并在发展的初期,给了大众新鲜好奇的购物新感觉,但无论消费者是以何种心态进行网上购物的,其所选的商品或服务都是自己需要的,网络服务经营者不能因购物空间的改变和特殊,就故意抬高商品的价格。

所谓合理的价格,即商品或服务的价格应该符合国家物价规定,基本与其价值相符。价格是否合理,直接关系到消费者的财产利益是否得到实现。传统消费者还有讨价还价的余地,而网络消费者所拥有的只有一个网络平台和一个鼠标,仅根据网上所提供的商品信息,自己来判断商品与服务的价格与其本身的价值是否相当。这种自始至终的"自己搞定"购物方式,很容易使消费者被网上的虚假信息所骗而进行不公平交易,也就更加强调网上商品价格的合理性。我国《价格法》第十四条第四款规定:"经营者不得利用虚假的或者使人误解的价格手段,诱骗消费者与其进行交易。"在线商场提供的商品价格必须合理,要做到货有所值,质价相符。

消费者购买商品或者接受服务,有权获得质量保障。商品和服务质量的好坏,是消费者公平交易权能否得到满足的关键,网络消费者有权要求从网上购买的商品符合国家规定的质量标准,尤其是可能危及人身及财产安全的商品,更应保证其质量。在网络商场这种新兴购物模式的发展过程中,应当反对以假充真,以次充好,以不合格产品充当合格产品的现象。

(三)消费者的自由选择权

我国《消费者权益保护法》第九条规定:"消费者享有自主选择商品或者服务的权利。消费者有权自主选择提供商品或者服务的经营者,自主选择商品品种或者服务方式,自主决定购买或者不购买任何一种商品,接受或者不接受任何一项服务。"消费者的自由选择权利在网上购物活动中能够充分体现,网上购物的最大特征是消费者的主导性,购物意愿掌握在消费者手中,其可以根据自己不同的意愿加以选择,择优选取。每个消费者都有不同的品位、爱好和特殊的要求,其购物选择也许是为了满足自己的生活需要,也许是心情的需要,或者是满足他人的需要等。消费者在网上购物,一般是依据广告的内容来选择消费对象，但是对于一些商家通过电子邮件擅自发送商业性广告这一现象，消费者有话要说。

调查中，小部分的消费者表示，邮件广告虽然广泛，但却很少能带来真正利益，而大部分消费者则认为邮件广告不但不能给其带来利益，还非常占用信箱空间，更糟糕的是，经常会将重要的信件“挤”走，以至消费者一见到信箱里有广告邮件就马上删除，可见广告邮件既不能带来方便又在无形中添加了上网费用，使消费者的财产受到一定的损失。对于广告邮件，消费者将它称为垃圾邮件，并表示对于这些垃圾邮件，自己无法选择。目前政府部门已经着手制定有关法律规定，制止垃圾邮件的蔓延。例如，北京市已经出台了《关于对利用电子邮件发送商业信息的行为进行规范的通告》，该通告明确规定了以下内容。

(1) 互联网使用者利用电子邮件发送商业信息应本着诚实、信用的原则，不得违反有关法律法规，不得侵害消费者和其他经营者的合法权益。

(2) 互联网使用者利用电子邮件发送商业信息，应遵守的规范包括：①未经收件人同意不得擅自发送；②不得利用电子邮件进行虚假宣传；③不得利用电子邮件诋毁他人商业信誉；④利用电子邮件发送商业广告的，广告内容不得违反《广告法》的有关规定。

这个通告是我国第一部关于邮件广告的法律法规，对其他省市作出同类规定无疑有重要的参考借鉴作用。网络广告其实对于信息社会服务获得资金支持有帮助，且对发展广泛的新型免费服务意义重大。为了保护消费者利益，保障公平竞争，商业性宣传(包括价格打折、促销优惠、促销竞争或游戏)必须符合多个透明度要求，让消费者有充分的选择自由。欧盟在其《电子商务指令》中表示：通过电子邮件擅自发送商业性宣传类似于擅自向别人的邮箱里塞广告宣传品，这类邮件危害很大，因为信息接受者在下载这些无用信息时还要支付网络费和通信费，而且还可能干扰交互性网络的正常运行，造成网络阻塞或者通信速度缓慢。因此，在任何情况下，擅自发送的商业性宣传材料都必须被明确标明，并且不应该导致消费者(接受者)通信费用的增加。

(四) 消费者的安全权

对于网上购物的消费者来说，其安全权具体包括人身安全、财产安全、隐私安全三个方面。

1. 人身安全权

消费者的人身安全权，就是指明消费者在网上所购买的物品不会对自己的生命和健康受到威胁。现在网络商店所提供的商品种类越来越多样化，消费者所选购的范围也越来越广，这就要求网络商品的提供者对商品的安全性有足够的质量及安全性保障。与传统的消费者一样，从网上购买商品的消费者也有获得质量合格的商品的权利。质量不合格的商品会给消费者的人身带来损害，如从网上购买的食品过期或变质，就很可能伤害消费者的人体健康；网上买来的家用电器缺乏安全保障，一旦出事也会给消费者带来人身伤害。给消费者的生命和健康带来损害，就是侵犯了消费者的安全权，违反了我国《消费者权利保护法》和《民法通则》的相关规定，会令消费者对网上购物丧失信心。

2. 财产安全权

消费者的财产安全权，指消费者的财产不受侵害的权利。通过网络银行支付货款对消费者的财产安全权有一定的威胁。由于国际互联网本身是个开放系统，而网络银行的经营实际上是变资金流动为网上信息的传递，这些在开放系统上传递的信息很容易成为众多网络“黑客”的攻击目标。目前多数的消费者不敢通过网络上传自己的信用卡账号等关键信息也是基于这个原因，就是担心自己的财产权受到侵害，这同时也严重制约了网络银行的业务发展。我国网络商场采取的支付手段还是邮寄或当面交易，在传统支付法律体系下，电子支付的交易安全就无法保障。以法律来保障消费者进行电子支付过程中的财产权，我国目前尚有困难，只能从技术上来保证消费者信用卡的密码不会被泄露，如果网络银行达不到规定的要求，就要承担赔偿责任。

3. 隐私安全权

隐私安全权是指公民享有的私人生活安宁与私人信息依法受到保护，不被他人非法侵扰、知悉、搜索、利用和公开等的一种权利。随着现代信息技术和网络技术的广泛应用，使隐私安全权受到很大威胁。特别是在网络环境下，人们可以通过交互的、可调的、宽频带通信网络，自己完成教育、娱乐、购物行为，甚至接受医疗保健、储蓄、参与政府事务，这些都在单一网络上进行，就有可能产生隐私安全的问题。如商务、娱乐、储蓄、教育、消闲，甚至保健事务等涉及个人隐私的问题，都可能会被利用现代信息技术搜集、窥视到，从而构成对他人隐私权的侵犯。因此，我国应逐步建立隐私权保护问题的完整法规，从而完善我国在网络和电子商务领域中有关隐私权保护方面的法律、法规，以保护隐私安全权。

（五）消费者的损害赔偿权

消费者的损害赔偿权，又称求偿权或索赔权。事实上，这种权利的前提就是消费者在网上进行交易的过程中或使用商品和服务后，其人身或财产受到损害时所享有的一种经济权，可以通过这种权利的行使给消费者的损害带来适当的补偿。在传统的消费模式中，如果消费者的人身或财产权受到损害，消费者可以直接找到提供商品和服务的一方请求赔偿。根据《民法通则》第一百一十九条有关侵权的法律规定，就可以追究商家的侵权责任，要求损害赔偿。而在网络交易中，由于消费者和商家互不见面，我们首先要考虑到，当消费者利益受损时，应该找谁请求赔偿?

目前，消费者对商家信誉的信心只能寄托于为交易提供服务的第三方，如CA中心(电子商务认证机构)和收款银行。其中，CA中心能够核实商家的合法身份，收款银行则能掌握商家的信誉情况。一旦因商家不付货、不按时付货或者货不符实，或因货物的质量问题而给消费者带来人身的伤害时，可以由银行先行赔偿消费者，再由银行向商家追索损失，并降低商家在银行的信誉。如果商家屡次违规，给消费者造成损害，银行可以取消商家电子支付的账号，并可以将商家的违规情况通报给CA中心，由CA中心将其记入黑名单，情况严重时可以取消商家的数字证书，由此商家将失去开展电子商务的权利。但是就我国电子商务的发展情况而言，信用卡制度还不完善，所以一般都采取邮购方式，北京、上海等一些大城市有货到付款的方式。

对消费者的赔偿问题，还是应适用我国《消费者权益保护法》第四十九条规定的内容：“经营者提供商品或者服务有欺诈行为的，应当按照消费者的要求增加赔偿其受到的损失，增加赔偿的金额为消费者购买商品的价款或者接受服务的费用的一倍。”这是针对消费者领域中的欺诈行为而特意设立的一个惩罚性条款。在网络消费中，充分表现于网络服务经营者所作出的广告宣传方面，如所购买的商品或服务与广告所宣传的内容不符，那么广告的内容就具有欺诈性，消费者有权让网络服务经营者对其所作出的虚假的广告宣传负责，承担赔偿责任。

小贴士

根据2013年10月25日通过的《消费者权益保护法》修正草案，经营者采用网络、电视、电话、邮购等方式销售商品，消费者有权自收到商品之日起七日内退货，且无须说明理由，但消费者定做的，鲜活易腐的，在线下载或者消费者拆封的音像制品、计算机软件等数字化商品，交付的报纸、期刊以及其他根据商品性质并经消费者在购买时确认不宜退货的商品除外。同时明确规定，退货运费由消费者承担。这一新规，将于2014年3月15日正式施行。

另外，修改后的"新规"加强了对消费者个人信息的保护，要求经营者采取技术措施和其他必要措施，防止消费者个人信息泄露、丢失，不得出售或者非法向他人提供。但买家在下单前，最好能够反复确认自己是否需要，看清楚商品详情，避免冲动下单给双方带来不必要的麻烦和开支。

同步案例

大连网民王明昆状告电信局案

王明昆，1999年毕业于大连东北财经大学法律系，是一名普通的网民。王明昆于1998年8月在电信局拨号上网。虽然每月上网不到10小时，但11月的网费近300元，12月的网费达到700元，1999年1月则超过1 000元。最初他以为是自己上网时间过长，但经过查询，得知这些网费几乎全是"磁盘存储费"（电信局规定：电信局在本地服务器上给每个拨号上网用户分配一个电子信箱，但平均每天免费存储1M字符，超量按0.2元/千字符计费）。他虽不是每天收信，但也是隔几天检查信箱。就算超量，费用也不会达到成百上千元。2月份以来，他天天收信，有时一天收几次信，他发现"磁盘存储费"以每天近百元的速度递增。他不解地找到电信局，请工作人员解释。工作人员也十分奇怪，在王明昆的允许下，他们打开了他的信箱。结果，发现信箱里装满了王明昆自上网以来发出的近600封电子邮件，也就是说，是这些曾经发出的信产生了他大量的"磁盘存储费"。

这些曾经发出的信怎么会留在他自己的信箱里的呢？工作人员说，可能是他收信软件设置有问题。可是当王明昆追问什么设置会产生这样的问题时，他们也说不清。后来，工作人员在自己的计算机上找了半天，也没找到原因。为了不使他的网费再以每天近百元的速度递增，王明昆在电信局登记办理了"邮件清空"业务，将这些自上网以来发出的近600封电子邮件全部删除。但是，他认为如果自己的计算机中设置依旧没有改变，这种情况还会发生。所以，他回家仔细查找发信软件的有关设置。结果发现，他用的浏览器

Netscape Navigator Gold 3.03 菜单里有一个 Options 选项里面有一项 Mail and News Preferences 点击后出现了设置选项，在 Composition 里，他无意在 By default，E-mail a copy of outgoing message to：Mail Messages：后面添入了自己的电子信箱地址。结果，造成他所有发出的邮件留都了一个拷贝在他的本地服务器的电子信箱里。作为一个普通用户，他当初根本不知道如此设置会造成他总计 2 500 多元的损失。后来，他询问过多名网友，他们也不知有这样一个设置。电信局的工作人员对此也不甚熟悉。王明昆想说明的是，他已具备了作为一个普通用户应具备的有关知识，而以上的那个设置以及是否会因这样的或那样的设置而造成巨大损失，已超出了他应具备的相关知识范围。电信局作为服务商，有义务警告或提醒用户相关设置及后果，但在电信局给用户的指导材料里，根本没有有关警告或提醒。所以，他认为邮电局在服务中存在疏忽责任，因此产生的全部损失应由服务商电信局来承担。为此，他向电信局反映了情况，并多次与之交涉。电信局的意见是："你的损失不是由我们的操作失误造成的，而是你自己设置失误造成的，与我们无关。""我们只提供账号入网，没有提醒你不该这样做的义务。""如果是你的 Netscape 的设置失误，请你找 Netscape 公司。"王明昆认为，随着互联网的飞速发展，拨号上网用户不断增加，他的这个案例具有一定的普遍意义。因此，他将大连电信局告上了法院。

大连市中山区人民法院的一审判决如下："消费者有权自主选择提供服务的经营者。现原告作为消费者选择了被告作为其提供服务的经营者，且原告已经知道被告提供服务的价款，故原告接受了服务，理应给付被告服务费用。原告称被告提供服务前对消费者宣传、培训不够，无法律依据。原告作为消费者应当努力掌握所需商品或服务的知识和使用技能，正确使用商品，提高自我保护意识，故原告要求被告返还人民币 2 841.6 元的诉讼请求，证据不足，本院不予支持。综上所述，依照《中华人民共和国民法通则》第一百零六条第一款的规定，判决如下：驳回原告王明昆的诉讼请求。案件受理费用 120 元，由原告负担。"

专家则认为，大连电信局应承担一定责任。因为《消费者权益保护法》第十八条规定，经营者对可能危及人身、财产安全的商品和服务，应当向消费者作出真实的说明和明确的警示。那么电信局的服务是否危及了用户的财产安全呢？从案情介绍中我们可以看出，在用户按照服务商的要求进行操作后，在不知情的情况下财产呈递增趋势大量流失。难道这不构成危及用户的财产安全吗？因此，电信局对该项设置负有指导义务。至于原告应具备一般计算机操作常识，本案所涉及的设置选项，已经超出了一般用户应具有的知识范围，特别是可能危及人身、财产安全的服务，更应该向消费者作出真实的说明和明确的警示。而判决中要求"消费者应当努力掌握所需商品或服务的知识和使用技能"。就好像要求消费者在买回家一个高压锅后，自己尝试着各种使用方法，看看哪种不正确的方法会产生爆炸；而且告诉生产商不要印说明书，让消费者自己努力掌握所需商品或服务的知识和使用技能就好了。随着国际互联网的飞速发展，上网的用户正成倍数地增长。广大网民作为消费者，应当和其他消费者一样，有权享受到法律赋予的优质、安全的服务。而现在的互联网接入服务商除了提供一个上网口令外，几乎没有相关的技术指导，使大部分初次接触网络的用户无所适从，有的人拿到上网账号后，一个多月连不上网。如果电信局能够进行上网前的培训，或者有详细的说明，就能避免此类事情的发生。

第三节 经营者的义务

为确保消费类电子商务的健康发展，在赋予消费者包括自身合法权益的诸多权利的同时，对网络服务经营者提出全面的要求也必不可少。在这些要求中，不仅要考虑到技术安全性、充分揭示性，还应结合电子商务的特点，充分考虑到消费者的隐私要得到保障、售后服务充分兑现及广告宣传不含虚假成分。全球企业电子商务对话曾向国际组织和各国政府发出呼吁，不要对电子商务加以过多的法律限制，把限制性的法律法规降低到最低限度。而要求强调建立以企业界为主的自律体系和体现市场原则的法律法规框架，这种机制将在不受国界限制的条件下解决各种重大政策、法规问题，逐步建立"自律"。所以，在规定网络服务经营者的义务和责任时，不能太过严格，我们要遵从一个基本原则，就是要以一种宽松的法律制度来约束网络服务经营者，不能让网络服务经营者因法律过多的约束而止步不前，以便更好地促进电子商务这种新兴产业的发展。

学前思考

黄某是个时尚达人，热衷于时尚奢侈品。苦于地处国内又没有海外关系，于是经常通过淘宝的海外代购网站购买各种化妆品护肤品及其他时装、箱包等奢侈品。有一次，黄某购买了1瓶迪奥小姐香水，回家后发现味道有点不对，包装做工也略显粗糙。但是店铺向黄某出示了所谓海外代购小票(全英文的)，还提示支持专柜验货。黄某于是拿着这瓶香水到某商城的迪奥专柜验货，专柜的导购告诉黄某，迪奥专柜没有验货这一项服务，只能保证自己商城出售的迪奥产品是正品。不过基于同情，导购说这瓶香水不太像正品，味道和专柜的有点差异。黄某赶紧与店铺联系，店铺掌柜说香水肯定是正品，但是由于是海外代购，没有办法为黄某办理退换货手续，而且在店铺中也明确写明了这一点。请你结合下面的知识，分析淘宝这家店铺违反了哪些作为店家必须履行的义务。

一、网络服务经营者的基本义务

由于网络服务经营者的身份特殊，我们不能对它进行过严、过重的约束，但其作为经营者，就要有履行法律规定的义务。法律不可能将经营者的一切义务逐一列举，对其他法律规定的以及经营者与消费者依法约定的义务，经营者当然应当履行。网络服务经营者首先要履行的法律义务就是遵从国家法律法规的各项规定。我国《消费者权益保护法》第十六条规定："经营者向消费者提供商品和服务，应当依照《中华人民共和国产品质量法》和其他有关法律、法规规定履行义务。"从这一规定可以看出，履行法定义务本身就是经营者的义务之一，《产品质量法》、《药品管理法》、《食品卫生法》、《反不正当竞争法》等保护消费者基本利益的法律，网络服务经营者在向消费者提供商品和服务时，也必须履行这些基本的义务。

基本的法律义务还要求经营者严格履行其与消费者约定的义务，即经营者与消费者有约定的，应当按照约定履行义务。合同是权利义务产生的一种形式，当合同符合法律规定的要件时，其约定便会产生相应的法律后果，形成受法律保护的权利和依法强制经营者履行的义务。作为合同的当事人，这种“履行合同”的义务是法律直接规定的，经营者和消费者都有义务履行。

同步案例

2014 年 2 月 25 日，江北法院判处了一名海淘网店的店主。因为帮别人在美国代购药品，她被控销售假药罪，被判处拘役 2 个月，缓刑 6 个月，并处罚金 1 000 元。

店主姓王，江北区人，是淘宝网上的一名海淘店主。网店店名叫“米妈美国代购”，卖的都是从美国网购的儿童类药品，比如“儿童止咳糖浆”、“儿童感冒流感滴剂”、“感冒小片”等。

她在自己的网店内，宣称这些药品均从美国网站直接购买，是 100% 的正品，而且疗效快，副作用小。

很多人买了之后，觉得效果似乎不错，给了好评，还推荐给了亲友。2013 年 2～10 月，王某共卖出了价值 2 300 元的儿童用药。

也许有人认为，涉案药品并不是真正意义的“假药”，只是属于在境外生产的未经批准进口的药品，并不会造成严重后果。

对此，承办检察官马波表示，未经批准进口而售卖依法按假药论处，这是非常明确的，而且不论是否真正属于海外代购，盲目地使用国外代购的药品，存在重大安全隐患。例如，非实地购买，未有医嘱，对药品成分、使用禁忌等不甚明了，用药风险较大；而且，因体质的不同，西方人与亚洲人在用药剂量、方法和疗程方面有着重大的区别，部分药品若也无相关临床实验数据验证，服用后一旦发生不良反应，在国内很难处理，特别是儿童药品的风险更大，甚至会危及儿童的生命。

马波说，对于消费者来说，国外代购的药品不是“想买就能买的”，建议消费者如果要买的话，务必认准国家的批准文号，并通过正规渠道购买。

二、提供商品信息的义务

网络商店里提供的每一样商品，网络服务经营者都要对其信息作出详细的说明。要对每一件商品的价格、产地、生产者、用途、性能、规格等相关情况予以提供，要让消费者对商品进行充分的了解(其中包括对商品的文字介绍和图片介绍)。由于网络消费者在购物过程中与经营者互不相见，也不能亲身感受商品，所以，网络服务经营者对商品相关信息做出的说明就相当重要，它决定着消费者是否作出购买行动。网络服务经营者履行的这项义务要求其提供的商品的相关信息是真实的、客观的。无论是对商品的宣传还是对商品的信息介绍都应如此，网络商场的商品繁多，服务内容多样，消费者的消费知识总是有限的，尤其是在完全自主的虚拟空间购物，消费者在进行购物选择时，就更加依赖于网络服务经营者对商品或者服务的介绍和宣传，并为不同商品的介绍和宣传所左右。

因此，不真实、不客观的产品宣传或商品信息介绍会给消费者造成误导、错购的后果。这不仅会使消费者的利益受损，也会使消费者对网络商品倍加提防，失去信心。从另一个角度考虑，给消费者提供真实的广告宣传和产品信息，也满足了消费者的知情权，我国《消费者权益保护法》第十九条明确指出，经营者应当向消费者提供有关商品或者服务的真实信息，不得作引人误解的虚假宣传。而且网络服务经营者提供的信息既不能对产品的信息轻描淡写，也不能过于夸张。对于购买信息化商品的消费者(比如消费者购买软件)，网络服务经营者要从程序上做到在消费者付款前让其了解产品的信息，这样既满足了消费者的知情权，又避免了退货、退钱等一系列不必要的麻烦。

三、商品质量保障及售后服务义务

商品质量的好坏是网络商场顺利发展的基础，也是消费者是否愿意在网上进行购物活动的关键。所以，网络服务经营者向消费者提供的商品一定要有质量保障，还要保证其以广告和商品介绍方式向消费者提供的质量状况与商品实际的质量状况相符。在网络虚拟空间的消费模式下，消费者只能通过网络服务经营者对商品作出图片或文字介绍来了解商品，不可能亲自接触到商品，更不可能发现商品里的瑕疵，在通过邮寄或配送后才能真正接触到商品，所以消费者根本无法对同一种商品进行反复的挑选。因此，就需要网络服务经营者充分保证所售商品的质量状况，并保证商品或服务符合人身、财产安全的要求；对商品的瑕疵和可能危及人身、财产安全的产品或服务，应向消费者作出真实的说明或明确的警示。能够在网上明示的，应予以明示；网上没有明示的，应当在实物交易过程中向消费者明示。

网络购物模式下，消费者在购物过程中与网络服务经营者互不相见，能够让消费者真实享受到的就是网络服务经营者售出商品后的服务，即售后服务。在传统民法中，有关售后服务的问题几乎完全由当事人通过契约而自由约定，而在传统消费模式中，经营者利用自己的优势逃避售后服务的现象非常普遍，以至“顾客当心，出门不换”作为一般的商业原则被广泛接受。在虚拟消费模式中，消费者只能通过网络服务经营者对商品作出的图片或文字的介绍来了解商品，不可能仅从网上的图片和介绍判断商品的质量，更不可能发现商品里的瑕疵。当商品抵达消费者手中，其发现所购买的商品有瑕疵或是与网上介绍得不相符或是不满意，网络服务经营者对消费者有继续服务(售后服务)的义务，且该项服务一直要进行到消费者满意为止。

网络服务经营者的售后服务主要体现在履行法律规定的强制性义务。这些义务主要是国家根据某些商品的复杂性规定的，即“包修、包换、包退”的义务。对某些商品实行“包修、包换、包退”，是网络服务经营者对所提供的商品或者服务承担质量保证的一种方法。这表明网络服务经营者的身份虽特殊，但同样要认真执行国家关于商品或者服务质量的有关规定，保证消费者从网上购买的商品或者服务已达到国家规定的质量要求。我国《消费者权益保护法》第二十三条规定：“经营者提供商品或者服务，按照国家规定或者与消费者的约定，承担包修、包换、包退或者其他责任的，应当按照国家规定或者约定履行，不得故意拖延或者无理拒绝。”对于实行包修、包换、包退的商品，如果质量在一定期限内发生问题，消费者便享有免费修理、更换、退货的权利，网络服务经营者如果不履行这项义务，就要承担相应的民事责任。对于存在质量问题的商品，网络服务经营者要依据消费者的需求或合同的要求给予修理、更换、退货，相应的配送费也应由其承担。

同步案例

2014 年 2 月 25 日，在广州居住的王先生在当当网下单购买了“[当当自营]宝园苦瓜清脂减肥胶囊”，6 盒共计 336 元。后来王先生发现，该胶囊上标注的生产企业“保健园公司”为伪造厂名、厂址和生产标准的企业。于是，王先生在向北京市工商局东城分局举报的同时诉至本市朝阳法院，要求当当网退还货款，并给付 10 倍赔偿金。

后经北京市东城工商局调查，包装上标注的“保健园公司”，伪造生产企业和食品卫生许可证、生产许可证，认定当当网的行为违反了《食品安全法》的规定，对其作出没收违法所得 152.86 元，罚款 3 万元的决定。

朝阳法院经审理认为，当当网作为食品销售者，怠于履行审查义务，致使其应当知道而不知道其销售的食品不符合食品安全标准，因此应适用《食品安全法》第九十六条第二款规定的 10 倍赔偿。

四、不得有不当免责的义务

网络服务经营者一般采用格式合同与消费者订立购买协议。格式合同的全部内容都是由网络服务经营者一方制定的，消费者只有两种选择，“接受”或者“不接受”，一点讨价还价的余地都没有。所以，消费者作为格式合同的一方当事人，已经处于很被动的地位，如果再被迫接受合同中一些网络服务经营者为免除自身责任而单方面制定的“霸王条款”，对消费者来说就极为不公平、不合理，更容易在交易中吃亏，造成消费者与网络服务经营者之间在事实上的不平等。基于消费者的自身利益，法律要严格规定网络格式和合同中含有对消费者不公平、不合理或者有减轻、免除网络服务经营者应承担责任的内容，此内容应属无效，从而确保网络消费者的合法权益不受侵犯。我国《消费者权益保护法》第二十四条规定：“经营者不得以格式合同、通知、声明、店堂告示等方式作出对消费者不公平、不合理的规定，或者减轻、免除其损害消费者合法权益应当承担的民事责任。格式合同、通知、声明、店堂告示等含有前款所列内容的，其内容无效。”消费者往往处于弱势、分散和对相关知识不够了解的状态，所以法律要求提供格式合同的一方必须以公平的态度对待普通消费者。

对于依照一般商业习惯网络经营者应当承担的责任，以及涉及消费者重大利益的责任(比如，规定其对运输迟延不承担责任等)，这些条款往往文字小、内容多，消费者在一般情况下不仔细看就表示接受了，这样就侵害了消费者的正当权益，所以，网络服务经营者必须对此类免责条款的字体，用颜色加以区别，或在显著处以提醒文字进行表述，引起消费者的注意，以使有关免责条款真正体现双方当事人的意思。

现在,网上的电子邮件大部分都是免费的。有许多网站都在消费者接受邮件服务之前弹出格式合同界面,消费者只有在点击后才能使用服务。网络服务经营者声称:点击,便表明消费者接受合同。这种免费邮件方式附带的格式合同提出免责和限制网络服务经营者责任条款——免费但不能免责;但并不等于说网络服务经营者不能在合同中提出免除责任和限制责任的条款。电子邮件的传输涉及极为复杂的技术问题,任一网络节点的故障都可能导致邮件传输失败。依据《合同法》的规定,免责和限制责任条款的提出应当符合合理原则。所谓合理,是指网络服务经营者提出的免责和限制责任条款应当符合《合同法》的基本原则,如诚实信用、公平原则、公共道德等。

第四节 在线交易消费者隐私保护

一、网络环境下的隐私权保护

(一) 什么是隐私权

"隐私权"概念是在19世纪末由美国法学家提出的。国外理论中的综合说认为:隐私权是个人对其私人领域的一种控制状态,包括是否允许他人对其进行亲密的接触的决定,和他对自己私人事务的决定。它强调的是任何人均应有不受干扰的权利。我国的《民法通则》中有关名誉权的规定,也有关于人身权的规定,但是尚无关于隐私权的明确规定。我国民法学家认为,隐私权是指"公民享有的私人生活安宁与私人信息依法受到保护,不被他人非法侵犯、知悉、搜集、利用和公开的一种人格权"。隐私权是公民个人享有的一种人格权。

在理论界,对于隐私的定义目前有两种解释:一种认为隐私为私人生活秘密或私生活秘密,即指私人生活安宁不受他人非法干扰,私人信息保密不受他人非法搜集、刺探和公开等;另一种认为,隐私的内容包括三个方面:个人信息的保密、个人生活不受干扰、个人私事决定的自由。

隐私实际上即是无关公共利益的个人"私事",同时隐私还表现为个人生活不受外来力量干涉、干扰、侵犯形成的自由空间(又称个人领域)。

所以,隐私权定义有狭义和广义之分,狭义的隐私权是指"公民享有的私人生活安宁与私人信息依法受到保护,不被他人非法侵扰、知悉、搜索、利用和公开等的一种人格权"。广义的隐私权包括三方面的内容:①对于个人资料支配、利用权和维护权;②个人私事或私生活的隐蔽或隐瞒权;③保持个人生活和领域不受干扰和侵犯的权利。

20世纪90年代,随着电子商务的迅猛发展,消费者出于网络交易和接受服务的需要,必须在网络上向各类经营者提供包括自己个人资料在内的隐私。而且,消费者在网络上的"行踪"(个人所到访的网站、消费习惯、阅读习惯甚至信用记录等)也常常在毫无知觉的情况下被记录下来。而这些个人资料又可能被收集者转售给其他商业组织。故在这种情形下,消费者对参与电子商务是否会有暴露自己的个人隐私持十分关切的态度。

（二）我国隐私权保护的法律基础

隐私权的保护问题在我国还没有一部完整的法律，尤其在网络和电子商务领域中有关隐私权的保护问题更是一个空白。只能从散见于许多法律法规的规定中，找到一些隐私权保护的条款。

我国《宪法》第三十八条规定："中华人民共和国公民的人格尊严不受侵犯。禁止用任何方法对公民进行侮辱、诽谤和诬告陷害。"人格尊严指公民的基本权利，包括名誉、肖像、隐私等内容。本条虽然没有明确地规定隐私权，但是人格尊严本身的内涵为公民隐私权的其他立法和司法解释留下了广阔的空间。《宪法》第三十九条规定公民的住宅不受侵犯，实际是规定了公民的个人生活安宁权。《宪法》第四十条规定公民的通信自由和通信秘密受法律的保护，这两种权利都是个人信息保护权的重要组成。

我国《民法通则》第一百零一条规定："公民、法人享有名誉权，公民的人格尊严受法律保护，禁止用侮辱、诽谤等方式损害公民、法人的名誉。"本条也没有明确规定隐私权，但它规定了公民的名誉权，名誉权是人格尊严的重要部分，与隐私权有一定关系。1988 年4 月 2 日最高人民法院在《关于贯彻执行〈中华人民共和国民法通则〉若干问题的意见（试行）》第一百四十条灵活解释了关于名誉权的条文，规定："以书面、口头等形式宣扬他人的隐私，或者捏造事实公然丑化他人人格，以及用侮辱、诽谤等方式损害他人名誉，造成一定影响的，应当认定为侵害公民名誉权的行为。"最高人民法院又于 1993 年 8 月 7 日在《关于审理名誉权案件若干问题的解答》中规定："对未经他人同意，擅自公布他人的隐私材料或以书面、口头形式宣扬他人隐私，致他人名誉受到损害的，按照侵害他人名誉权处理。"

我国在很多行政法规中也对公民隐私权的保护问题作出了规定。例如，1996 年，公安部发布的《计算机信息网络国际联网安全保护管理办法》也从通信自由和秘密的角度对涉及个人资料的保护这一问题进行了规定，其第七条明确规定："用户的通信自由和通信秘密受法律保护。任何单位和个人不得违反法律规定，利用国际互联网侵犯用户的通信自由和通信秘密。"1998 年，国务院信息化工作领导小组发布的《计算机信息网络国际联网管理暂行规定实施办法》第十八条也提及了隐私保护："用户应当服从接入单位的管理，遵守用户守则；不得擅自进入未经许可的计算机系统，篡改他人信息；不得在网络上散发恶意信息，冒用他人名义发出信息，侵犯他人隐私；不得制造传播计算机病毒及从事其他侵犯网络和他人合法权益的活动。"

（三）个人信息隐私权

现代信息技术和网络技术大大增加了侵犯隐私权的概率和范围，并带来了许多新问题。在这种背景下谈隐私问题，主要涉及信息收集、加工、处理、传输、传播等引起的侵犯隐私权问题。信息化时代，越来越多的事务需要记录和存储个人信息，如商务、娱乐、储蓄、教育、休闲，甚至保健事务。信息基础设施的建立和有效运行越来越无孔不入，使个人隐私权保护方面的问题也随之增加起来。而且由于个人信息记录存储、处理、传输所需的费用不断降低，特别是在网络环境下，人们可以通过交互的、可调的、宽频带通信网络，自己完成教育、娱乐、购物行为，甚至接受医疗保健、储蓄、参与政府事务，这些都在单一网络上进行,就有可能产生新的隐私权问题。

个人信息隐私权主要涉及三个方面,这三个方面也是个人权利最容易受到侵犯的问题:①不当收集和利用了个人资料,侵害了个人的隐私权、个人资料的享用权。②利用现代信息技术不当地搜集、窥视、公开他人私事(私生活)即构成对他人隐私权的侵犯。③个人自主、独立生活的权利或独处的权利,它主要保护个人可以独立自主地、不受干扰地生活。如果商家或好事之人在他人的电子信箱中不断地投入垃圾邮件,使用户不得不花费大量的时间去一一收取、查阅、删除或处理这些邮件,这不仅增加用户的成本(上网费),浪费时间和精力,而且极大地干扰、破坏了个人生活安宁、不受侵扰的权利。还有黑客对个人资料的攻击、破坏,既可能是构成对他人财产权(信息或数据权利)的破坏,也可能是对个人私生活领域的侵犯。这与侵入他人家里破坏和偷窃没有什么不同。

二、个人信息隐私权保护概述

学前思考

高某是某聊天交友软件的用户。2014 年某日,该交友软件突然宣布将该软件部分用户条款合并,其中有部分保护个人信息的条款被合并了。软件所属公司通知说,如果用户有异议,可以退出该软件;如果不提出异议,就表示接受了条款变化。由于该软件使用时间较长了,功能也比较好,且经常升级,高某也就没理会。没过多久,高某就发现有很多网络公司给她的邮箱发推介信,自己的手机也经常接到推介短信或者电话,而且不分时间。这让其厌烦不已。这种情况是最近发生的,高某联想起软件公司,赶紧再次打开通知,发现其中有一条就是,公司可以在一定范围内公开用户的个人信息。高某很气愤,与软件公司客服联系,但是客服告诉她,公司发过通知,高某没有退出,表示接受新条约。高某认为这个解释不公平,双方产生纠纷。学习完个人信息隐私后,请谈谈什么是个人信息?什么是隐私权,该案例中是否涉及隐私权?作为个人有哪些权利,而软件公司有哪些义务?你认为高某应当如何维护自己的权益,并且说明理由。

(一) 什么是个人信息

个人信息也称为个人资料,范围非常广泛,包括一切有关个人身份、生理、思想、生活习惯、社会关系等方面的信息。一般包括姓名、职业、履历、病历、婚姻、健康状况、住址、电话号码、银行账号、保险情况、特殊爱好、宗教信仰等。我国台湾地区于 1995 年 8 月 21 日正式实施的《电脑处理个人资料保护法》和公布的《计算机处理个人数据保护法实施细则》(简称《实施细则》),对法律应当保护的个人资料作了详细的规范,可以作为借鉴。

依据《电脑处理个人资料保护法》及《实施细则》,个人资料指尚生存自然人的足以识别该个人的资料,包括自然人的姓名、出生年月日、身份证统一编号、特征、指纹、婚姻、家庭、教育、职业、健康、病历、财务情况、社会活动及其他足以识别该个人之资料。1996 年 8 月,台湾地区"法务部"等公布的《计算机处理个人数据保护法之个人资料类别》又将个人资料细分为识别类、特征类、家庭情形、社会情况、教育、技术或其他专业、受雇情形、财务细节、商业信息、健康与其他各类信息 10 大类共 133 项个人资料类别。

注意，这里的个人，仅指自然人，不包括法人。在这一点上，世界各国及各地区基本上是相同的。这主要是因为个人资料是基于保障个人的隐私权而来，一般我们不提法人的隐私权。另外，个人资料指尚生存自然人足以识别该个人的资料，不包括已经死亡者的个人资料。

（二）个人资料所有者的权利

个人资料属于个人所有，这是个人隐私权自然推导出来的一个结论。这也就意味着个人对于个人资料拥有民法所规定的权利。这些权利大致如下。

(1) 控制权。资料主体对有关本人的数据享有最终的决定权，他人收集、使用这类数据必须经本人的同意，否则就构成侵权。

(2) 收回权。对于他人合法或非法取得的有关个人资料和数据，资料主体有权收回或取回。

(3) 知悉权。资料主体有权被告知或要求资料使用人告知其个人信息被收集、处理、使用的情况。

(4) 修改权。资料主体有要求使用其资料、数据的用户或者有关政府机构对其档案中不准确、不恰当、不适当或者不完整的部分进行更正的权利。

(5) 请求司法救济权。对于任何侵害他人个人资料的行为或资料主体权利得不到实现时，权利人都有权要求排除妨害、赔偿损失等法律救济。

上述五种权利既是法律对个人资料保护而赋予的个人权利，也是个人资料隐私权的主要内容。

（三）个人资料的不当利用

现代社会随着人们对信息资料的重视，无论参加什么社会活动，如公务活动或营利性活动都有可能留下个人资料，因此，在合理的范围内个人资料被公开和利用，是一种非常正常的事情。但是，如果超出了这个合理范围，就应当认为是不正当利用。大致说来，对个人资料的不正当利用主要有以下一些情形。

1. 未经当事人知晓或同意收集个人资料

为了网上购物或接受其他信息服务，消费者必须提供个人信息，如姓名、电话、地址、邮编、身份证号、信用卡号等，甚至与消费有直接关系的购物偏好、健康记录等。更严重的是，可能在你上网时，你的个人信息正在被网站毫无声息地收集。

以下的收集均是不正当的：在收集信息时，并不告诉个人为什么需要这些信息，特别是要公开或收集与所从事交易无关的信息，如个人身份证、驾照或社会保障卡号；收集的个人资料往往是不完全的、过期的、不正确的，而个人又没有办法取消或改正这些错误的信息，个人资料保存缺乏安全性、保密性。除了从网上收集外，擅自或不当收集还包括通过杂志订单、交易客户信息等途径收集的个人资料。

2. 个人数据二次开发利用

在接受服务或从事交易过程中，提供必要信息只允许用于其本身目的，而不能用于其他目的,更不能散发或传播甚至出卖个人资料。未经当事人同意,个人资料被用于与收集的个人资料事由无关的目的即为不正当的利用。不当利用表现之一,即为个人资料的二次开发利用,即商家利用自己所收集掌握的个人资料建立起各种类型的资料库,从中分析出一些个人并未透露的信息,进而指导其营销战略。

3. 个人资料交易

个人资料被不当利用还表现为个人资料被擅自用于交易。个人资料交易有两种形式:①商家之间相互交换各自收集的信息,或者说是与合作伙伴共享信息。这种共享使个人资料用于交易以外的目的,使个人资料有可能被更多的商家知晓和利用,无异于变相侵害个人隐私。②将个人资料作为"信息产品"销售给第三人或转让给他人使用,第三人可能用于其他目的。由于它将个人资料商品化,是对个人隐私侵犯最为严重的一种侵权行为。

4. 对个人资料的失控

在网络环境下,个人对于自己信息的控制能力和抗干扰能力下降,在许多情形下,无法确保避免来自从他那里获取信息的用户的干扰,无法拒绝未经请求的垃圾信息:当事人无法发现干扰来自哪些人、目的是什么、掌握了他们的哪些资料,更没有办法从他人那里撤回这些信息。所有这些均意味着网络环境下个人隐私保护的新问题。

Facebook 隐私权诉讼和解费或超 1 亿美元

据《福布斯》杂志网络版报道,经济学家预测,如果 Facebook(脸书)美国用户选择退出"赞助商内容"(Sponsored Stories)广告模式,该社交网络未来两年将损失 1.032 亿美元。这使得 Facebook 为此前隐私权诉讼和解支付的费用达到 1.235 亿美元,远超报道的 1 000万美元。

Facebook2012 年以 1 000 万美元达成了一项诉讼和解,原告方指控 Facebook 侵犯用户权利,将用户姓名、照片用于"赞助商内容"广告中。但是 Facebook 为此付出的费用远不止报道的 1 000 万美元,该社交网络巨头还得向集体诉讼律师支付 1 030 万美元,向三位集体诉讼代表支付 3.75 万美元。

Facebook 还得向剩余的 1.53 亿美国用户授权退出"赞助商内容"的权利,原告经济学家费尔南多·托雷斯(Fernando Torres)特别关注了 Facebook 的广告营收数字,并参考了 Facebook 商业化分析主管和广告产品主管的相关表述。他预测,如果用户选择退出"赞助商内容"广告,Facebook 未来两年将损失 1.032 亿美元。

如果托雷斯的预测准确,那么 Facebook 为此次和解诉讼付出的总费用将达到 1.235 亿美元。Facebook 似乎在推广新产品时过于激进,未能保护好用户的隐私。

Facebook 用户可以看到其相关信息被加入到了何种"赞助商内容"广告中,然后选择是否退出。该诉讼基于《美国公开权利法》(*right of publicity law*),后者授予用户控制自己姓名和爱好被用于产品中的权利。

三、各国及地区保护消费者隐私权的法律对策

由于我国隐私权的保护问题直到目前还没有一部完整的法律,尤其在网络和电子商务领域中有关隐私权的保护问题更是一个空白。因此,我们来了解一些其他国家和地区有关隐私权方面的法律规定,我们也以此为借鉴。

(一) 美国

进入电子商务时代后,美国为了促进本国电子商务的快速、健康发展,先后颁布了一些关于保护网上隐私权的指导性文件,并制定了一系列保护网上隐私权的法律。

1997 年 7 月,美国前总统克林顿签发的《全球电子商务框架》,是一部具有重要指导意义的法律文件。该文件对保护个人隐私权问题作了较为透彻的剖析。美国第一部关于网上隐私的联邦法律《儿童网上隐私保护法》,于 2000 年 4 月 21 日起生效,从该日起在网上搜集 13 岁以下儿童个人信息的行为将被视为违法,可处以上万美元的罚款。这部旨在保护儿童隐私的法律规定,网站在搜集 13 岁以下儿童的个人信息前必须先征得其父母的允许;否则,每违规一例将被处以 11 000 美元罚款。美国在线(AOL)发言人说,根据这项法律,该公司已将所有未满 13 岁的登录者的个人信息全部删除。以后,13 岁以下的用户将使用一种处于 AOL 家长监控系统检测之下的个人信息登记表。这类用户在网上的活动受到一定的限制。一些隐私权倡议组织说,他们正在密切关注这部法律的实施情况,并将根据其效果来决定采取何种措施来保护所有美国人的隐私权。

纽约州参议员已就很有争议的网上收集个人资料等问题推出新的立法建议。据悉,该项建议是针对网络广告商涉嫌不当收集并使用网络用户的个人资料而引发的争议。这项立法建议严禁企业收集并共享能够鉴别个人身份的资料。立法发起人指出,该建议的基本出发点在于,人们有权利知道谁在收集以及如何使用他们的个人资料。

(二) 欧盟

1999 年 10 月 25 日,欧盟颁布了保护网上有关个人资料的法令。欧盟的法令是为保护 15 个成员国消费者网上个人资料不受侵犯而制定的。所谓个人资料,主要包括个人身份、居住、财产、健康状况及其他个人所拥有的一切资料,其中较为敏感的是个人信用卡账号和密码。欧盟法令规定了严格的个人隐私保护条款,以确保个人资料通过互联网在15 个成员国之间自由流通。但是,如果欧盟之外的某个国家在网上保护个人资料的能力没有达到"适当"的水平,欧盟各成员国有权禁止与该国进行网上个人资料数据传输,美国即是不符合欧盟规定的国家之一。在与欧盟的谈判中,曾建议让美国公司自己规范本身的行为,并作为折中建议,提出了旨在指导美国公司和机构向欧盟标准趋向的"安全港"原则。美国商务部部长戴利表示,美国对保护消费者隐私的一贯态度是:商界人士应在个人行为方面严格自律,政府不应施加过多的限制。此外,美国联邦贸易

委员会最近声明,它已向国会提议不必制定新的互联网保护法律。美国的英特尔等大公司最近也都表示,无须政府制定法律来保护互联网用户的隐私,高科技公司有能力控制自己的行为。

而欧盟方面则认为,让美国公司自律会造成自行其是的后果,美国人的行为准则很难保证欧洲消费者的利益,而当美国公司损害欧洲消费者的利益时,欧盟将无法可依,很难控告他们。

欧盟与美国最终就如何保护电子商务交易中的隐私在原则上达成一致意见。欧盟与美国双方可以在不考虑欧盟隐私条令的情况下从事电子商务活动。该条令使得欧盟当局有权终止那些没有向相关部门提出申请的企业的网上数据传输。美国公司很快将可以通过向包含一系列网络协议的"安全港"提出申请的方式与欧盟成员国的公民和公司进行网上交易,但同时须按照美国相关政策承诺遵从自我约束的隐私原则。根据目前已达成的总体协议,网上交易公司在收集个人信息时必须就相关信息的用途向用户发出通知,在该信息被用于除最初收集目的以外的其他目的时也须通知用户。此外用户还有权获得了解上述信息的网上途径。自我约束的网上交易公司如未经"安全港"监视机构批准擅自开展业务,则该公司将会受到联邦贸易委员会、司法部以及州总检察官从事欺骗性经营活动的指控。

(三) 中国香港

随着电子商务时代的来临,我国香港特别行政区政府格外重视个人隐私权保护,为此专门颁布了《香港个人资料(私隐)条例》。我国香港对网上隐私权保护主要采取以下政策。

(1) 针对企业规定:应为浏览网页者及消费者提供使用匿名身份的选择;应制定个人资料隐私政策;应在本企业网址上展示上述政策;在收集敏感性资料时应采取加密措施。

(2) 针对工商界规定:应按照个人资料隐私法律上规定的原则,或根据政府及私营机构共同制定的认可准则,为会员制定资料隐私事务守则,同时负责监管和处理投诉。

(3) 针对政府规定:政府应设立专门的管理机构,保证《消费者权益法案》的执行。此外,还应在公众教育、服务市民、监督新科技的使用等方面起到应有的作用。

香港还设立了个人资料私隐专员公署。该公署十分关注网上隐私问题,并与消费者权益保护委员会携手研究在互联网及电子贸易中的安全措施,以保障消费者的权益。该公署在 2000 年 4～11 月,向 270 个没有遵守私隐条例的网址进行调查,发现在发出警告后,有九成网址已按法例规定,列出收集个人资料声明,写明收集资料的目的,较之 1999 年只有三成网址列出声明,情况有所改善。但调查发现,只有 1/4 的网址显示了其如何对待隐私问题的政策。对经过公署警告,但仍未作出回应的网址展开调查,然后可能会发出执行通知,指令这些网址尽快采取改善措施。营运者若违反执行通知即属犯罪,违例者一经定罪,最高可罚款 5 万港元及监禁两年。

由于文化上的差异等原因,我国对于隐私权保护滞后于其他国家。我国至今尚未出台任何关于个人资料或隐私保护方面的专门立法。面对信息技术发展,电子商务推行，隐私侵保护问题无疑应当提到议事日程。下面，我们结合一个案件谈谈这方面的问题。

邮政局泄露个人资料案

某年夏，家住上海市大统路统北村的王某收到了上海市邮政局寄来的“用户征询表”，要求填写姓名、住址、电话、收入情况等项目。本着对国家邮政局的信任，他填写了表中部分内容。同时为了防止个人资料泄露，他特地在“用户征询表”上阐明自己的观点：所填写的个人资料不得泄露给商业企业从事营利活动。当年 12 月 15 日，王某却收到了一封由上海市邮政商函局寄来的易购 365 广告函。信封上同时有市邮政商函局和易购 365 两家单位落款。王先生认为，此举违反了《民法通则》关于“公民享有姓名权……禁止他人干涉、盗用、假冒”的规定，于 12 月 19 日向闸北区人民法院递交了起诉状，状告上海市邮政局未经允许泄露个人资料，上海市邮政商函局、上海富尔网络销售有限公司(易购 365 设立人)盗用公民姓名、地址等个人资料从事营利活动。

专家认为该案是因征集个人信息而引发的一起案件，且具有典型意义。在本案中，个人信息征集人为市邮政局；邮政局作为一种提供邮政公共服务企业，其征询表显然是用于征询用户对邮政服务的意见或建议，其中可能涉及用户的姓名、住址、邮编、电话等个人资料。也就是说，最初用户信息的征集是服务于邮政服务调查这项目的。但是，该资料却被邮政商函局利用，用于为商业企业进行广告服务。尽管邮政商函局与邮政局存在关联关系，但是毕竟是不相同的两家企业，因此，邮政局将该信息提供给邮政商函局(假如事实确实如此的话)，是不正当的，它违背该信息征集的目的；同时王某也明确表明该信息不得向商业企业披露，邮政局更不能违背个人资料所有权人的意志而转让信息。因此，邮政局滥用了征集来的个人资料控制权，侵犯了个人资料专用权或隐私权。尽管该案因当事人庭外和解结案，但它留给人们的思考是深刻的，同时对我国个人资料征集和征集个人信息的使用立法也提出了挑战。

小　结

本章主要论述在线消费的保护问题。首先阐述了消费者权益保护法的概念和特征，还论述了其保护的范围是消费者的生活消费。在此基础上阐述了在线交易消费者，即是通过互联网购买消费品和接受服务的消费者，它包括经营者以外的购买商品或接受服务的个人。其次，论述了经合组织如何保护消费者，我国现行消费者权益保护法对在线交易消费者的保护，并且分别阐述了经营者的基础义务、提供商品信息的义务、商品质量保障及售后服务义务、不得有不当免责的义务。最后，阐述当前纠纷比较多的关于在线交易消费者隐私保护。

职业能力检测

1. 2013 年 10 月，家住江西省南昌市贤士湖住宅区 54 栋 3 单元 601 室的毛源宏在新浪“一拍网”注册，并在网上拍下商品编号为 5596482 的二手笔记本电脑一台，价格为 3 350元，卖家为湖南省长沙市建设北路华天商城枫祥科技公司，联系人是李凤。11 月 1 日，毛源宏按照网上资料向枫祥科技公司的个人（财务人员杨永花）账户汇款 3 400 元，但没有收到电脑。此后，联系人李凤手机关机。经向湖南省长沙市工商管理局查询，发现长沙市并无建设北路，也没有华天商城，设在华天商城的枫祥科技公司更属子虚乌有。毛源宏向法院提起诉讼，状告新浪“一拍网”的所有人和经营者北京阳光山谷信息技术有限公司，要求其赔偿经济损失 3 400 元并承担全部诉讼费用（含差旅费）。

请问：(1) 作为交易平台有什么样的权利和义务？

(2) 作为消费者的毛源宏享有什么权利？

(3) 你认为本案应当如何处理？

2. 朱小姐由于看中了“团购”活动的优惠，支付全款订购了一套卫浴产品。因为离装修尚有时日，而老板多次表示任何时间都能提货，哪怕过了 5 年、10 年都没问题，于是朱小姐迟迟未提货，直到近日她才发现，卫浴店已易主，新店主不肯认账。

请问：(1) 作为消费者享有什么权利？

(2) 你觉得这件事应当怎么办？

3. 陈先生于 2014 年 2 月 16 日在某团购网站上订购了某酒店 590 元的就餐套餐，次日晚，其计划前往酒店之前，事先通过电话与该网站客服联系确认订单是否生成，工作人员回复订单已生成，可以直接到酒店内消费，但当陈先生到达酒店时却发现该酒店并未营业，营业人员称酒店正在装修，暂未营业。陈先生要求该网站退还费用。网站拒绝退款，表示等营业后订单就能使用了。

请问：(1) 请说明团购网站的说法是否合理，并说明理由。

(2) 就目前的情况，你认为陈先生采取什么方法能够解决问题？

第六章

电子商务与知识产权法

知识目标

1. 熟悉著作权的概念。
2. 掌握网络著作权的保护范围。
3. 掌握网络服务提供者(ISP)责任的法律责任。
4. 熟悉域名的概念。
5. 掌握域名纠纷解决方法。

能力目标

1. 运用现行著作权法,保护企业或者个人的著作权。
2. 运用域名保护的相关法律,保护企业或者个人的域名。

情境导入

张莹熟悉了网络游戏公司的各个岗位,了解了网络公司的基本工作,最后确定的岗位是网络游戏终端测试人员,在测试完网络游戏“大战唐朝”之后,游戏上线运行。运行过程中,她注意到网上另一家公司也在运营该游戏并收费,于是向领导报告了此事。领导认为是第三方以非法手段取得该游戏的程序,并在网上使用且收取用户的费用,这是一种完完全全侵犯知识产权的行为,应该向对方发出警告。

张莹很早就听说过知识产权,但没有想到这么快就发生在自己身边。她很想知道网络上到底有哪些知识产权,以及这些知识产权是如何保护的。下面我们就与张莹一起学习知识产权法。

第一节 著作权的保护

一、网络著作权概述

学前思考

郭某的文笔比较好，经常写一些小散文，偶尔也在一些杂志上发表。随着网络的发展，郭某学会了在网上个人空间发表作品，也拥有了一批粉丝。突然有一天，他在一本杂志上看到一篇文章，细看后发觉这就是自己在博客中写的一篇散文，这令他很气愤。于是向杂志社投诉，杂志社告知，目前的审稿没有办法扩大到网络的方方面面，尤其在这种情况下杂志社无法判断究竟是谁写的。所以没有办法接受郭某的投诉。

问题：请你学习完下面的知识，判断这里面是否存在版权、网络版权。

（一）著作权

著作权是指作者及其他著作权人对其创作的文学、艺术和科学作品依法享有的权利。著作权保护的对象是作品。著作权法所称作品是指文学、艺术和科学领域内具有独创性，并能以某种有形形式复制的智力成果。作品必须是一种智力创作成果，还必须具有独创性和可复制性。

著作权的内容包括著作人身权和著作财产权。著作人身权又称精神权利，是指作者基于作品的创作而依法享有的以精神利益为内容的权利，包括署名权、修改权、保护作品完整权和发表权；著作财产权是指著作权人通过各种方式利用其作品以及基于利用作品而享有的以获得财产利益为内容的权利，包括：复制权、发行权、出租权、展览权、表演权、放映权、广播权、信息网络传播权、摄制权、翻译权、汇编权、许可他人使用并获得报酬权；转让权以及其他法定权利。

小贴士

为了保护作品传播者的利益，《中华人民共和国》著作权法（以下简称《著作权法》）中还作了有关邻接权的规定。邻接权，也可称为与著作权有关的权利，是指作品的传播者所享有的权利。根据我国《著作权法》的规定，邻接权主要包括：出版者对其出版的图书和报刊享有的权利；表演者对其表演享有的权利；录音录像制作者对其制作的录音录像制品享有的权利；广播电台、电视台对其制作的广播、电视节目享有的权利。

（二）网络著作权

数字技术和互联网的发展给传统的著作权制度带来了巨大的冲击。现在，几乎所有传统形式的作品都能转化成数字形式的作品，同时，越来越多的作品直接运用数字技术创作出来。与传统形式的作品相比，数字形式的作品非常容易复制，而网络的普及又使得数字作品非常容易地在整个世界范围内进行传播。当作品以数字形式存在或者数字作品在互联网上传播的时候，作者是否享有著作权？对于这个问题，无论是国际上还是国内的法学界都认为，作者对数字化的作品拥有著作权，作品以数字形式在互联网上传播的时候，应当受到著作权法的保护。

二、网络著作权立法状况

（一）国际条约及国外的立法状况

1996年12月2～20日，世界知识产权组织(WIPO)在日内瓦召开了关于版权和邻接权的若干问题的外交会议，并通过了《世界知识产权组织版权条约》(WIPO Copyright Treaty，WCT)和《世界知识产权组织表演与录音制品条约》(WIPO Performances and Phonograms Treaty，WPPT)。其中WCT主要是关于对书籍、计算机程序、电影、音乐以及美术作品等的文学和艺术作品的作者提供保护；WPPT则保护一些“相关”权利，主要是表演者和录音制品制作者的权利。这两个条约的目的是对世界知识产权组织已有的关于版权和邻接权的主要条约(《伯尔尼公约》和《罗马公约》)进行更新和补充，以适应新的技术和市场发展带来的变化。针对各种涉及版权的新事物，WCT和WPPT着重强调了当今的数字技术带来的挑战，尤其是在数字网络上受保护的材料的传播问题。因此，这两个条约经常被称为“网络条约”。①

1998年，美国通过了千禧年数字版权法案(Digital Millennium Copyright Act，DMCA)，对美国版权法做了重大的补充和修订。2001年，欧盟重新修订并公布了《关于信息社会的版权及相关权利指令》(E. U. Copyright Directive，又称版权指令)，并要求成员国必须在2002年12月22日以前在国内法中贯彻实施指令，使各成员国版权法适应网络环境的要求。

（二）国内立法状况

我国早在1990年就制定并通过了《著作权法》。但是在1990年的《著作权法》当中，并没有明确的关于网络著作权的规定。2001年，全国人大常委会对《著作权法》作了进一步修正。新的《著作权法》增加了有关“信息网络传播权”的规定，赋予了著作权人以有线或者无线方式向公众提供作品，使公众可以在其个人选定的时间和地点获得作品的权利。2010年，全国人民常务委员会对《著作权法》进行了第二次修正。

为了正确审理涉及计算机网络著作权纠纷案件，最高人民法院在2000年通过了《最高人民法院关于审理涉及计算机网络著作权纠纷案件适用法律若干问题的解释》(以下简称《解释》)。2003年最高人民法院对《解释》进行了修正，对网络著作权纠纷案件的管辖、

---

① 中国版权保护中心.《关于WIPO的两个新条约》，http://www.ccopyright.com.cn/8knowledge/1.htm，2013.5.5.

数字化作品是否受到著作权法保护、网络作品转载、网络服务商的法律责任等问题作出了明确规定。2006年,最高人民法院审判委员会对《解释》作出进一步修订。

三、网络著作权主要涉及的法律问题

学前思考

接着前面郭某的案情,继续思考是否在网络上发表的文章就不在《著作权法》的保护范围呢?杂志社的说法是否正确?

(一)网络环境下著作权保护的范围

根据我国《著作权法》的规定,受著作权保护的作品主要有:文字作品;口述作品;音乐、戏剧、曲艺、舞蹈、杂技艺术作品;美术、建筑作品;摄影作品;电影作品和以类似摄制电影的方法创作的作品;工程设计图、产品设计图、地图、示意图等图形作品和模型作品;计算机软件;法律、行政法规规定的其他作品。

《著作权法》并没有明确规定数字化的作品是否属于著作权保护的范围,只是规定了著作权人享有信息网络传播权。而根据《解释》第二条的规定,受《著作权法》保护的作品,包括《著作权法》第三条规定的各类作品的数字化形式。在网络环境下无法归于《著作权法》第三条列举的作品范围,但在文学、艺术和科学领域内具有独创性并能以某种有形形式复制的其他智力创作成果,人民法院应当予以保护。

数字化作品与传统作品的区别仅在于作品存在形式和载体的不同,作品的表现形式不会因数字化而有丝毫改变,也不会因数字化而丧失"独创性"和"可复制性"。所以,数字化作品受著作权法保护是不言而喻的。这里所说的数字化作品,既包括已有的被数字化后的以传统形式创作的作品,也包括直接以数字化形式创作的作品。

1. 被数字化的传统形式的作品

传统作品被数字化,实际是将该作品以数字代码形式固定在磁盘或光盘等有形载体上,改变的只是作品的表现形式,对作品的"独创性"和"可复制性"不产生任何影响。因此,作品的表现形式应当包括数字形式,被数字化后的作品著作权仍应由原著作权人享有,著作权的各项权利内容,也同样适用于数字化作品的著作权。

早在1999年,我国法院对王蒙等六位作家诉北京世纪互联公司(北京在线)侵犯著作权案的判决就确认了这一观点。该案中被告从其他网站上下载了原告的文学作品,未经六位原告授权或者许可,也未向六位原告支付版权使用费,擅自将原告的作品上载到被告的网站上供人浏览或者下载。原告认为被告的行为侵犯了他们对作品的传播权。法院最后判决被告败诉,向原告承担侵权责任。

2. 直接以数字化形式创作的作品

随着网络的发展,越来越多的作品被直接以数字化的形式创作出来,比如网络文学。在网络环境下,作品被使用的方式主要体现为网络传播方式。网络传播应当属于一种作品使用方式，著作权人应当享有以该种方式使用、许可他人使用，并由此获得报酬的权利。因而未经许可上载他人作品传播、不付报酬的行为，就构成了侵犯他人著作权的行为。

数字化作品引起的网络著作权纠纷，现在已经非常常见。如著名的文学网站“榕树下”网罗了一大批网络作家，在该网站上发表了大量的作品。中国社会出版社在没有征得“榕树下”网站以及网络作家同意的情况下，擅自将其数字化作品结集印刷出版，结果被控侵权，最后法院判决出版社败诉，宣告了数字化作品同样具有著作权。

3. 其他作品

我国《著作权法》是用列举的方式来对作品的范围加以规定的，这种方法显然不能穷尽现存形式的作品。但是只要是具备了《著作权法》上规定的作品实质要件的网络信息，就应当认定为作品，受《著作权法》保护。

早在“中国首例侵害网页著作权案——瑞得(集团)公司诉宜宾市翠屏区东方信息服务有限公司著作权侵权纠纷案”中，北京海淀区人民法院即指出，原告的主页虽然所用颜色、文字及部分图标等已处于公有领域，但将该主页上的颜色、文字、图标以数字化的方式加以特定的组合，给人以美感，而不是依照客观规律对客观事实的简单排列，应是一种独特构思的体现，具备独创性；这一主页既可储存在 WWW 服务器的硬盘上，又可被打印在纸张上，说明该主页是可复制的；该主页能够被人通过 WWW 服务器上载到国际互联网上并保持稳定状态，可以被社会公众借助联网的计算机所接触，说明该主页具有可传播性。故该主页应视为受著作权法保护的作品，在没有相反证据的情况下，该作品的著作权应归其作者即本案原告所有。

被告使用原告主页上的部分内容设计出新主页并将该主页上载到国际互联网，在这个过程中被告并未取得原告的许可或向其付酬，而且出于商业目的，如设立了“征集广告”等栏目，故被告在该主页的发布过程中侵犯了原告的保护作品完整权、作品使用权和获得报酬权，据此被告应依法承担侵权责任，在相应的范围内向原告赔礼道歉，并赔偿由此给原告造成的合理的经济损失。①

（二）P2P 技术与网络著作权保护

P2P 是英文“peer-to-peer”的缩写，国内的媒体一般将其译为“点对点”。P2P 技术就是在个人计算机之间直接进行资源和服务的共享，而不像传统的 browser/server(浏览器/服务器)或者 client/server(客户端/服务器)结构那样，需要经过服务器的介入和服务。在 P2P 结构中，每台个人计算机同时充当服务器和客户端的角色，当需要其他计算机的文件或者服务时，两台计算机直接建立联系，本机是客户端，而当响应其他计算机的资源要求时，本机又成为提供资源与服务的服务器。通常这些资源和服务包括：文件的共享与交换，计算资源如 CPU 的共享使用等。②

借助 P2P 技术，网络用户可以非常容易地与他人免费共享文件，而不需要经过著作

---

① 《瑞得(集团)公司诉宜宾市翠屏区东方信息服务有限公司著作权侵权纠纷案》，http://www.chinalawedu.com/news/21604/5900/63/2005/1/ma89772049341711500 2109280_156164.htm，2013.9.5.

② 《P2P——网络世界新革命》，http://www.yesky.com/283/196283.shtml，2013.12.5.

权人许可，更不用交纳费用。P2P 的出现极大地推动了音乐、影视作品的盗版，根据 WIPO的估计，通过 P2P 方式传输的数字产品，90%以上都是盗版。

1. P2P 文件传输方式下网络内容服务商(ISP)的责任

1999 年年初，为了与自己的朋友在互联网上共享 MP3 歌曲，18 岁的美国东北大学学生肖恩·范宁开发了基于 P2P 技术的 Napster 软件。1999 年 5 月，Napster 网站正式开通。网站用户下载 Napster 软件并且安装到自己的计算机上以后，就可以相互交流 MP3 格式的文件，实现资源免费共享，Napster 还提供搜索和编排 MP3 文件的服务。这种全新的网络音乐交换方式吸引了全球众多的音乐爱好者，Napster 一度拥有 5 000 万名会员。由于 Napster 帮助用户共享和免费下载大量有版权保护的音乐文件，因而被唱片公司视为大敌。

1999 年 12 月 7 日，环球唱片、贝塔斯曼、索尼、时代华纳、EMI 等唱片巨头联合起诉 Napster，控告它协助网络盗版。2001 年 2 月 12 日，法院对 Napster 版权纠纷案作出裁决，判定 Napster 侵犯了唱片公司的版权，禁止 Napster 及其用户交换或使用版权归 RIAA(美国唱片产业协会)所有的音乐文件。

法院认为，尽管 Napster 的用户们是为了个人使用下载文件，但是这些下载行为不属于美国版权法上的“合理使用”(fair use)。虽然这些有版权的音乐文件不是为了销售而复制的，但是大规模的复制也可以构成“商业使用”(commercial use)，因为用户不用再去花钱购买这些音乐制品，从而使整个唱片业收入大幅度减少，因此网站用户的行为已经构成了直接侵权。虽然 Napster 没有对其提供的下载服务向用户收取费用，但是 Napster 明知在其系统上存在侵权的音乐文件而不加阻止，同时还提供服务支持，并且在整个过程中获得了经济利益，所以其行为已经构成了辅助性侵权。

和 Napster 案类似的案件在国际上并不少见。2002 年，日本 19 家唱片公司起诉日本 MMO 公司，日本东京地方法院判决暂时禁止其提供 P2P 下载服务。韩国曾经最流行的 P2P 网站 Soribada 被韩国唱片工业协会起诉，法院最后判决关闭了这家网站。澳大利亚音乐出版商协会也曾起诉一家名叫 Audiogalaxy 的 P2P 服务提供商，Audiogalaxy 后来删除了供用户下载的音乐文件。[①]

2. P2P 文件传输方式下软件商的责任

Napster 的兴起及其与唱片公司的官司引起了人们对 P2P 技术的极大关注，各种新的 P2P 软件纷纷问世。由于 Napster 的败诉在于它的服务器中保存了用户侵犯版权的共享文件，后来的 P2P 软件提供商吸取了经验。他们只提供采用了 P2P 技术的软件工具供用户使用，而不提供音乐文件的原件或复制文件的上传和下载服务。

2003 年 4 月 25 日，美国联邦区法院裁决驳回了 M-G-M 公司(METRO-GOLDWYN-MAYER STUDIO Inc.)对 Grokster 公司和 Streamcast 公司的音乐作品版权侵权诉讼请求，认为 Grokster 公司和 Streamcast 公司并不存在侵犯版权行为。

Grokster 公司和 Streamcast 公司是美国的两家提供软件下载服务的网络公司。其

---

① 《第一次网络版权大战 Napster 输了》，http://it. sohu. com/20010215/file/0000,643,100004. html，2013. 12. 7.

中 Grokster 公司自行开发了一种名为 Grokster 的软件，网络用户下载 Grokster 软件后，就可以利用其再下载 KaZaA 软件，而 KaZaA 软件采用了 P2P 技术。Grokster 公司的网络用户在下载并安装 KaZaA 软件后，相互间就可以充分地进行资源共享。对于众多爱好 MP3 音乐文件的网络用户来说，这就意味着他们不必购买就可以从其他用户那里得到他们想要的 MP3 音乐文件，而其中有很多 MP3 音乐文件显然是未经合法授权的。因此，原告 M-G-M 公司向法院控告 Grokster 公司为网络用户的侵权行为提供了帮助，要求法院裁判 Grokster 公司侵犯版权，责令其关闭。

Streamcast 公司则与 Grokster 公司略有不同，其自主开发了一种名为 Morpheus 的软件，该软件本身就是采用了 P2P 技术。Streamcast 公司的网络用户通过登录该公司的网站便可直接下载 Morpheus 软件，下载该软件的网络用户同样可以相互间进行资源共享，如 MP3 音乐文件等。如同 Grokster 公司那样被控侵权，原告 M-G-M 公司向法院提出控告，要求法院裁判 Streamcast 公司侵犯版权，责令其关闭。

法院认为，虽然部分计算机用户使用了两家公司提供的软件，从事了侵权行为，但是被告并不能明确知道用户实施了侵权行为。被告提供软件的行为符合知识产权法中的"主要商业用途"原则(a staple of commerce)，即如果一项科技成果或商品主要应用于非商业的用途，那么这一点就足以避免该科技或商品因可能的侵犯版权而招致的法律责任。

在本案中，被告 Grokster 公司和 Streamcast 公司为用户提供相应软件的目的，主要是为了让网络用户相互之间交流各自已经获得合法授权(如：购买获得)的 MP3 音乐文件，而且它们在提供相应的软件后，便退出了用户间相互交流、共享 MP3 音乐文件的过程，不再具备监督其用户行为的能力，美国联邦区法院也正是依此一点而作出了驳回原告 M-G-M 公司的诉求的判决。①

其他国家的一些判例也支持了美国法院的判决。2002 年 3 月 28 日，在荷兰音乐产权组织 BumaStemra 状告 KaZaA 的案件中，荷兰上诉法院裁定 KaZaA 可以发售用于网上音乐和电影共享的软件，推翻了 2001 年 11 月对音乐行业有利的地方法院判决。②

3. P2P 文件传输方式下个人用户的责任

毫无疑问，利用 P2P 软件进行共享盗版音乐文件的用户的行为肯定构成了侵权。关键问题在于如何追究这些用户的责任。

由于法院裁决提供 P2P 软件的公司无须承担责任，版权组织只好直接去起诉利用 P2P 进行盗版的用户，但是收效甚微。2003 年 4 月，RIAA 起诉了几名参与 P2P 网络盗版的学生，几名学生同意赔偿 12 000～17 000 美元，双方达成了和解。RIAA 还计划起诉通过互联网非法传输版权音乐作品的个人，意图将反盗版战线扩展到数以百万计的网络

---

① 《从 M-G-MV. Grokster 案再谈 ISP 的法律责任》，http://www.law-lib.com/lw/lw_view.asp? no=1620，2013.12.7.

② 《WIPO，Intellectual Property on the Internet：A Survey of Issues》，http://www.baidu.com/link? url=0yma5eAzLZJRiX2zOCDoPzMFY9PiScuHSfYOzweUFdbByL0V77cRrvnQvf37HTKGUeIgH4Yxr-IhxCXtoFrL7GmQ0u1tDyqK5d2be2YAX92RyMuBKRVn4_aCeUo0F52b&wd=WIPO%EF%BC%8CIntellectualPropertyontheInternet%3AASurveyofIssues&ie=utf-8&tn=baiduhome_pg&inputT=3614&f=8&bs=WIPO%EF%BC%8CIntellectualPropertyontheInternet%3AASurveyofIssues，2013.12.10.

用户。当然，RIAA 主要目的不是想与数不清的用户打官司，而是想通过这种威胁让 P2P 用户不再进行音乐文件交换。不过，RIAA 的目的很难达到，因为版权组织揭发用户侵权时，主要是通过 IP 地址来确认网络用户的真实身份的。虽然 RIAA 曾经成功地强迫一家网络服务商公布了一些侵犯版权用户的资料，但是其他的网络服务商并没有理会 RIAA 的要求。现在版权组织只能依靠技术手段自行在网上跟踪 P2P 用户，但是用户很容易借助工具软件隐藏自己的 IP 地址，回避 RIAA 的跟踪。KaZaA 的拥有者 Sharman 网络公司则表示，将会对 RIAA 采取法律行动，因为 RIAA 未经同意就更改了该公司的软件用以追查盗版者。[①]

2004 年 3 月，英国留声机协会(BPI)在其网站上发布采取法律行动打击盗版活动的公告，警告用户不要使用文件共享软件，否则会惹上官司。这一活动的目的是让文件共享软件的用户知道，他们正在触犯版权法，因为根据英国 1998 年通过的《版权、设计、专利法》，文件共享是非法的。[②]

2004 年，加拿大唱片业协会(CRIA)也和 RIAA 一样，正式要求法院命令网络服务商们提供那些未被授权的版权音乐“文件上传者”的具体资料，但跟美国的情况一致，网络服务商们都拒绝执行这一命令。[③]

4. P2P 引发的盗版问题的技术解决方案

据统计，全世界总共有 2.3 亿人下载过最知名的 P2P 软件 KaZaA，每天则有 400 多万台计算机用户通过 KaZaA 来交换文件，交换文件的数量高达 8.66 亿多个。Yankee 集团预测，到 2005 年，未经许可的音频文件交换数量将从 2001 年的 51.6 亿上升至 74.4 亿。而且，随着全球范围的宽带建设升温，影视文件也将成为 P2P 用户交换的主体。所以，如果不尽快解决 P2P 引发的版权问题，不仅是唱片业，电影业也将为 P2P 盗版所重创。

P2P 带来的盗版是能够得到控制的，但还必须借助技术手段，而不是单纯运用法律措施。事实上，P2P 并没有带来数字产品版权的失控，因为所有的 P2P 软件都必须在专门的服务器管理之下才能够运行。也就是说，如果提供 P2P 软件的企业愿意，完全能够实现对 P2P 用户交换文件的监控，例如它们能够对 P2P 软件进行改进，使用户在交换文件后，将相应的数据信息反馈给服务器，P2P 企业则可以据此对用户进行收费，从而达到保护数字产品版权的目的。

早在 2001 年 10 月，在我国台湾地区拥有 50 万用户的 ezPeer 软件就在这方面做过尝试，依据用户下载文件的大小进行收费。据推出这款 P2P 软件的全球数码科技公司介绍，ezPeer 的定位是朝着“P2P 软件唯一合法渠道”的方向发展，在公司下载收入中，将 20%保留给版权所有者，但后来由于唱片公司之类的版权组织不予合作，此事也就没有了下文。

只有数字产品的版权所有者和版权组织抛弃对 P2P 的偏见，与 P2P 软件提供商进

① 蒋明全．《版权遭遇 P2P：从技术上解决共享引发的盗版问题》，http://it.sohu.com/36/22/article211332236.shtml，2013.12.20.

② 月牙儿．《英国唱片产业瞄准 P2P 发动打击网上盗版活动》，http://it.sohu.com/2004/03/26/60/article219606026.shtml，2013.12.25.

③ 《加拿大唱片业协会要求 ISP“出卖”盗版者》，http://www.ppcn.net/show.aspx?id=1218&cid=1，2012.3.

行合作，将利用P2P交换文件商业化，才能够真正解决P2P引发的盗版问题。[①]

（三）网络数据库的保护问题

1. 我国《著作权法》的规定

我国《著作权法》为保护数据库提供了一定的法律依据。如果数据库的内容由作品汇编而成，可以作为汇编作品适用《著作权法》第十四条对编辑（汇编）作品的规定。

但是，如果数据库是由不受著作权保护的数据或材料汇编而成，即使"内容的选择或安排构成智力创作"，要作为汇编作品得到著作权保护还有一定困难。因为《著作权法实施条例》第五条第（十一）款对"编辑"（汇编）一词的解释，要求汇编的内容必须是"作品或者作品的片段"。当然，这个问题已随着中国加入国际著作权条约部分得到解决。《实施国际著作权条约的规定》第八条规定："如果外国作品是由不受保护的材料编辑而成，但是在材料的选取或者编排上有独创性的，依照著作权法第十四条的规定予以保护。"这可以视为将外国人的数据库给予"超国民待遇"而纳入中国版权法保护范围。中国入世后，给予外国作品的"超国民待遇"也将给予中国作品。但是，为了全面充分有效地保护作为汇编作品的数据库，《著作权法》还应该作相应的修改。[②]

2. 数据库特殊权利保护

无论是国际公约还是各国版权法都认为，对数据库的保护仅限于其体系和结构，并不延伸至使用的材料。比如，美国最高法院在1991年的Feisty一案中明确指出，虽然白页电话簿的资料非常丰富，也使许多人得到方便，但不具有任何创意，因而不受著作权法保护。在传统经济复制成本很高的情况下，这种立法思想是可行的，但在网络经济时代，数据库仅仅是一大堆数字信息，复制相当容易而且价格低廉。如果数据库当中的内容可以任由他人复制，稍加改动就变成他人的劳动成果的话，会直接损害数据库原创者的经济利益，严重打击数据库产业不断创造发展的积极性，长远而言会对数据库产业造成错误的导向，助长投机取巧、盗版抄袭之风，最终导致数据库产业的萎缩和停滞。这是一个根本性的问题，必须通过立法来解决。

为了适应数据库产业发展，欧盟创设了数据库特殊权利保护制度。这是一种独立于版权、专利、商标等专门法律制度之外的新的知识产权保护制度，它与版权保护所适用的原则和标准是截然不同的。数据库特殊权利保护是指，如果数据库制作者为了开发数据库投入大量的时间、资金和人力，不管其数据库内容本身是否具有原创性，数据库就应该受到法律的保护。和传统的著作权保护期限不同，数据库特殊权利保护的期限为15年。

1996年颁布的《欧盟数据库指令》，是世界上第一个正式给予数据库特殊权利保护的法律文件。欧盟要求其成员国在1998年1月1日前将指令内容贯彻到国内立法当中。同时，欧盟还竭力游说美国采取对等立法，美国国会对此作出了非常积极的回应。虽然由

---

① 《版权遭遇P2P：从技术上解决共享引发的盗版问题》，http://vnet.news.sohu.com/it/36/22/article211332236.shtml，2013.12.30.

② 许超.《互联网的著作权保护问题》，http://www.whipb.gov.cn/ipltdetail.asp? id=141，2013.12.3.

于国内的反对声音十分强烈，导致美国至今没有正式对此立法，但美国于1999年10月通过的《制止盗版信息集合体法案》(H. R. 354)已经提出了类似的内容。[①]

但是有的学者也主张，数据库特殊权利保护制度有可能导致数据库制作者对信息的垄断，进而损害科研、教育事业的发展，所以必须在数据库制作者利益和社会公共利益之间寻找一个平衡点。

（四）链接与著作权

1. 链接的定义与技术种类

“链接”又叫“超链接”，就是通过超文本传输协议(HTTP)、超文本标记语言(HTML)以及通用资源定位符(URL)等协议，将被链接网页或信息的网上地址(URL)嵌入设链文字或图形中，通过超文本传输协议(HTTP)将被链接的超文本信息在远程服务器和用户计算机之间进行传输。借助链接，访问者可以通过一个网址访问不同网址的文件或者通过一个特定的栏目访问同一个站点上的其他栏目。

按照链接目标页不同，链接通常分为“外链”和“内链”两种。外链又称普通链接，它链接的对象是其他网站的首页，这时屏幕上显示的是被链网站的全部内容，用户清楚地知道：他已经从一个网站跳到另一个网站上。典型的外链如搜索引擎中所出现的各种网址的集合，当用户点击其中一个网址时，搜索引擎就会将用户带往被点击网站的首页。

内链又称“深度链接”，它与普通链接的区别是：链接标志中储存的是被链接网站中的某一页而不是该网站的首页。当用户点击链接标志时，计算机就会自动绕过被链接网站的首页，直接指向具体内容页。此时，如果该内容页上没有被链接网站的标志，则用户就会误认为还停留在原来的网站上。

内链有一种比较特殊的“加框”技术手段(加框链接)，即在链接方网站的小视窗中显示被链接方网页上的内容。这样，被链接的作品、被固定的表演(如广告作品)就有可能被全部或者部分遮蔽，无法为用户所注意或浏览，而只能看到设框者想要用户看到的内容或信息。这种链接经常引起商业和法律上的纠纷。

2. 链接与著作权

目前对于链接是否侵权的问题，各国著作权法都没有非常明确的规定，各国法院在审理这类案件时基本都是根据案件的具体情况来认定链接是否侵权。

一般来说，各国的司法实践都认为，“外链”不构成侵权，因为链接方只是为浏览者提供了一个网址(URL)导向，并没有直接复制被链接方的网页的内容。虽然我国第一起因为链接而引起的著作权纠纷以链接方败诉而告终(见下文《搜狐超级链接著作权纠纷案》)，但是法院判决被告链接方的“外链”行为本身并没有构成侵权，被告败诉是因为它明知链接的网站的行为构成侵权但仍然提供链接，构成了“辅助侵权”。

至于“内链”是否构成侵权，各国的判例判决结果不大一致。我国的判例(如北京金融

---

① 高云.《数据库法律保护问题浅析》，http://www.civillaw.com.cn/weizhang/default.asp?id=10275，2013.12.9.

城公司诉成都财智公司案)认为链接方的行为构成了不正当竞争行为,判决其败诉。欧盟的判例是以"数据库特殊权利保护"为由,判决链接方侵犯了被链接方的数据库的权利,但是丹麦的一个判例认为被链接方的数据库不应受到保护。美国判例的结果却是五花八门,有的判例是判链接方的行为构成"非法侵入",有的判例判决链接方侵犯了被链接方的网络传播权,也有的判例判链接方没有侵权。

同步案例

"搜狐""超级链接"著作权纠纷案

原告刘京胜1995年翻译出版了西班牙著名作家塞万提斯的名著《堂吉诃德》。2000年10月,原告上网通过搜狐网站提供的搜索引擎搜索相关内容时偶然发现,通过被告搜狐网站与其他三个网站的链接,任何用户都可以全文浏览或下载三个版式的该译著;而原告从未授权或者许可包括搜狐在内的任何网站上载《堂吉诃德》一书。原告认为被告的行为严重侵犯了其著作权,因此向北京市第二中级人民法院提起民事诉讼。在起诉书中,原告要求被告搜狐公司立即停止侵权,赔礼道歉并赔偿原告10万元损失。这是我国第一件因网络链接而引起著作权纠纷的案件。

被告搜狐公司在庭审中提出,原告把通过搜狐网站能访问到原告的《堂吉诃德》中文译本和搜狐非法登载原告的译著作品《堂吉诃德》两种情形混为一谈。被告认为自己并没有对原告实施侵权行为。因为被告所属网站"搜狐"与登载原告该译著的另外三个网站建立了链接,故当用户访问"搜狐"网站并点击《堂吉诃德》时,实际已离开"搜狐"网站而开始访问被链接网站,"链接"与"登载"不是一个概念。因此原告要求搜狐公司承担赔礼道歉和赔偿损失的民事责任,于法无据。

庭审后,原告刘京胜表示愿意与被告达成和解协议,仅向被告象征性地收取1元赔偿费用,前提条件是被告态度诚恳,对原告停止侵权(撤掉该链接)并赔礼道歉。被告搜狐公司没有当庭作出积极回应。

2000年12月19日,北京市第二中级人民法院作出被告败诉的判决。法院认为,虽然由网络服务商(ISP)对其链接传输的所有内容是否存在瑕疵进行筛选判断是不现实的,但是被告搜狐公司必须为它得知侵权后没有及时停止该行为而付出代价。法院认为,网上信息发布如果构成侵权行为,应由信息提供者承担民事法律责任,提供网络技术的服务商一般不应因此而承担侵权责任。但法院同时指出,搜狐公司在2000年10月得知其链接的网页上有侵权内容后,应及时采取技术措施停止这个链接,制止侵权,但搜狐公司并未积极采取措施,直到11月30日才停止,所以搜狐公司必须为自己的过错向刘京胜书面致歉并赔偿3 000元。①

(五) 网络服务提供者责任的法律责任

网络服务提供者,是指为个人计算机提供上网中介服务的服务提供者(Internet

---

① 《搜狐超级链接所引起的著作权纠纷》,http://library.jgsu.edu.cn/zscq/02/Case/Case_1340.htm,2013.12.20.

Service Provider,ISP)。根据提供网络服务内容的不同,网络服务提供者可分为提供连线服务的网络服务提供者和提供内容服务的网络服务提供者,前者指仅提供连线、接入等物理基础设施服务的网络服务提供者,后者指提供(电子布告板)BBS、(邮件新闻组)Newsgroup、聊天室等有关内容服务的网络服务提供者,等等。

网络服务提供者的法律责任,主要是指网络服务提供者对他人利用其所提供的服务实施侵犯著作权行为所应承担的法律责任问题。如果网络服务商通过网络自行实施侵犯他人著作权的行为,根据《民法通则》第一百零六条规定:"公民、法人违反合同或者不履行其他义务的,应当承担民事责任。公民、法人由于过错侵害国家的、集体的财产,侵害他人财产、人身的应当承担民事责任。没有过错,但法律规定应当承担民事责任的,应当承担民事责任。"其该侵权行为并不因网络服务商主体特殊而具有特殊性,应当等同于一般的网络使用者的侵权行为,承担侵权的法律责任,如前文所述王蒙等六位作家诉北京世纪互联公司(北京在线)侵犯著作权案。

1. 提供连线服务的网络服务提供者的法律责任

提供连线服务的网络服务提供者,因其对网络信息不具备编辑控制能力,对网络信息的合法性没有监控义务,因此对他人在网络上实施的侵权行为没有主观过错,根据《民法通则》第一百零六条的规定,不必承担法律责任,侵权的法律责任应由行为人本人承担。《大学生》杂志诉263"首都在线"侵权案就很能说明上述情况。该案中《大学生》杂志发现263"首都在线"为网民设立的个人主页空间中有一个人主页,其中部分内容抄袭于《大学生》杂志,于是向法院起诉"首都在线",要求其承担共同侵权责任。但法院判决认为,"首都在线"仅提供了主页空间,没有直接参与侵权行为,没有过错,因而不承担侵权责任。

2. 提供内容服务的网络服务提供者的法律责任

2006年11月20日最高人民法院审判员会第1406次会议通过《关于审理涉及计算机网络著作权纠纷适用法律若干问题的解释》,对提供内容服务的网络服务提供者的法律责任作出了比较详细的规定。司法解释设置网络服务提供者的著作权法律责任,要达到两个目的:一是要依法制止和制裁网络侵犯著作权的行为;二是要给网络服务提供者提供一个法律责任的"安全港湾"。司法解释的规定尽量明确网络服务提供者对著作权侵权的过错责任,不使其轻易承担过重的责任,以保护和促进新兴的网络产业的健康发展;同时也对其行为作出约束,明确在何种情况下网络服务提供者应当承担侵权责任,以促使网络服务提供者进行自我约束和自我保护,维护著作权人的合法权益。

(1) 共同侵权责任

第一,网络服务提供者通过网络参与他人侵犯著作权行为,或者通过网络教唆、帮助他人实施侵犯著作权行为的,人民法院应当根据《民法通则》第一百三十条的规定处理。《民法通则》第一百三十条规定:二人以上共同侵权造成他人损害的,应当承担连带责任。追究其与其他行为人或者直接实施侵权行为人的共同侵权责任。

第二,提供内容服务的网络服务提供者,明知网络用户通过网络实施侵犯他人著作权的行为,或者经著作权人提出确有证据的警告,但仍不采取移除侵权内容等措施以消除侵权后果的,人民法院应当根据《民法通则》第一百三十条的规定,追究其与该网络用户的共同侵权责任。

(2) 单独侵权责任

第一,提供内容服务的网络服务提供者,对著作权人要求其提供侵权行为人在其网络的注册资料以追究行为人的侵权责任,无正当理由拒绝提供的,人民法院应当根据《民法通则》一百零六条的规定,追究其相应的侵权责任。

需要特别注意的是,著作权人发现侵权信息向网络服务提供者提出警告或者索要侵权行为人网络注册资料时,不能出示身份证明、著作权权属证明及侵权情况证明的,视为未提出警告或者未提出索要请求。

著作权人向网络服务提供者提出警告或索要注册资料请求,必须具备一定的形式要件,必须提供三类资料:①著作权人的身份证明,包括身份证、法人执照、营业执照等有效身份证件。②著作权权属证明,包括有关著作权登记证书、创作手稿等。③侵权情况证明,包括被控侵权信息的内容、所在位置等。只要符合上述形式要件,就应当视为著作权人已提出确有证据的警告或索要请求,网络服务提供者应当采取相应的措施;反之,如果不符合上述形式要件,而且著作权人没有说明正当理由的,则视为未提出警告或索要请求,网络服务提供者可以置之不理。①

著作权人出示上述证明后,网络服务提供者仍不采取措施的,著作权人可以依照《著作权法》第四十九条、第五十条的规定,在诉前申请人民法院作出停止有关行为和财产保全、证据保全的裁定,也可以在提起诉讼时申请人民法院先行裁定停止侵害、排除妨碍、消除影响,人民法院应予准许。

第二,网络服务提供者明知专门用于故意避开或者破坏他人著作权技术保护措施的方法、设备或者材料,而上载、传播、提供的,人民法院应当根据当事人的诉讼请求和具体案情,依照《著作权法》第四十七条第(六)项的规定处理。我国著作权法第四十七条规定:有下列侵权行为的,应当根据情况,承担停止侵害、消除影响、赔礼道歉、赔偿损失等民事责任;同时损害公共利益的,可以由著作权行政管理部门责令停止侵权行为,没收违法所得,没收、销毁侵权复制品,并可处以罚款;情节严重的,著作权行政管理部门还可以没收主要用于制作侵权复制品的材料、工具、设备等;构成犯罪的,依法追究刑事责任:……(六)未经著作权人或者与著作权有关的权利人许可,故意避开或者破坏权利人为其作品、录音录像制品等采取的保护著作权或者与著作权有关的权利的技术措施的,法律、行政法规另有规定的除外;……追究网络服务提供者的民事侵权责任。

技术保护措施是指权利人为了保护和管理自己的权利,防止他人的侵权行为而主动采取的技术手段。从各国立法实践来看,技术措施可以分为两类:一类是控制访问的技术措施;另一类是控制作品使用的技术措施。侵犯版权人的技术措施也主要有两类:一类是规避访问控制技术措施;一类是规避作品使用控制技术措施。这些规避行为通常表现为未经版权人许可,对加密的作品进行解密,或对技术措施进行躲避、绕过、移动、关闭或

① 蒋志培.《中国对网络环境下著作权和商标权的司法保护》[J],http://www.cnki.com.cn/Article/CJFDTotal-XXAQ200603002.htm,2013.12.26.

妨碍。[①]

(3) 不需要承担责任的情况

网络服务提供者经著作权人提出确有证据的警告而采取移除被控侵权内容等措施,被控侵权人要求网络服务提供者承担违约责任的,人民法院不予支持。

著作权人指控侵权不实,被控侵权人因网络服务提供者采取措施遭受损失而请求赔偿的,人民法院应当判令由提出警告的人承担赔偿责任。

同步案例

中国第一个“三连冠”乒乓球世界冠军庄则栋和夫人佐佐木敦子根据其传奇经历写成《邓小平批准我们结婚》一书并出版。2010年3月,两人发现上海隐志网络科技有限公司在未经授权的情况下,将该书改编成有声读物传播到互联网,并在多家网站播放。经在互联网上搜索,可以分别在“呱呱听书网”、“听派网”、“奇闻网”、“VeryCD分享互联网”、“迅雷看看”、“大豆评书网”、“评书吧”、“听中国”等多家网站收听、下载《邓小平批准我们结婚》一书的录音制品。

庄则栋夫妇认为,被告公司在未经授权的情况下,擅自将其享有著作权的图书改编成有声读物传播到互联网,并在多家网站播放,侵犯了著作权人对其作品的复制权和信息网络传播权,于是诉至法院,要求被告公司停止侵权,撤下《邓小平批准我们结婚》一书所有录音制品下载,并赔偿经济损失53万元。

二审法院支持了两上诉人的诉求,撤销了一审法院的判决,并判令上海隐志网络科技有限公司停止侵害庄则栋、佐佐木敦子享有该书的信息网络传播权,赔偿两上诉人经济损失及合理开支55 000元。[②]

四、网络著作权的限制

学前思考

郭某的文笔比较好,经常写一些小散文,偶尔也发表在一些杂志上。随着网络的发展,郭某学会了在网上个人空间发表作品,也拥有了一批粉丝。某日,在听女儿的公开课时,郭某发现老师使用自己在博客中发表的一篇散文,用于讲解散文写作。郭某认为该教师侵犯了自己的版权。

问题:学完下面的知识,你认同郭某的观点吗?请说明理由。

《著作权法》在对著作权人的权利加以保护的同时,考虑到社会公众的利益,也对著作权加以了一定的限制。也就是说,有些行为在客观上侵犯了著作权人的权利,但是在法律

---

① 蒋志培.《人民法院对网络环境下著作权的司法保护——如何理解和适用最高法院关于网络著作权纠纷案件的司法解释》[J],http://www.chinaiprlaw.com/fgrt/fgrt199.htm,2013.12.3.

② 此案被列入上海知识产权联席会议办公室公布的《上海2011年知识产权10大典型案件》。

上不认为这些构成侵权。根据我国《著作权法》,对著作权的限制主要有两个方面:一是"合理使用";二是"法定许可使用"。从目前的立法以及司法实践来看,这些限制仍然适用于网络著作权。

(一) 合理使用

合理使用是指在法律规定的情况下使用作品,可以不经著作权人许可,不向其支付报酬,但应当指明作者姓名、作品名称,并且不得侵犯著作权人依照《著作权法》享有的其他权利。我国《著作权法》第二十二条规定了"合理使用"的具体情形:在下列情况下使用作品,可以不经著作权人许可,不向其支付报酬,但应当指明作者姓名、作品名称,并且不得侵犯著作权人依照本法享有的其他权利:①为个人学习、研究或者欣赏,使用他人已经发表的作品;②为介绍、评论某一作品或者说明某一问题,在作品中适当引用他人已经发表的作品;③为报道时事新闻,在报纸、期刊、广播电台、电视台等媒体中不可避免地再现或者引用已经发表的作品;④报纸、期刊、广播电台、电视台等媒体刊登或者播放其他报纸、期刊、广播电台、电视台等媒体已经发表的关于政治、经济、宗教问题的时事性文章,但作者声明不许刊登、播放的除外;⑤报纸、期刊、广播电台、电视台等媒体刊登或者播放在公众集会上发表的讲话,但作者声明不许刊登、播放的除外;⑥为学校课堂教学或者科学研究,翻译或者少量复制已经发表的作品,供教学或者科研人员使用,但不得出版发行;⑦国家机关为执行公务在合理范围内使用已经发表的作品;⑧图书馆、档案馆、纪念馆、博物馆、美术馆等为陈列或者保存版本的需要,复制本馆收藏的作品;⑨免费表演已经发表的作品,该表演未向公众收取费用,也未向表演者支付报酬;⑩对设置或者陈列在室外公共场所的艺术作品进行临摹、绘画、摄影、录像;将中国公民、法人或者其他组织已经发表的以汉语言文字创作的作品翻译成少数民族语言文字作品在国内出版发行;将已经发表的作品改成盲文出版。

小贴士

根据《伯尔尼公约》的规定,合理使用必须具备三个标准:对著作权的限制,一是必须限于某些情况;二是不得与受保护的作品的正常利用相抵触;三是无论如何不得损害作者的合法利益。这些标准仍然适用于网络著作权的限制。

(二) 法定许可使用

法定许可使用是指在法律规定的范围内使用他人的作品,可以不经著作权人同意,但须向其支付报酬,指明作者姓名、作品名称,并且不得侵犯著作权人依照《著作权法》享有的其他权利。我国《著作权法》第二十三条规定了"法定许可使用"的具体情形:为实施九年制义务教育和国家教育规划而编写出版教科书,除作者事先声明不许使用外,可以不经著作权人许可,在教科书中汇编已经发表的作品片段或者短小的文字作品、音乐作品或者单幅的美术作品、摄影作品,但应当按照规定支付报酬,指明作者姓名、作品名称,并且不得侵犯著作权人依照本法享有的其他权利。

同步案例

冯英健诉中国财经出版社及李友根著作权侵权案

2002年，北京市第二中级人民法院审理了判决资深网络营销专家冯英健诉中国财经出版社及汕头大学商学院副教授李友根著作权侵权一案。

冯英健近年来撰写、编译了大量的网络营销方面的文章和评论，先后发表于自己的个人网站"网上营销新观察"及其他专业媒体上。冯英健发现，由中国财政经济出版社出版、署名李友根编著的《网络营销学》一书大量使用了自己的原创作品，达15 000余字，并且构成了该书的核心内容，而作者本人却事先一点也不知道，该书既没有署其姓名，也未按相关法律规定向其支付任何报酬。

被告中国财经出版社及李友根提出，使用原告作品属合理引用，并已在书后参考文献一页中为原告署名，所以没有侵犯原告著作权。法院认为，我国《著作权》法明确规定，为介绍、评论某一作品或说明某一问题，可以适当引用他人已发表的作品。李友根编著的《网络营销学》一书中将原告作品或长段或短段穿插使用在自己的作品之中，与原告作品相同或基本相同的文字达15 000余字，这种使用方式不符合法律规定的"适当引用"的特征，且李友根在使用原告作品时没有注明出处及作者姓名。虽然在书后"参考文献"一页中注明了 http://www. marketingman. net(即"网络营销新观察"网站)，但由于该网站上有大量信息，故笼统地罗列网址不能充分说明作者身份，故不能认定李友根已为作者署名。

另外，被告还提出《网络营销学》一书系李友根编著，对编著的作品作者可以引用他人作品。法院认为，按照我国《著作权法》的规定，编辑作品在创作时仍要取得原作品的著作权人的同意并向其支付报酬，故李友根的行为仍然构成侵犯原告著作权。

法院判决，被告未经原告许可，使用了与原告12篇作品的部分内容相同或基本相同的文字，约15 000字，侵犯了原告依法享有的著作权。李友根对其实施的侵犯原告著作权的行为应该承担公开赔礼道歉、消除影响、赔偿原告经济损失及为诉讼支出的合理费用的民事责任。中国财政经济出版社对其出版发行侵权书籍的行为也应承担停止发行、赔偿原告经济损失的民事责任。①

同步案例

2013年7月30日，警方接多家网站报案称，两家网站通过线上播放的方式播放了乐视网、优酷网、土豆网、搜狐网等网站具有独占性专有信息网络传播权的影视剧作品。接报后，于当日立案，并于次日将嫌疑人张某抓获。

---

① 《首例网络作品著作权侵权案审结——侵权被告败诉》，http://news. xinhuanet. com/newscenter/2002－09/11/content_557796. htm，2014. 1. 10.

张某到案后交代，2013 年 3 月起，他通过购物网站购买了网站的域名，并学习了相关的建站技术后租用服务器，先后建立两个视频网站："2345 热播"、"星级 S 电影"，以提供深度链接的方式免费供给互联网用户观看。视频网站在运行过程中，通过采集软件自动在互联网上搜索"种子资源"存储在服务器上。互联网用户在观看视频影片时必须使用特定的服务器，且用户在观看时网页不需要跳转，即直接点击网站内相应的链接即可观看。

承办此案的检察官白云山告诉记者，盗版网站的初步建立和运营过程并不复杂，根据张某的供述，只需要按照建站的操作指引，注册后按照模板的要求一步一步操作，十分钟左右的时间一个盗版网站的雏形就能搭建完毕，站内的很多配套技术几乎可以一键生成。

据张某说，他在广告联盟注册成为会员后，广告联盟会发给其相应的广告编程码，在将广告编程码输入自己建立的网站上预留的相应广告位后，网页便会自动生成相应的广告。广告联盟会按月将广告费汇入其银行账户内。张某就是通过这种方式，与注册的多家广告联盟合作，按照网站内广告点击量或展示量收取费用的方式进行营利，短短四五个月的时间，营利达人民币 4 万元。[①]

第二节 域名的保护

一、域名概述

学前思考

百度的首次海外扩展。百度位于北京的公司成立了日本站点 www.baidu.jp，但现在却出现了一个幽灵 www.baidu.co.jp。

这个简朴的网站代表 CBC 日本公司，在首页的顶部有一条消息称：他们的公司与日本百度公司完全无关，是一家合法的日本公司。网站首页还放置了四条指向不同部门的链接：一家进口手表公司、一家二手汽车公司、一家中餐馆和一家工业废品公司。另外，网站还有一个中文翻译链接和一个用户博客链接。

学习完下面的知识请你告诉我里面的 www.baidu.jp 和 www.baidu.co.jp 是什么。分析一下他们的结构。

（一）域名的概念

域名(domain name)是一种由数字或字母组成的互联网地址，借助域名，用户无须记住网站的数字 IP 地址也可以很容易地访问网站。CNNIC(中国互联网络信息中心)将域名定义为：域名是互联网上识别和定位计算机的层次结构式的字符标志，与该计算机的互联网协议(IP)地址相对应。美国《反域名抢注消费者保护法》对域名的定义是："域名是指

---

① 《盗版视频网站首起刑案宣判 嫌犯被判 6 个月》，http://it.big5.dbw.cn/system/2014/01/30/055460562.shtml，2014.1.23.

由任何域名注册员、域名登记机构或其他域名注册管理机构注册或分配的任何包括文字与数字的名称，作为互联网之上的电子地址的一部分。”互联网国际特设委员会(IAHC)在其发布的备忘录中称：“域名系统是专为网络中的计算机定位而设计的便于人们记忆IP地址的友好名称。”

(二) 域名的结构

域名是按照等级组成的，可以被分为顶级域名、二级域名、三级域名等。域名由两个或两个以上的词构成，中间由点号分隔开，最右边的那个词称为顶级域名。

顶级域名(gTLDs)是用以识别域名所属类别、应用范围、注册国等公用信息的代码。它包括三种不同意义的代码：①国家代码顶级域名(ccTLDs)，如“. cn”代表中国，“. us”代表美国，“. mx”代表墨西哥。②专用顶级域名(或称保留顶级域名)，主要在美国使用，例如“. mil”代表军事机构，“. edu”代表教育机构，“. gov”代表政府机构，任何不属于此类机构者，均不得在相应的专用顶级域名下注册自己的域名。③通用顶级域名，指来自任何国家的任何人均可自由使用的顶级域名。“. com”代表商业实体，“. org”代表非营利性组织，“. net”代表网络服务者。

2000年11月，ICANN(互联网络名称及编码公司)又增加了7个顶级域名：“. aero”代表航空组织，“. biz”代表商业组织，“. coop”代表商业合作组织，“. info”向企业和个人开放，用于提供各种信息，“. museum”代表博物馆等教科文组织，“. name”代表个人姓名，“. pro”代表职业。

二级域名(SLDs)就是顶级域名下的那一级域名。国际顶级域名之下的二级域名是指由域名使用者自己设计的，能够体现使用者的特殊性，并据以同其他人的域名相区别的字符串。在如“yahoo. com”中，“yahoo”就是二级域名。而在国家顶级域名之下的二级域名只能是表示注册人类别和功能的域名，表示特定域名使用者网上名称部分的只能在三级或三级以下的域名中出现。例如，清华大学的域名是“tsinghua. edu. cn”，其中cn是顶级域名，代表中国，edu是二级域名，代表教育机构，三级域名才是tsinghua，代表清华大学。

(三) 域名的功能

域名主要有两个方面的功能：①技术功能。技术功能是指通过域名，用户可以访问到域名使用者的网站，这个时候域名相当于网络上的地址。比如，中国教育网的IP地址是202. 205. 10. 5，而域名是(www). edu. cn，用户无须记住IP地址，通过域名就可以直接访问中国教育网。②标识功能。标识功能是指域名使用者可以把自己和其他人更显著地区分开来，这个时候域名相当于域名注册人在网上的特定标志。比如一般人看到202. 205. 10. 5，很难确定这是哪个网站的IP地址，而看到www. edu. cn，很容易就辨认出这是中国教育网的网址。北京市高级人民法院更是明确地指出域名的这两个功能：“域名是互联网上用户在网络中的名称和地址。域名具有技术性和标识性两方面的功能。技术功能是指域名注册人在网络上的地址；识别功能是指域名注册人在互联网上代表自己的标志。”

随着域名应用技术的发展，现在已经出现了使用非罗马字母组成的域名，并且在一定领域内广泛使用。例如：香港上海匯豐银行 . com，三共 . com. com，等。这些非英文域名的出现，使得域名的标识功能更为明显。

（四）域名的法律特征

1. 唯一性

域名的唯一性是指在全球范围内，不可能有两个完全相同的域名。域名一旦被注册成功，其他注册申请人就不能就相同的域名提出申请。这是由网络覆盖的全球性和网络 IP 地址分配的技术性特征所决定的。根据 TCP/IP 通信协议的规定，互联网上的每台计算机都有一个全球唯一的统一格式的地址，即 IP 地址，每个 IP 地址对应的域名也是全球唯一的。

2. 排他性

域名的排他性是指域名的权利为域名注册人所独占，没有法律规定或者注册人的许可，任何人不能使用该域名，否则就会对注册人的权利构成侵犯。域名的排他性是由其唯一性决定的，国际互联网本身排斥同一域名以同种表现形式存在，即同一域名在国际互联网上有且只有一个，不论法律主体所从事的业务属何种类，也不管其是否分别处于不同的国家，均不能获得相同的域名注册。

3. 全球性

和知识产权保护不同，域名的专有权不受地域的限制，域名注册人一旦成功注册一个域名，他就在全世界范围内拥有了域名的排他性权利。域名的非地域性是由于其技术性质所决定的，域名作为互联网上的地址，域名使用是全球范围内的。

4. 无时限性

域名一经注册，即可永久使用，无须定期续展。但是无论是 ICANN 还是 CNNIC 都规定，域名注册人必须定期缴纳域名运行管理费，如果逾期不缴，域名将会被注销，这时其他申请人就可以提出申请。

二、域名的管理机构及注册

（一）国际通用域名

国际通用域名（gTLDs）最初是由美国网络方案公司（NSI）负责登记和管理的，自2000 年 9 月 30 日后转由 ICANN 负责。互联网络名称及编码公司（Internet Corporation for Assigned Names and Numbers，简称 ICANN）于 1998 年 11 月正式成立。ICANN 不隶属于美国或任何其他国家，是由一个来自多国私营部门人员组成的非营利性的国际性组织。

取得域名，需要向域名管理机构申请注册。国际域名的注册是一种自由注册，单位和个人均可以申请。注册实行形式审查制和“先申请先注册”的原则，申请人只需向 ICANN 提出申请，填写域名注册申请表，缴纳申请费用，即批准给予申请登记，只要所申请注册的域名尚未被他人注册，在一周内申请人就可以得到唯一属于自己的域名。

国际域名的注册由 ICANN 设在各个国家的授权代理机构来负责办理，各国的注册人可以直接通过这些机构提出申请。目前，中国内地有新网互联、商务中国、中国万网、东方通信、三七二一等公司均是 ICANN 的代理机构。

（二）国家代码顶级域名（ccTLDs）

国家代码顶级域名由各国国内机构自主管理。中国互联网络信息中心（China Internet Network Information Center，简称 CNNIC）负责中国国家域名“. cn”及中文域名“. 中国”下的域名的注册管理工作，具体注册工作由通过 CNNIC 认证授权的各代理商执行。

CNNIC 颁布实施的《中国互联网络域名注册暂行管理办法》（以下简称管理办法）及《中国互联网络域名注册实施细则》两个文件当中，对域名注册作出了比较详细的规定。

国家域名注册“先申请先注册原则”，不受理域名预留。若申请注册的域名和提交的文件符合规定，域名管理单位应当在收到《管理办法》第十五条所列文件之日起的 10 个工作日内，完成批准注册和开通运行，并发放域名注册证。

国家域名注册实行形式审查制。在域名审批过程中，各级域名管理单位不负责向国家工商行政管理部门及商标管理部门查询用户域名是否与注册商标或者企业名称相冲突，是否侵害了第三者的权益。但是和国际域名申请相比，国家域名注册需要提交更详细的材料。域名申请人必须是依法登记并且能够独立承担民事责任的组织，个人不能申请注册域名。

《管理办法》第十一条还规定了三级以下（含三级）域名命名的限制原则：①未经国家有关部门的正式批准，不得使用含有“CHINA”、“CHINESE”、“CN”、“NATIONAL”等字样的域名。②不得使用公众知晓的其他国家或者地区名称、外国地名、国际组织名称。③未经各级地方政府批准，不得使用县级以上（含县级）行政区划名称的全称或者缩写。④不得使用行业名称或者商品的通用名称。⑤不得使用他人已在中国注册过的企业名称或者商标名称。⑥不得使用对国家、社会或者公共利益有损害的名称。

两个文件还特别规定了申请人的责任：①申请人应当保证其申请文件内容的真实性，并且在申请人了解的范围内，保证其选定的域名的注册不侵害任何第三方的利益。②应当保证此域名的注册不是为了任何非法目的。以上两点要求申请人应当遵循诚实信用原则。③申请人可以变更或注销注册域名，但不得转让或买卖。

三、域名纠纷及其法律保护

 学前思考

百度的首次海外扩展。百度位于北京的公司成立了日本站点 www. baidu. jp，但现在却出现了一个幽灵 www. baidu. co. jp。

这个简朴的网站代表 CBC 日本公司，在首页的顶部有一条消息称：他们的公司与日本百度公司完全无关，是一家合法的日本公司。首页还放置了四条指向不同部门的链接：一家进口手表公司、一家二手汽车公司、一家中餐馆和一家工业废品公司。另外，网站还有一个中文翻译链接和一个用户博客链接。我们通过域名的学习知道了 www. baidu. jp 和 www. baidu. co. jp，是两个不同的域名。

这两个域名是否很相近呢？如果相近会有什么样的后果呢？

（一）域名抢注

域名抢注是指行为人将与他人商标、商号或企业名称相同的域名抢先进行域名注册的行为。据中华人民共和国知识产权局网站 2014 年 4 月公布 WIPO（世界知识产权组织）涉及域名抢注情况，2013 年 WIPO 涉及抢注的域名数量达 6 191 个，为历年之最。统计数字显示，零售业、时尚业和金融业是商标域名抢注的重灾区。域名抢注引起的纠纷屡见不鲜。

域名抢注一般具有下列特征：①被抢注的域名与他人知名的商标、商号或其他商业标志相同或相近。一般来说，被抢注的商标，都是在国际或国内有相当知名度的驰名商标。②抢注者主观有恶意。抢注者自己并不是为了正常的商业目的注册该域名，而是为了高价出租、出售域名或者有意阻止知名商标、商号或其他商业标志的权利人注册该域名，以迫使其高价买回。③抢注者往往抢注数量众多的域名。

域名具有与商标、字号等相似的识别功能，能为持有人带来一定的经济效益，因此，域名具有民事权益的属性。域名抢注行为损害了被抢注的商标或商号的权利人的利益，而且由于域名具有唯一性、排他性和全球性的特征，域名抢注给被抢注人带来的损害和威胁比商标抢注带来的损害和威胁更大。尽管各个国家的有关域名抢注的法律制度有很大差别，但是各国的立法和司法实践都认为，对于这种采取不正当手段危害权利人的合法利益、牟取不法利益的行为，法律应当予以制裁。

（二）我国现行的相关法律

1. 商标法

由于域名具有标识性的功能，企业和商家都希望通过域名与其属性相联系的特点，用自己的商标、商号作为域名，以吸引原有的消费者的注意，扩大网上市场的知名度，减少宣传费用。域名一经被抢注，域名注册人对域名的权利就和商标权人以及其他权利人的权利发生了冲突。商标权人的商标专用权是否直接延伸到网络环境中去？商标权人能否以自己的商标权产生在先为由，否定抢注人的权利，夺回域名？这是商标法需要解决的问题。

(1) 一般规定。《商标法》第五十二条规定：有下列行为之一的，均属侵犯注册商标专用权："……(5)给他人的注册商标专用权造成其他损害的。"根据这一规定，如果有证据证明，域名抢注人的行为对他人的注册商标专用权造成了损害，也属于侵权行为。但是，该法第五十一条又规定："注册商标的专用权，以核准注册的商标和核定使用的商品为限。"根据这一规定，一个商标被注册以后并不能限制其他人在其他不同种类商品上使用该商标。同样道理，相同标识的域名只要不与注册商标核准使用的商品和服务相联系，就不能构成与商标权人专用权的冲突。① 在这种情况下，认定域名注册是一种抢注行为是很困难的。所以，在域名纠纷案件中，商标法对于一般商标（非驰名商标）的保护范围很狭窄，如下文所述"石家庄福兰德公司诉北京弥天嘉业公司案"。

---

① 郭懿美，蔡庆辉.《电子商务法》[M]. 厦门：厦门大学出版社，2004(214).

同步案例

这是一个结果出乎大多数人意料的“抢注”域名案。

1999年4月14日，原告石家庄福兰德公司向法院起诉，状告被告北京弥天嘉业公司恶意抢注域名pda.com.cn。原告诉称：其于1997年3月申请注册了“PDA”商标，而当其准备申请与商标相同的名称“pda”为域名时，却发现被告已抢先注册该域名。原告认为被告的行为已经构成商标侵权和不正当竞争。请求判令被告停止使用该域名，并赔偿原告经济损失。被告辩称：争议域名是其依法从中国互联网络信息中心(CNNIC)合法注册的，并拥有CNNIC颁发的域名注册证。PDA系原告注册商标前已存在的通用名称，原告对其不应享有专用权。原告指控无任何事实和法律依据，请求驳回原告起诉。

本案争议的焦点主要集中在三个方面：第一，被告将原告注册商标注册为域名的行为是否侵害了原告的商标专用权；第二，被告的行为是否构成了不正当竞争；第三，如何认定《中国互联网络域名注册暂行管理办法》的效力。

法院经审理后认为：第一，原告所主张权利的“PDA”商标为产品商标，根据商标法第三十八条的规定，在相同或类似商品上擅自使用他人注册商标的行为构成侵权，被告将“pda”标志注册域名的行为，不属于在相同或类似商品上使用原告的商标。而且，商标法第三十八条虽有“给他人的注册商标专用权造成其他损害”属于侵权行为的规定，但不包括原告所指控的行为。因此，被告的行为不具备商标法所规定的侵权条件，不构成侵犯原告的商标专用权。

第二，原告没有就“PDA”商标的使用情况举证，也没有对该商标的影响范围和知名范围提供证据。虽然原告主张“PDA”商标是自己“小秘书”商标的英译缩写，自己为“小秘书”商标投入了大量的广告宣传，但因“PDA”商标与“小秘书”商标差别较大，对于熟悉“小秘书”商标的公众来说，二者间在认识上不会产生必然的联系。因此，“PDA”商标不属于有一定影响力和知名度的商标。同时，在计算机行业中，“PDA”为轻巧的掌上型计算机的代称，该标志不特指原告单位及产品。在这种情况下，就排除了公众见到被告的域名，会误认为使用该域名的网站与原告存在特定关系的可能。因此被告注册该域名的行为，没有使公众产生混淆，不存在以此利用原告商标声誉牟取利益，故原告主张被告的行为构成不正当竞争亦不能成立。

第三，《中国互联网络域名注册暂行管理办法》第二十三条对域名纠纷的处理做了相应规定，但由于该办法属于部门规章，故对域名注册单位处理此类纠纷时产生效力。而本案属于商标侵权及不正当竞争纠纷，被告的行为是否构成侵权，应按照商标法及反不正当竞争法的有关规定进行处理。

法院判决结果：原告败诉。事后双方均未提出上诉，判决生效。

(2) 对驰名商标的特别保护。2003年6月中华人民共和国国家工商行政管理总局局务会议审议通过《驰名商标认定和保护规定》，该规定对驰名商标做如下定义：驰名商标是指在中国为相关公众广为知晓并享有较高声誉的商标。相关公众包括与使用商标所标示的某类商品或者服务有关的消费者，生产前述商品或者提供服务的其他经营者以及经销渠道中所涉及的销售者和相关人员等。

对将驰名商标的保护延伸到互联网络已经达成国际共识。《巴黎公约》、TRIPs(WTO文件)与贸易有关的知识产权协定,对此均有明确的要求,许多国家商标法修改后都增加了保护驰名商标的规定,如英、美、法、德等国的商标法中均有与TRIPs的要求相一致的保护驰名商标的条款。如美国的《联邦反商标淡化法》规定:"驰名商标的所有人有权获得禁令救济,阻止他人在其商标或商号驰名以后商业性地使用这些标记,并导致这些标记所具有的特殊区别性质产生淡化效果。"当注册的域名与某人拥有的驰名商标相同或相近时,只要驰名商标所有人能证明域名注册者是在"商业性地使用"域名,并且因其使用而使驰名商标被淡化或有被淡化的可能,就可以援引上述《联邦反商标淡化法》的规定阻止其继续使用该域名。①

我国《商标法》也规定了对驰名商标的特别保护制度,虽然没有明确规定将驰名商标的保护扩展到互联网领域,但是司法实践当中已经确立了对驰名商标进行特别保护的原则。

目前,司法实践在解决域名使用与驰名商标冲突的纠纷中有两种不同的意见。一种观点认为,对驰名商标的特殊保护应当包括在网络上的保护,域名不得与驰名商标发生冲突,不管域名注册人主观是否有恶意;另一种观点认为,对域名是否构成驰名商标侵权要作具体分析,不能一概而论,要综合考虑域名注册对驰名商标的影响,以及域名注册人是否有主观恶意。

从判例来看,我国法院采纳的是第二种观点。美国宝洁公司是经营洗涤用品的世界著名公司,"Tide"是其在中国及世界多个国家注册的商标,并在国际互联网上注册了www. tide. com域名。当其准备在中国互联网上以"Tide"注册时,发现被告北京天地电子集团已经先注册了域名www. tide. com. cn,遂认为被告对其商标进行了"抢注",并以侵犯商标权和不正当竞争为由提起诉讼。在一审中,北京市第一中级人民法院主要根据《保护工业产权巴黎公约》中对驰名商标加以扩大的特殊保护原则,在认定宝洁公司的"Tide"商标系驰名商标的基础上,认为被告的行为侵犯了宝洁公司的驰名商标专用权;同时利用了宝洁公司的商誉,因而违反了诚实信用原则而构成不正当竞争。天地集团对一审判决不服,上诉至北京市高级人民法院,并在二审期间提供了证明其早在1993年即将"Tide"作为其销售微机的名称使用的证据。二审法院经审理认为,该集团很早即在经营活动中使用"Tide",因此注册并使用"Tide"域名有正当理由,并未侵犯宝洁公司的注册商标专用权,也未构成对该公司的不正当竞争,据此最终作出了撤销原判,驳回原告诉讼请求的判决。②

2. 最高人民法院的司法解释

2001年7月17日,最高人民法院公布了《最高人民法院关于审理涉及计算机网络域名民事纠纷案件适用法律若干问题的解释》(以下简称《解释》),对域名纠纷案件的处理规则作出了相对详细的规定。

---

① 《域名与商标权利冲突的解决途径》,http://www. zscq110. com/detail. asp? ProductID=1631&CategoryID=353,2014. 1. 20.

② 田文英.《宝洁诉"Tide"域名抢注案的法律思考》,http://review. jcrb. com. cn/ournews/asp/readNews. asp? id=74179,2014. 2. 1.

(1) 域名注册人(被告)构成侵权的认定标准。《解释》第4条规定,人民法院审理域名纠纷案件,对符合以下各项条件的,应当认定被告注册、使用域名等行为构成侵权或者不正当竞争:①原告请求保护的民事权益合法有效;②被告域名或其主要部分构成对原告驰名商标的复制、模仿、翻译或音译;或者与原告的注册商标、域名等相同或近似,足以造成相关公众的误认;③被告对该域名或其主要部分不享有权益,也无注册、使用该域名的正当理由;④被告对该域名的注册、使用具有恶意。

《解释》对如何认定被告"具有恶意"作出了规定。被告的行为被证明具有下列情形之一的,人民法院应当认定其具有恶意:①为商业目的将他人驰名商标注册为域名的;②为商业目的注册、使用与原告的注册商标、域名等相同或近似的域名,故意造成与原告提供的产品、服务或者原告网站的混淆,误导网络用户访问其网站或其他在线站点的;③曾要约高价出售、出租或者以其他方式转让该域名获取不正当利益的;④注册域名后自己并不使用也未准备使用,而有意阻止权利人注册该域名的;⑤具有其他恶意情形的。

被告举证证明在纠纷发生前其所持有的域名已经获得一定的知名度,且能与原告的注册商标、域名等相区别,或者具有其他情形足以证明其不具有恶意的,人民法院可以不认定被告具有恶意。

人民法院审理域名纠纷案件,根据当事人的请求以及案件的具体情况,可以对涉及的注册商标是否驰名依法作出认定。

(2) 法院审理案件时适用的法律。人民法院在审理域名纠纷案件中,对符合本解释第四条四十七规定的情形,依照有关法律规定构成侵权的,应当适用相应的法律规定;构成不正当竞争的,可以适用《中华人民共和国民法通则》(以下简称《民法通则》)第四条。《民法通则》第四条规定:民事活动应当遵循自愿、公平、等价有偿、诚实信用的原则。《中华人民共和国反不正当竞争法》(以下简称《反不正当竞争法》)也可适用反不正当竞争法第二条第一款。《反不正当竞争法》第二条第一款规定:经营者在市场交易中,应当遵循自愿、平等、公平、诚实信用的原则,遵守公认的商业道德。涉外域名纠纷案件,依照《民法通则》第八章的有关规定处理。

(3) 法律责任。人民法院认定域名注册、使用等行为构成侵权或者不正当竞争的,可以判令被告停止侵权、注销域名,或者依原告的请求判令由原告注册使用该域名;给权利人造成实际损害的,可以判令被告赔偿损失。

同步案例

杭州都快网络传媒有限公司诉王林阳侵犯计算机网络域名纠纷案

本案原告是杭州都快网络传媒有限公司(以下简称都快传媒公司),被告是王林阳,2001年4月23日,都市快报社注册了19floor.net域名。2006年,都快传媒公司成立,都市快报社作为其出资方,投资方式是将19楼论坛(www.19floor.net)网站作价56万元出资,使包括19floor.net域名在内的所有网站资本成为都快传媒公司的资产。19floor.com域名注册于2005年6月,浙江省通信管理局出具的备案信息详细浏览表显示该网站的主办单位名称为"林阳",经确认上面记载的身份证号码和手机号码均与王林阳相同。同时王林阳注册了“19楼.中国”的域名，输入该域名进入的是本案争议的www.19floor.com网站。进入www.19floor.com网站，其论坛的设置上使用了与19floor.net网站“19楼”论坛相近似的结构布局、板块设置、页面色彩等。都快传媒公司遂向杭州市中级人民法院起诉，请求判令王林阳停止侵权、注销www.19floor.com域名，并赔偿经济损失10万元。

杭州市中级人民法院经审理认为，王林阳在网站的经营中，使用了与注册在先的19floor.net域名相近似且译成中文字意完全相同的19floor.com域名，在论坛的设置上使用了与已经具有一定知名度的19floor.net网站“19楼”论坛相近似的结构布局、板块设置、页面色彩等，其主观上具有混淆的故意，也造成了相关公众的误认。王林阳对19floor.com域名的使用具有恶意，已构成不正当竞争。根据最高人民法院《关于审理涉及计算机网络域名民事纠纷案件适用法律若干问题的解释》第七条的规定，构成不正当竞争的，可以适用《中华人民共和国反不正当竞争法》等法律的相关规定。对于都快传媒公司提出的几项诉讼请求，原审法院认为，都快传媒公司要求王林阳停止侵权、注销www.19floor.com域名的请求符合法律规定，予以支持。对于赔偿额，原审法院考虑“19楼”论坛的知名度、影响力，www.19floor.com网站的设立时间、辐射范围等因素，酌情予以确定。都快传媒公司为本案支付的公证保全费3 500元在合理范围内，予以支持；律师费3万元过高，原审法院酌情部分予以支持。据此判决：一、王林阳于判决生效之日起60日内注销19floor.com域名；二、王林阳赔偿杭州都快网络传媒有限公司经济损失及为本案支出的合理费用人民币6万元，于判决生效之日起10日内履行完毕。三、驳回杭州都快网络传媒有限公司的其他诉讼请求。王林阳不服，以“19floor.com域名注册日早于都快传媒公司成立时间，不可能侵犯其权益”等为由，提起上诉。浙江省高级人民法院审理后认为，都市快报社早在2001年4月23日注册了19floor.net域名，在网民中已具有较高知名度，这一域名的相关权益后转入都快传媒公司。而19floor.com域名于2005年注册备案，明显晚于19floor.net的注册时间。王林阳在www.19floor.com网站的开办和实际经营中，违反诚实信用原则，使用与都快传媒公司在先注册并享有一定知名度的19floor.net域名相近似的19floor.com域名，采用与都快传媒公司网站相近似的栏目设置和页面布局，存在混淆的故意，足以并且事实上造成了相关公众对该两个域名以及所对应的网站的误认，其行为已经构成不正当竞争行为。王林阳作为主办者和经营者应承担注销域名并赔偿相应损失的民事责任。据此判决：驳回上诉，维持原判。

同步案例

宝洁公司诉国网公司案

国网公司注册了几千个域名，其中包括与杜邦、宝洁、宜家、劳力士、欧莱雅等数百个国际驰名公司品牌相同字母的域名。这些跨国公司纷纷起诉国网公司，在Ikea、Dupont、Rolex、Loreal、Ups、Olay等案件中，国网公司均告败诉，被判注销域名，赔偿损失。

(美国)宝洁公司(简称宝洁公司)1999年5月取得了“OIL OF OLAY”和“OIL OF OLAY AQUA CARE”注册商标的专用权，核定使用商品为第3类，商品范围中包括护肤品。广州宝洁有限公司经宝洁公司许可，在其生产的玉兰油美容护肤系列产品上使用了"OIL OF OLAY"商标，该系列产品在我国市场上获得了较高知名度和一定的市场占有率。2000 年 6 月，"OIL OF OLAY"商标被国家工商行政管理局商标局（简称中国商标局）列入全国重点保护商标名录。此外，宝洁公司还在其他不同国家和地区注册了多个"OIL OF OLAY"商标。1995 年 8 月，宝洁公司在国外注册了 olay. com 域名。

北京国网信息有限责任公司（简称国网公司）成立于 1996 年 3 月，其经营范围包括计算机网络信息咨询服务、计算机网络在线服务等项目。国网公司于 1999 年 5 月 7 日申请注册了"olay. com. cn"域名，到法院审理该案件时为止，此域名一直没有开通使用。

2000 年，宝洁公司以国网公司注册域名侵权为由，向法院提起诉讼。

一审法院认为：宝洁公司通过在中国市场长期的宣传和经营活动，已使其玉兰油系列护肤用品成为知名商品，并在市场中取得了一定的占有率，该商品使用的"OIL OF OLAY"商标亦为公众所知悉。在"OIL OF OLAY"商标中，"OIL"系商品的通用名称，"OLAY"在英文中不具有任何含义，宝洁公司还单独以"OLAY"注册了商标和域名，宝洁公司的商品知名度与"OLAY"的显著性和识别性不可分。宝洁公司就此享有以"OLAY"申请域名，并将其作为域名标识的权利。国网公司注册的域名 olay. com. cn 中的三级域名"OLAY"与宝洁公司的注册商标相同，足以使公众对谁是玉兰油系列护肤品提供者产生混淆，亦使宝洁公司丧失了在互联网上使用最有利于宣传其注册商标和表明其商业企业身份的机会。

法院认为，域名是一种民事权益，国网公司主张本案不属于民事案件的观点，法院不予支持。国网公司也没有证据证明其对于"OLAY"享有任何其他在先权利，也无注册该域名的其他正当理由，且并未开通使用，客观上阻碍了宝洁公司将"OLAY"注册为域名。国网公司上述行为的主观恶意性是显而易见的，构成了不正当竞争行为，应承担相应民事责任，注销其已注册的 olay. com. cn 域名。法院对宝洁公司的赔偿请求中的合理部分予以支持。综上，依照《中华人民共和国反不正当竞争法》第二条第一款、《最高人民法院关于审理涉及计算机网络域名民事纠纷案件适用法律若干问题的解释》第四条、第五条第一款第（二）、（四）项和第八条之规定，判决国网公司于本判决生效后 10 日内注销"olay. com. cn"域名，赔偿宝洁公司损失 900 元。

国网公司不服原审判决，向北京市高级人民法院提起上诉。其上诉理由为：原审法院认定"OIL OF OLAY"商标在中国市场具有较高知名度，为普通消费者所认知，缺乏足够证据；原审法院认定上诉人具有主观恶意缺乏事实依据；原审法院判令上诉人赔偿 900 元费用缺乏法律依据；上诉人的行为并未违反《反不正当竞争法》的规定；本案不应适用《最高人民法院关于审理涉及计算机网络域名民事纠纷案件适用法律若干问题的解释》。请求二审法院撤销原审判决，驳回被上诉人的诉讼请求。

二审法院认为：《最高人民法院关于审理涉及计算机网络域名民事纠纷案件适用法律若干问题的解释》是为了正确审理涉及计算机网络域名注册、使用等行为的民事纠纷案件。根据《中华人民共和国民法通则》、《中华人民共和国反不正当竞争法》和《中华人民共和国民事诉讼法》等法律的规定作出的司法解释不是新法，是对上述法律在司法中的具体适用作出的具有法律效力的解释。本案一审宣判时，该司法解释已施行，故原审法院依据该司法解释审理本案是正确的。

宝洁公司在先注册了“olay. com”域名，且拥有“OLAY”注册商标的专用权，故宝洁公司对“OLAY”一词享有合法有效的民事权益。国网公司注册的“olay. com. cn”域名中具有识别性的三级域名“OLAY”，与宝洁公司的注册商标“OLAY”相同，与宝洁公司在先注册的域名“olay. com”中具有识别性的二级域名“OLAY”相同，足以造成相关公众的误认。域名是用户在计算机互联网络中的名称和地址，是用于区别其他用户的标志，具有识别功能。国网公司作为一家计算机网络服务公司，其对域名识别功能、对于域名拥有者的重要性是很清楚的，国网公司对于在英文中无任何含义的“OLAY”一词不享有任何在先权益，其在无其他正当理由的情况下，将其注册为域名，且至今未开通使用，客观上妨碍了宝洁公司以其享有商标权的“OLAY”一词在中国注册“olay. com. cn”域名的权利，国网公司注册该域名行为的主观恶意是显而易见的。综上，国网公司注册该域名的行为构成了我国法律所禁止的不正当竞争行为，原审法院认定国网公司应承担相应的民事责任，注销其已注册的“olay. com. cn”域名是正确的。原审法院对于宝洁公司要求国网公司赔偿其诉讼支出费用中的合理部分予以支持，并无不妥。国网公司的上诉请求缺乏事实和法律依据，本院不予支持。

鉴于依据现有证据，已足以认定国网公司注册该域名构成了不正当竞争，故对于“OILOFOLAY”商标在中国是否具有较高知名度、是否构成驰名商标一节，已无必要进行审理。二审法院终审判决驳回上诉，维持原判。①

四、域名争议解决机制

（一）国际域名争议解决机制

在现实当中，域名的抢注人和被抢注人往往居住在不同国家，这给被抢注人通过诉讼的手段来解决域名纠纷带来了极大的不便。因为，跨国诉讼的高昂成本是许多企业难以承受的，而且一国法院的判决也不容易在别的国家得到执行。面对这一问题，WIPO（世界知识产权组织）创设了《统一域名争端解决规则》(Uniform Domain Name Dispute Resolution Policy，以下按其正式缩写简称为“UDRP”)，并且向 ICANN 推荐。1999 年 8 月26 日 ICANN 批准采用了这一规则，并且委托包括 WIPO 仲裁和调解中心在内的三家机构具体承担解决域名纠纷的工作。到 2004 年 8 月 15 日为止，WIPO 总共受理了 6 399 起争议，其中 6 154 件已经审理完毕。2001 年 12 月 3 日，ICANN 授权亚洲域名争议解决中心为国际通用顶级域名的争议解决机构。该中心在香港和北京都设有秘书处，当事人在提交投诉时可选择将争议提交给中心在北京或者香港的秘书处处理。

1. UDRP 的管辖范围

根据 UDRP，ICANN 对有关“. com”、“. net”、“. org”和最新采用的七种国际通用顶级域名(gTLDs)的纠纷案件实行强制管辖制度。域名注册人在向经 ICANN 批准的代理注

---

① 《宝洁公司诉国网信息有限责任公司计算机网络域名纠纷上诉案判决》，http://www.chinacourt.org/public/detail.php? id=55537，2014.2.2.

册公司申请域名注册或进行域名延展过程中，UDRP 即被并入域名注册人同注册公司之间签署的注册协议(Registration Agreement)的一部分，域名注册人必须同意在发生与该注册域名相关的域名抢注争议时，将争议提交经 ICANN 指定的争议解决机构之一，依据 UDRP 及其执行细则和争议解决机构制定的补充程序规则进行处理。

对于有关国家代码顶级域名(CCTLDs)的纠纷，ICANN 规定原则上由各国本国设立的域名争议解决机构按照各机构自己制定的规则来解决，ICANN 不加干涉。但是，目前世界上有 29 个国家和地区愿意接受 UDRP 的管辖，主动将国家代码顶级域名的纠纷委托给 WIPO 仲裁和调解中心按照 UDRP 来解决。UDRP 还规定，UDRP 只管辖域名注册的纠纷。域名注册以外的争议由当事人采用司法程序、仲裁程序或其他程序解决，不在 UDRP 协调范围之内。

2. 提起域名争议的条件

投诉人提起域名争议解决程序，应同时满足以下三个条件：①提起争议的域名与投诉人所持有的商标或服务标记相同或具有误导性的相似；②域名持有人对该域名本身并不享有正当的权利或合法的利益；③域名持有人对域名的注册和使用均为恶意。投诉人在域名争议解决程序过程中承担举证责任。

UDRP 规定了认定注册和使用域名为“恶意”的标准：恶意注册和使用域名的行为包括但不限于以下几类：①域名持有人注册或获得域名的主要目的是为了向商标或服务标记的所有者或所有者的竞争者出售、出租或其他任何形式转让域名，以期从中获得额外价值；②根据域名持有人的行为可以证明，域名持有人注册或获得域名的目的是为了阻止商标和服务标记的持有人通过一定形式的域名在互联网络上体现其商标的价值；③域名持有人注册域名的主要目的是破坏竞争者的正常业务；④域名持有人目的是通过故意制造与投诉人所持有的商品或服务标记的混淆，以诱使互联网络用户访问域名持有人的网站或者其他联机地址，并从中牟利。

针对投诉人的投诉，域名持有人可以下列理由抗辩：①在得知域名争议之前，域名持有人已将域名或与域名相关的名称用于或准备用于提供合法的商品或服务；②域名持有人虽然没有拥有与域名相应的商标或服务标记，但其所持有的域名已广为人知；③域名持有人合理使用域名或不为商业目的而使用域名。

3. 争议解决的程序

UDRP 的执行细则，对于域名抢注争端解决进行的具体程序作出了详细规定。依据该执行细则：如果投诉人认为域名持有人对域名进行了恶意注册或恶意使用，其必须选定一家争议解决机构提交申请书，争议解决机构在 3 日内将申请书的一份副本转交域名持有人，该域名持有人有 20 日时间准备答辩。在收到域名持有人的答辩或答辩期满后，争议解决机构将在 5 日内组成专家组，该专家组将在成立后 14 日内作出裁决，并在裁决作出后 3 日内通知双方当事人。

由于 UDRP 只管辖域名注册的纠纷，所以投诉人通过专家组的裁定可以获得的救助仅限于将域名撤销或转让给投诉人。

同时，UDRP 并没有剥夺当事人可以将域名抢注争议诉诸法院的权利。UDRP 确认，任何一方当事人有权随时将争议诉诸法院，或者对争议解决机构作出的裁决再次向法院起诉。若争议解决机构作出的裁决结果是将域名注销或强制转让给申请人，则该裁决一般将在通知原域名注册人 10 个工作日后方由委任注册公司执行，从而为注册人寻求司法救济提供可能（UDRP，第 4(k)条）。但为了避免因管辖权原因发生不必要的争议，UDRP 要求双方当事人事先在文书交换中达成管辖权选择协议。一般情况下，该管辖法院为办理域名注册的委任注册公司主营业地法院或域名注册人的所在地法院。[①]

（二）中国域名争议解决机制

2000 年 11 月，CNNIC 发布了《中文域名争议解决办法（试行）》，并委托中国国际贸易仲裁委员会成立中文域名争议解决机构，负责受理并解决中文域名争议和通用网址争议，2002 年 9 月 25 日，CNNIC 发布了《中国互联网络信息中心域名争议解决办法》（以下简称《解决办法》），并且授权中国国际贸易仲裁委员会和香港国际仲裁中心作为域名争议解决机构，受理 .CN 域名和中文域名的争议案件，初步建立了我国的域名争议解决机制。[②]

《解决办法》规定了投诉人的请求得到支持的三个必备条件：①被投诉的域名与投诉人享有民事权益的名称或者标志相同，具有足以导致混淆的近似性；②被投诉的域名持有人对域名或者其主要部分不享有合法权益；③被投诉的域名持有人对域名的注册或者使用具有恶意。

《解决办法》也列举了认定"恶意"的标准：被投诉的域名持有人具有下列情形之一的，其行为构成恶意注册或者使用域名：①注册或者受让域名是为了出售、出租或者以其他方式转让该域名，以获取不正当利益；②多次将他人享有合法权益的名称或者标志注册为自己的域名，以阻止他人以域名的形式在互联网上使用其享有合法权益的名称或者标志；③注册或者受让域名是为了损害投诉人的声誉，破坏投诉人正常的业务活动，或者混淆与投诉人之间的区别，误导公众；④其他恶意的情形。

五、通用网址及其法律保护

（一）通用网址的概念

通用网址是由中国互联网络信息中心（CNNIC）于 2001 年 8 月 4 日推出的新一代网络访问标准。它是一种以自然语言直接访问互联网的新一代寻址技术，通过建立通用网址与网站地址 URL 的对应关系，实现浏览器访问的一种便捷方式。当用户访问某个企业的网站时，不需要输入"http"、"www"、"com"、"cn"等字符，只需输入中英文、拼音或简称即可直接访问目标网站。比如，用户想访问中国建设银行的网站，只需要在浏览器的地址栏内输入"中国建设银行"几个字就可以了。

---

① 邓炯.《规范域名抢注的国际立法新发展——ICANN〈统一域名争端解决规则〉评析》，http://paper.studa.com/2003/8-30/2003830105606.html，2014.2.10.

② 《域名争议机制建起网络品牌保护防火墙》，http://it.sohu.com/2003/11/25/76/article216027616.shtml，2014.2.20.

（二）通用网址的取得

通用网址需要向 CNNIC 提交申请注册取得。CNNIC 公布了《通用网址注册办法》(2001 年 8 月 4 日起施行,2004 年 3 月 22 日修正),对通用网址的注册程序等事宜作出了具体规定。

通用网址可以由中文、字母(A～Z,a～z,大小写等价)、数字(0～9)或符号(－、!)组成,最多不超过 31 个字符(通用网址每一构成元素均按一个字符处理)。申请人可以申请注册如"手机"、"书"、"旅游"、"国际贸易"、"上海房地产"等含金量极高的通用网址,但是通用网址中不能含有法律禁止注册的内容。《通用网址注册办法》第五条规定,任何人注册和使用的通用网址,不得含有下列内容的信息:①反对宪法所确定的基本原则的;②危害国家安全,泄露国家秘密,颠覆国家政权,破坏国家统一的;③损害国家荣誉和利益的;④煽动民族仇恨、民族歧视,破坏民族团结的;⑤破坏国家宗教政策,宣扬邪教和封建迷信的;⑥散布谣言,扰乱社会秩序,破坏社会稳定的;⑦散布淫秽、色情、赌博、暴力、凶杀、恐怖信息或者教唆犯罪的;⑧侮辱或者诽谤他人,侵害他人合法权益的;⑨含有法律、行政法规禁止的其他内容的。通用网址申请同样采用"先申请先注册原则",但是为了维护国家利益和社会公众利益,保护公民、法人的合法权益,维护正常的注册秩序,CNNIC 对一些知名品牌、知名企业、国家地名、党政机关名进行了预留。

（三）通用网址争议及其解决机制

通用网址技术以其方便、直接的表述及使用方式,成为企业与用户沟通的有效渠道,甚至可以说是新一代的企业、产品品牌的互联网代言人,而且通用网址具有更强的排他性。正因为如此,通用网址一出现,就引发了通用网址的抢注,也导致了一些通用网址的域名纠纷。

2002 年 8 月 1 日发布了《中国互联网络域名管理办法》,自 2002 年 9 月 30 日起实行;后 2004 年、2006 年分别对《中国互联网络域名管理办法》进行了修订;在 2008 年 3 月又对公布的中国互联网络体系进行局部调整。同时根据工业和信息化部的授权和新办法的规定,CNNIC 先后制定 cn 域名和中文域名的注册实施细则、域名争议解决方法、新注册商认证办法等配套文件,报工业和信息化部备案后公布实施。

阿里巴巴(中国)网络技术有限公司诉广州勤加缘科技实业有限公司案

2001 年 8 月 4 日,广州勤加缘科技实业有限公司通过通用网址注册服务机构中国频道注册了"阿里巴巴"通用网址。然而,2002 年 1 月 1 日,阿里巴巴(中国)网络技术有限公司以电子文本和书面文本形式向域名争议解决中心提交了投诉书,认为他们对"阿里巴巴"享有中国法律保护的商业标识、商标专用等项权利。广东勤加缘公司注册的通用网址与阿里巴巴享有权利的名称相同,并足以导致混淆,严重地侵害了投诉人的合法权益,是带有明显恶意的抢注行为,要求撤销其注册,并将其裁定归阿里巴巴(中国)网络技术有限公司所有。广东勤加缘公司答辩认为，阿里巴巴（中国）网络技术有限公司对该通用网址不享有合法权益，勤加缘公司注册的通用网址"阿里巴巴"不具有恶意。专家组经审理认定，被投诉的通用网址注册人广东勤加缘公司对通用网址不享有合法权益，他们对"阿里巴巴"的注册或使用具有恶意，应将此通用网址转移给阿里巴巴（中国）网络技术有限公司。

与上述案例相反，福建省福鼎公路分局将"平安"这个词作为通用网址并且注册成功。中国平安保险公司对此提出异议，但是专家组认为，平安保险公司鉴于"中国平安保险股份有限公司"由表示地域、字号、行业的多个构词成分构成，"平安"与投诉人的企业名称不近似也并非独创，"平安"在保险市场的知名度也不足以使这一标志与所有领域产生联系，被投诉人注册"平安"并指向自己网站不属于提供保险服务或者其他与投诉人业务类似的服务的行为，因此注册通用网址"平安"具有正当理由，"恶意"的主张并不成立。

但是，平安保险公司在针对另一位被投诉人注册的通用网址"平安保险"（含繁体）的投诉中获得了胜诉。他们认为，医学博士张先生注册的通用网址"平安保险"，与受法律保护的商标"中国平安保险公司"的核心部分"平安保险"完全相同。而且张先生作为个人，其名称与"平安保险"没有丝毫联系，其网址下的内容也与一般意义上的保险没有任何关系。专家组认同了投诉人的主张，裁决将注册通用网址"平安保险"转移给中国平安保险公司。①

小　结

本章主要阐述知识产权中著作权和域名问题。著作权是指作者及其他著作权人对其创作的文学、艺术和科学作品依法享有的权利。而网络著作权是数字形式的作品。对于网络著作权我们应当予以保护。其应当包括被数字化的传统形式的作品；直接以数字化形式创作的作品等，以及对于网络著作权的限制。除了著作权以外，另一个纠纷较多的就是域名问题。第二节重点介绍域名的概念、域名的管理与注册，以及域名纠纷解决机制。

职业能力检测

1. 2008 年，甲公司向北京市第一中级人民法院指控乙公司注册的"pda. com. cn"域名，侵犯了甲的"PDA"商标专用权，构成不正当竞争。同年 6 月 20 日，法院公开审理本案，并当庭裁决：第一，被告将"PDA"标识注册域名的行为，不属于商标法规定的相同或类似产品上使用商标的侵权行为，所以被告的行为不构成侵犯商标专用权；第二，原告没有证据证明自己的"PDA"商标是有一定影响力和知名度的商标，没有使公众产生混淆，故被告的行为不

① 《首批通用网址抢注案仲裁揭晓　三大网址各归其主》，http://www.gog.com.cn/xb/x0204/ca135400.htm，2014.2.25.

构成不正当竞争。据此驳回原告诉讼请求。判决后,双方均未上诉,判决生效。

请问:(1) 商标权与域名权的区别是什么?

(2) 为何在此案中没有将被告的行为判为域名抢注行为?

(3) 结合此案,谈谈企业加强域名保护应当采取的策略。

2. 原告 A 为一家影视制作有限公司,被告 B 为某省网络文化传播有限公司。原告称:影视作品《我是提刑官》是原告重金制作的优秀作品,原告依法对该作品享有信息网络传播权。被告未经原告许可通过其所经营的网站提供 42 集影视作品《我是提刑官》的网络直播以及下载服务,请求被告赔偿相应损失。经调查:2007 年 9 月 22 日,该市公证处对该网站的相关内容进行了证据保全公证。按照公证书记载:输入该网站网址,点击页面下端的红盾标识,进入"经营性网站备案信息"页面,显示:网站名称为某某网络电视,网站所有者正是 B 公司。用户在网站注册后,可通过神州行充值卡选购"影视套餐包",每月资费 15 元,用户可不限次观看该网站上电影、电视剧和电视栏目频道下所有节目。购买"影视套餐包",进入网站的"首页—电视剧—热播剧—我是提刑官"页面,显示有电视剧《我是提刑官》剧照,并注明"集数:42;资费说明:包月 15 元",节目介绍下面有第 1 集到第 42 集列的节目表,每集右侧均对应有"观看"和"下载"两个按钮,点击"下载"按钮,即可下载电视剧《我是提刑官》。B 公司承认其实施了上述行为。

A 公司为证明该公司享有电视剧《我是提刑官》的信息网络传播权,向法院提交了碟装 DVD 光盘,在光盘中电视剧每集片尾处标注了 A 公司的名称,在该光盘外包装封底标有相同字样。

请问:(1) 信息网络传播权的含义是什么?我国新《著作权法》对信息网络传播权是怎样规定的?

(2) B 公司是否侵犯了 A 公司的信息网络传播权?为什么?

第七章

电子商务与税收法律制度

知识目标

1. 了解税法的概念。
2. 掌握税收的管辖权。
3. 掌握网络服务提供者(ISP)责任的法律责任。
4. 掌握电子商务增值税征收。
5. 掌握电子商务营业税征收。
6. 掌握电子商务印花税征收。

能力目标

1. 能够根据税收管辖权,帮助企业进行基本税收工作。
2. 能够根据企业经营范围,判断企业应当交哪种流转税。

情境导入

张莹工作积极努力,工作一年后升为运营主管,负责游戏软件的推广和销售,她经常问财务人员本月的收入和支出,注意每月的盈利水平。但从来没想过税收问题,终于有一天财务人员告诉她税务机关要来查账,她很紧张,忙问:咱们要交什么税啊?咱没有偷漏税情况吧?财务人员为她做了基本的税法宣传,她这才注意到,在运营过程中自己计算成本经常没有考虑税收,应该把税收也作为成本计算进去,才能保证自己盈利。于是她带着这些问题,很认真地阅读了与电子商务有关的税法知识。

第一节 现行税法概述

一、税收和税法

学前思考

张红回家告诉妈妈，我们学校又要修操场啦，听说要用真草坪。妈妈问张红，你知道学校修操场的钱从哪里来的吗？张红说不知道。妈妈告诉张红，是从税收中来的。张红听得一头雾水。到底什么是税呀？谁交税呀？带着这个问题，我们来学习税收的概念和种类。

（一）税收的概念和种类

1. 税收的概念

税收，是国家为了实现其职能，凭借政治权力，依照国家法律规定的标准，对一部分社会产品或国民收入进行强制、无偿分配，取得财政收入的一种形式。税收是国家实现政治、经济、文化等职能的物质基础，是国家财政收入的重要来源。

2. 税收种类

（1）按照征税对象分类

① 流转税类，具体包括增值税、消费税、营业税、关税。

② 资源税类，具体包括资源税、城镇土地使用税。

③ 所得税类，具体包括企业所得税、个人所得税。

④ 特定目的税类，具体包括城市建设维护税、教育附加费、土地增值税、车辆购置税。

⑤ 财产、行为税类，具体包括房产税、车船税、印花税、契税。

（2）按中央和地方划分

根据国务院关于实行分税制财政管理体制的规定，我国的税收收入分为中央政府固定收入、地方政府固定收入和中央政府与地方政府共享收入。

① 中央政府固定收入：消费税（含进口环节海关代征的部分）、车辆购置税、关税、海关代征的进口环节增值税等。

② 地方政府固定收入：城镇土地使用税、耕地占用税、土地增值税、房产税、城市房地产税、车船税、契税、屠宰税、筵席税。

③ 中央政府与地方政府共享收入：

a. 增值税（不含进口环节由海关代征的部分）：中央政府分享 75%，地方政府分享 25%。

b. 营业税：铁道部、各银行总行、各保险总公司集中缴纳的部分归中央政府，其余部分归地方政府。

c. 企业所得税、外商投资企业和外国企业所得税：铁道部、各银行总行及海洋石油企业缴纳的部分归中央政府，其余部分中央与地方政府按60%与40%的比例分享。

d. 个人所得税：分享比例与企业所得税相同。

e. 资源税：海洋石油企业缴纳的部分归中央政府，其余部分归地方政府。

f. 城市维护建设税：铁道部、各银行总行、各保险总公司集中缴纳的部分归中央政府，其余部分归地方政府。

g. 印花税：证券交易印花税收入的94%归中央政府，其余6%和其他印花税收入归地方政府。

国税局是专门征管收入级别为中央和中央地方共享税的税务部门，地税局是专门征管收入级别为地方税的税务部门。

（二）税法的概念和构成要素

1. 税法的概念

税法就是国家权力机关及其授权的行政机关制定的调整税收关系的法律规范的总称。税法的调整对象就是税收关系，是指税法主体在各种税收活动过程中形成的社会关系的总和。

按照是否属于税收征纳关系的标准，可以将税收关系简单地分为税收征纳关系和其他税收关系。

2. 税法的构成要素

税法要素，又称课税要素，是指各种单行税种法具有的共同的基本构成要素的总称。

（1）纳税人

纳税人，又称纳税义务人，是指税法规定的负有纳税义务的单位和个人。任何一个税种首先要解决的就是国家到底对谁征税的问题。

必须明确纳税人同以下两个概念的区别：

纳税人有别于扣缴义务人，二者共同构成纳税主体。

纳税人不一定就是负税人。负税人是经济学上的纳税主体，即税收的实际负担者。

（2）征税对象

征税对象，又称课税对象，是指税法规定对什么征税。征税对象是各个税种间相互区别的根本标志。

征税对象按其性质的不同，通常划分为以下四大类。

① 流转额，包括商品流转额和非商品流转额。

② 所得额或收益额，包括总收益额和纯收益额。

③ 财产，即法律规定的特定范围的财产，如房产、车船等。

④ 行为，即法律规定的特定性质的行为，如屠宰行为等。

我国税种法就是根据以上标准，相应划分为四大类共23种税。

与征税对象相关的有以下几个概念，应当明确它们之间的联系。

① 计税依据。计税依据又称征税基数或税基，是指计算应纳税额的依据。征税对象体现对什么征税，属于质的规定性，计税依据则是从量上来限定征税对象，属于

量的规定性。计税依据按照计量单位的性质划分，有两种情况：多数情况下是从价计征，即按征税对象的货币价值计算；另一种是从量计征，即直接按征税对象的自然单位计算。

② 税源和税本。税源是指税收的最终经济来源；税本是指产生税源的物质要素和基础条件。有的税种的征税对象与税源是一致的，如各种所得税，其征税对象和税源都是纳税人取得的所得或纯收入；有的税种的征税对象和税源又不相同，如各种财产税，征税对象是应税财产的数量或价值，税源却是财产带来的收益。税源是税本之果，有税本才有税源，有税源才有税收。

③ 税目。税目又称征税品目，是指税法规定的某种税的征税对象的具体范围，是征税对象在质上的具体化，代表了征税对象的广度。税目并非每一税种法都须具备的内容。有些税种的征税对象简单、明确，无进一步划分税目的必要，如房产使用税。当某一税种的征税对象范围较广、内容复杂时，才将其划分为税目以明确界定。划分税目是立法技术上的需要，便于税法的实际操作。同时，规定税目也是贯彻一定时期国家税收政策的需要。对在性质上属征税对象但没有列举为税目的，不能征税。税目的指定方法可分为列举法和概括法两种。列举法是按照每一种商品或经营项目分别设计税目，必要时还可以在税目之下划分若干细目。概括法是对同一征税对象用集中概括的方法将其分类归并。列举法和概括法各有优缺点，应配合运用。

(3) 税率

税率是应纳税额与征税对象或计税依据之间的比例，是计算应纳税额的尺度，反映了征税的深度。在征税对象既定的情况下，税率的高低直接影响到国家财政收入的多少和纳税人税收负担的轻重，反映了国家和各个纳税人之间的经济利益关系，同时也反映了一定时期内国家税收政策的要求。因此，税率是税法的核心要素，是衡量国家税收负担是否适当的标志。

① 比例税率。比例税率是指对同一征税对象不管数额大小，均采取同一比例的税率，一般适用于对流转额等征税对象课税。比例税率的特点是就同一征税对象的不同纳税人而言，其税收负担相等；同时计算简便，符合税收效率原则。

② 累进税率。累进税率是指随征税对象数额的增多而相应逐级递增的税率。具体而言，就是把征税对象按数额大小划分为若干个等级并相应设置每一等级的税率。一般适用于对所得和财产的课税。累进税率在适用于对所得征税时，体现了税收的纵向公平，有利于缓解社会分配不公的矛盾。

全额累进税率，是指对同一征税对象的全部数额都按与之相应的最高等级的税率计征，也就是在征税对象数额增加到需要提高一个等级时，应就全部征税对象按高一级税率计算应纳税额。这样，一定的征税对象的数额只适用于一个等级的税率。

超额累进税率，是指把征税对象按其数额由小到大分解为若干个等级，每个等级的征税对象分别适用该等级相应的税率。这时，一定征税对象的数额会同时适用几个等级的税率。其计算税款的方法就是，每个等级的征税对象的应税数额与该等级适用的税率相乘，得出该等级的应纳税额，然后将各等级应纳税额累计相加，即为该征税对象的应纳税总额。

全率累进税率，是指按照一定的相对量（比率）制定分级全率累进表，计税时按纳税人的征税对象相对量确定适用税率，全部征税对象与适用税率的乘积，即为应纳税额。全率累进税率与全额累进税率原理相同，只是累进的依据不同，前者为征税对象的某种比率，如销售利润率等，后者是征税对象的数额。

超率累进税率，是指对纳税人的全部征税对象，按税率表规定的相对量级距，划分为若干段分别适用不同的税率，各段应纳税额的总和就是全部征税对象的应纳税额。超率累进税率与超额累进税率的原理相同，不同的是，前者以征税对象的增长率为累进依据，后者则以征税对象的数额为累进依据。

③ 定额税率。定额税率，又称固定税额，是指按单位征税对象直接规定固定的应纳税额。定额税率不采用百分比形式规定征收比例，是税率的一种特殊形式。定额税率计算简便，适合于从量计征的税种，如车船使用税、资源税等。定额税率也分为单一定额税率、差别定额税率和幅度定额税率三种。

(4) 纳税环节、期限和地点

① 纳税环节。任何税种都要确定纳税环节。有的税种纳税环节较明确、固定，有的税种则需要在商品流转环节选择，确定适当的纳税环节。按照确定纳税环节的多少，可以分为“一次课征制”、“两次课征制”和“多次课征制”。

② 纳税期限。纳税期限是税法规定的纳税主体向征税机关缴纳税款的具体时间。纳税期限是衡量征纳双方是否按时行使征税权利和履行纳税义务的尺度，是税收的强制性和固定性特征在时间上的体现。

③ 纳税地点。纳税地点指缴纳税款的场所，即指纳税人应向何地征税机关申报纳税并缴纳税款。纳税地点一般为纳税人的住所地，也有规定在营业地、财产所在地或特定行为发生地。纳税地点关系到征税管辖权和是否便利纳税等问题，在税法中明确规定纳税地点有利于防止漏征或重复征税。

(5) 减免税

减免税，是减税和免税的统称，指国家对某些特定的纳税人或者征税对象给予的一种税收优惠、照顾措施。其中，减税是对应纳税额少征一部分税款；免税是对应纳税额的全部免征。

(6) 税务争议

税务争议是指征税机关与相对人（包括纳税主体和非纳税主体）之间因确认或实施税收法律关系而产生的纠纷。税务争议主要分为以下两类：

① 相对人对征税机关的征税决定或事项不服而引起的争议；

② 相对人对征税机关的处罚决定和强制执行措施等不服而引起的争议。

二、税收管辖权

学前思考

北信慧通商贸股份有限公司是一家贸易公司，除了中国，在美国还有一家分公司，中方的税务机关发现其在海外还有一家分公司，要求其就境外的收入交税，公司觉得在美国已经交过税了，为什么还在中国交税？学习完下列知识，请你帮助解答这个问题。

税收管辖权是指主权国家根据其法律所拥有和行使的征税权力，是国际法公认的国家基本权利。除《维也纳外交关系公约》(1961)和《维也纳领事关系公约》(1963)对外国使、领馆官员的税收管辖权规定有限制的条款以外，主权国家有权按照各自政治、经济和社会制度，选择最适合本国权益的原则确定和行使其税收管辖权，规定纳税人、课税对象及应征税额，外国无权干涉。

1. 范围

一国行使税收管辖权的范围，在地域上，指该国的领土疆域；在人员上，指该国的所有公民和居民，包括本国人、外国人、双重国籍人、无国籍人和法人。

2. 原则

国际上确定税收管辖权通常如下。

① 属人原则，亦称属人主义。即按纳税人(包括自然人和法人)的国籍、登记注册所在地或者住所、居所和管理机构所在地为标准，确定其税收管辖权凡属该国的公民和居民(包括自然人和法人)，都受该国税收管辖权管辖，对该国负有无限纳税义务。

② 属地原则，亦称属地主义。即按照一国的领土疆域范围为标准，确定其税收管辖权。该国领土疆域内的一切人(包括自然人和法人)，无论是本国人还是外国人，都受该国税收管辖权管辖，对该国负有有限纳税义务。

3. 分类

世界各国行使的税收管辖权，大体分为居民管辖权、公民管辖权和地域管辖权。实质上，前两者是基于属人原则所确立的税收管辖权，后者是基于属地原则所确立的税收管辖权。故税收管辖权亦可归纳为居民(公民)管辖权和地域管辖权。

4. 我国税收管辖权

我国采用居民居住地税收管辖权的原则和一定程度的地域管辖权；同时根据缔结的国际税收协定，适时调整与相关国家间的国际税收分配关系，以维护国家税收权益，促进对外经济合作与交流，保障国家经济安全。

第二节 电子商务对现行税收制度的影响

全球电子商务在改变传统贸易框架的同时，必然在某种程度上给现行的税收制度及其管理手段提出新的要求和挑战。同时，信息革命在推进税收征管现代化，提高税收质量的同时，也使传统税收理论受到不同程度的冲击。随着电子商务的不断发展与深化，电子商务中的相关税收问题越来越复杂，不同利益主体间的争议也变得更加尖锐。例如，2010 年淘宝 3 金冠卖家“我的百分之一”2010 年销售额超过 1 亿元，根据我国税法，凡是在我国境内发生的任何交易，都应该缴税。武汉市国税局第二稽查局对其 2010 年收入征收增值税、企业所得税、滞纳金，共计 430.79 万元。这也是目前披露的国内首例对个人网店征税。

从目前电子商务的发展现状以及发生的相关税收问题来看，主要包括以下几个方面。

一、电子商务对税法基本要素的影响

税法基本要素是任何一部税法都必须具备的主要内容。如对什么征税、对谁征、征多少、什么时候征，等等。主要包括：纳税人、征税对象、税率、减税免税、纳税期限和法律责任。

（一）对纳税人的影响

电子商务对纳税人的影响主要涉及对纳税人身份判定的问题，就是税务机关应能正确判定其管辖范围内的纳税人是谁，传统上一般是以实际的物理存在为基础，因此在纳税人身份的判定上不存在问题。但在互联网的环境下，互联网上的商店不是一个实体的市场，而是一个虚拟的市场，网上的任何一种产品都是触摸不到的。在这样的市场中，看不到传统概念中的商场、店面、销售人员，就连涉及商品交易的手续，包括合同、单证甚至资金等，都以模拟方式出现；而且互联网的使用者具有隐匿性、流动性，通过互联网进行交易的双方，可以隐匿姓名、居住地等，企业只要拥有一台计算机、一个调制解调器、一部电话就可以从某种角度上轻而易举地改变经营地点，从一个高税率国家移至低税率国家。以上这些都造成了对纳税人身份判定上的难度。

（二）对征税对象的影响

征税对象是指税法规定对什么征税。征税对象是各个税种间相互区别的主要标志。不同的税种有不同的征税对象，征税对象按其性质的不同，通常划分为以下五大类：①流转额，包括商品流转额和劳务的流转额；②所得额，包括个人或企业所得的数量、价值；③财产，即法律规定的特定范围的财产；④行为，即法律规定的特定性质的行为；⑤资源，即法律规定的特定范围的自然资源。据此，我国税种也相应地划分为五大类：流转税、所得税、财产税、行为税、资源税。

电子商务对征税对象的影响之一，是由于电子商务改变了产品的固有存在模式，使征税对象的性质变得模糊不清。根据我国税法规定的流转税中，增值税与营业税的征税对象是不同的，增值税以在中国境内的货物销售或加工、修理修配劳务及货物进口为征税对象；营业税则以在我国境内提供应税劳务、转让无形资产或销售不动产为征税对象，而网络交易的数字化产品究竟是销售货物还是提供劳务往往难以界定。

电子商务对征税对象的影响之二，是电子商务交易过程的征税对象数量或金额是否有据可查的问题。目前，我国电子商务的发展还处于初级阶段，网上 CA 认证体系和网上支付体系正在建设中，在线的电子商务交易数额还较少。商家的电子商务主要是商谈、订合同和订单处理，大部分还没有进入电子支付阶段。所以，在间接的电子商务阶段，商务交易过程电子化，而送货或支付手段仍然是传统的方式，商务交易过程基本上还是可查的。但随着我国电子商务的进一步发展，直接电子商务的扩大或普及，考虑到电子商务交易过程中的虚拟性，相关交易环节的具体情况有赖于交易者的如实申报，所以电子商务交易过程的可查性问题会更加突出，尤其是在数字产品的电子商务过程中。

二、电子商务对现行各税种的影响

（一）对增值税的影响

增值税通常都是适用目的地原则征收的，目的地的确认是税务机关依法征收增值税的关键。按《中华人民共和国增值税暂行条例》（以下简称《增值税暂行条例》）规定：纳税人只有在被确认在本国销售货物、提供劳务或提供进口货物时才产生增值税的纳税义务。在电子商务离线交易情况下，使用现时增值税规定问题不大，而在电子商务在线交易情况下，如在互联网上销售数字化商品，销售者不知其用户的所在地，不知其服务是否输往国外，也就不知是否应申请出口退税。同时，用户也不能确知所收到的商品和服务是来源于国内还是国外，也就无法确定自己是否应补交增值税。另外，由于联机计算机的 IP 地址可以动态分派，同一台计算机可以同时拥有不同网址，不同的计算机也可以拥有相同的网址，而且用户可以利用匿名电子信箱，隐藏身份。网上交易的电子化和网络银行的出现，使税务机关清查供货途径和货款来源更加困难重重，难以明确是征税还是免税，这将导致目的地原则征税难以为继，并且对无形的数字化商品是否征收增值税以及如何征收都产生了问题。

1. 在线交易对增值税的影响

（1）在线销售适用税种问题。对于销售计算机软件产品的适用税种，按照现行规定，经过国家版权局注册登记，在销售时一并转让著作权、所有权的软件征收营业税，不征收增值税。但是，对于其他数字化产品如电影、书籍等在线销售时，是按销售货物征收增值税，还是按转让无形资产、提供劳务征收营业税。

（2）在线销售海关代征增值税的问题。当国内单位或个人通过互联网的在线销售方式向国外购买数字化产品时，通过网络直接将产品下载到最终用户、不需要经过海关，因此海关将无法对这部分产品代征增值税。而且，对这部分进口产品，税务部门是否有征税权，以及如何行使征税权，现行税法中没有给出明确的规定，税务部门无法进行政策把握；即使税务部门可以行使征税权，如何征税也是问题。购买者是普通消费者，他们会主动申报纳税吗？税务部门如何掌握交易的内容呢？因此，在线交易将直接导致海关代征税收的减少，大量税收将会流失于网络的无形之中。

（3）在线销售是否属于出口销售的零税率优惠问题。如何区分出口退税企业的内销和外销也将会比较困难。国内企业在国内设立网站销售货物或提供劳务给全球的消费者，税务部门如果无法把握交易的真实内容，也就无法准确区分内销和外销，出口退税政策的执行将面临一定的挑战。

2. 离线交易对增值税的影响

《国家税务总局关于加强增值税征收管理若干问题的通知》（国税发〔1995〕192 号）中

规定:"增值税一般纳税人购进货物或应税劳务、支付运输费用,所支付款项的单位,必须与开具抵扣凭证的销货单位、提供劳务的单位一致,才能够申报抵扣进项税额,否则不予抵扣。"离线交易往往供货方与销售方不同,其对增值税法的影响主要是可能造成资金流与物流的不一致,影响增值税抵扣链条的通畅。

(二)对营业税的影响

营业税是对在我国提供应税劳务、转让无形资产或销售不动产的单位和个人,就其取得的营业额征收的税收。这表明营业税实行的是劳务提供地征税原则。而规模日益增大的远距离提供劳务,其特点是劳务的提供地和劳务的消费地相分离,如远程医疗、网络拍卖、网络咨询等。如果继续按照劳务提供地标准判定劳务所得来源地的话,营业税的税基将受到侵蚀。对于服务业远远落后于发达国家的我国来说,情况更为不利。并且在电子商务的情况下,销售产品、提供劳务及特许权许可行为界限已模糊不清,税务机关很难确定无形的、数字化产品交易的性质是销售产品、提供劳务还是授予特许权。因而,按目前税法对某一项电子商务行为是适用增值税还是营业税就变得很不清楚。

其次,在电子商务中,当交易一方能被认定是以电子传输方式提供劳务或无形资产给境内贸易方使用时,根据《营业税暂行条例》的规定,其行为属于应税行为,但税务机关在确定纳税人时将面临极大困难。其一,外国劳务提供者可能直接面对大量普通的消费者,给税务机关税款征收带来困难;其二,很难认定劳务提供者在我国境内是否有经营机构或者代理人;其三,在电子商务情况下,由于数字加密技术普遍采用,无形资产的受让人很难确定。

小贴士

《中华人民共和国营业税暂行条例》规定,邮电通信业税率为3%,服务业税率是5%。网络公司取得的收入应如何认定,是列入网络经营者希望适用的"邮电通信业"税目中,还是列入"其他服务业"税目中。实践中税务部门多是按"其他服务业"的税率对电子商务公司征收营业税,但缺乏一个较为合理明确的法律依据。还有,电信企业提供的电子商务服务与普通网络经营者提供的电子商务服务执行的营业税也不同,电讯企业按3%缴纳营业税,而普通网络经营者按5%缴纳营业税。

(三)对所得税的影响

在传统所得税征收中,将纳税人分为居民纳税人和非居民纳税人两种,分别采取不同的征税原则,对于居民纳税人,就其国内、国外的全部所得征税,而对非居民纳税人仅就来源于国内的所得征税。但由于电子商务是在网上开展的,使得对所得来源地难以认定。另外,在我国实行分类所得税制,不同种类所得适用不同的税率,在网络贸易中,营业所得、特许权收入、劳务报酬等所得之间的分类变得模糊不清。在网上传输的数字化信息中,税务机关难以划分互联网贸易所得的性质,将导致所得税适用率的不同,引发新的避税行为。

现行所得税税制着眼于有形商品的交易,对有形商品的销售、劳务的提供及无形资产的使用都做了区分并且规定了不同的征税规定。区分商品收入、劳务收入还是特许权收入,对正确处理国际税收问题尤为重要。电子商务中许多产品或劳务是以数字化的形式、通过电子传递来实现的,而数字化信息又具有易被复制下载的特征。因此,它模糊了有形商品、无形劳务和特许权之间的界限。

(四)对关税的影响

关税是对进、出国境或关境的货物和物品征收的一种税。通过互联网定购数字化商品时,客户直接由网上下载商品,不必征收关税,这已获国际认同。但是由于许多有形商品可以转化成数字化产品,预计未来关税会相应减少。我国对于一定金额的物品免征进口关税,在未来跨国界小额进口逐渐取代中间代理商大额进口,且有形商品转化为数字化商品的情况下,必将减少我国的关税收入。

在WTO1998年的部长会议及OECD1998年的部长会议上,都曾倡导不对电子商务征收关税。当然,这里的电子商务,还只是真正意义上的电子商务,即数字化产品的电子商务,不包含实体的转移。所以这种不对电子商务征收关税的倡导显然有三个基础:其一,旨在通过这一优惠措施极力推进电子商务这种新兴商业模式的推广与应用;其二,从实际操作的情况来看,即便不这样做,我们也很难从税收的角度对数字产品的电子商务实行有力的控制;其三,我们所说的数字产品,其中计算机软件及信息服务占很大一部分,而对于这一部分产品,根据WTO组织协议中的信息协议即ITA协议,许多发达国家已经实现了对其的零关税。而在我国,是否对电子商务征收关税及如何征税还在讨论中,目前没有对电子商务开征关税。

(五)对印花税的影响

印花税是对从事商业活动、产权转移等行为所书立和领受凭证征收的一种税。由于它是在凭证上粘贴印花税票作为完税标志,故称印花税。其征税对象包括:①各类经济合同或具有合同性质的凭证;②产权转移书据;③营业账簿;④权利许可证照。

随着电子商务的不断发展,交易行为的签约活动越来越多地通过网上实现,由此产生了电子合同,而对电子合同有效性的认定,是否是应税凭证,我国的印花税条例中未作规定。因此有必要制定法规明确网上书立的电子合同同样具备法律效力,应依法交纳印花税。另外,由于电子商务的数字化、虚拟化、隐匿化和支付方式电子化,大量的贸易洽谈、订货和签约活动都在网上完成,特别是在线交易,客户直接由网上下载数字化商品,根本不需要书立任何应税凭证,如同传统交易中以先进方式交易一样,税务机关难以掌握交易双方进行交易的具体信息。而且在电子商务中为了保护交易的安全,通常会有加密措施,使税务机关难以掌握交易双方的具体交易事实,何况电子记录都可以不留痕迹地更改、隐匿,因此税务当局很难查证其真实交易额,由此产生税收征管中新的漏洞,其结果必然会使大量的印花税流失。对此,应完善我国印花税法规,明确企业进行电子商务活动必须保留电子交易记录。规定电子合同或虽未签订任何形式的合同,但发生实质上的合同行为均应按相应税率缴纳。

三、电子商务征收新税问题

从企业与企业的电子商务(B2B)到企业与消费者的电子商务(B2C)、消费者与消费者的电子商务(C2C);从电子商务中的电子商店、电子贸易、电子金融、电子营销到电子化的服务、电子广告;从网上直销、集团竞价、网上拍卖到网上服务;从汽车、计算机到软件、CD,电子商务涵盖了许多交易的方式、交易范围、交易产品,并且其中的一些交易方式是以往传统交易方式所没有的,如网上的集团竞价等。对待这些特定的交易范围、交易方式和交易产品,尤其是其中一些新的交易方式,是否有必要征收新的税种,成为摆在人们面前的一个问题。美国在其《互联网免税法案》及相关的国际协议中一直在倡导不对互联网或电子商务征收新的税种,这当然会有其作为电子商务的推动者及最大受益者的特殊考虑。但是如果对电子商务中的某些交易行为增设新的税种,因有时很难明确地将电子形式的交易与实体的交易截然分开,就很可能产生双重征税或发生对电子商务征收歧视性的税种,已是国际社会及各国普遍接受的原则之一。

目前已经对电子商务征税的国家,基本上是采取把电子商务纳入到现行税制征税范围的做法,并没有开征新税。比如,欧盟对电子商务征收增值税,欧盟委员会 1999 年宣布,如果电子商务企业没有在欧盟登记,即使消费者从这些企业的网址或服务器下载音乐,也需要征收增值税,这是为了确保欧盟国家企业的权益。随着数字音乐下载的品质越来越好,消费者可以在网上选购到越来越多的数字化产品。更多中间商将因此消失,所以对电子商务征收增值税有其必要性。欧盟认为,这些规定将增加电子商务企业在欧盟 15 国的登记。还有,印度对电子商务征收预提税。预提税是一种针对在本国没有住所的外国单位和个人就其来源于本国的所得而征收的一种所得税。1999 年 4 月 28 日,印度作出决定,对在印度境内使用计算机系统,而由印度公司向美国公司付款的,都视为来源于印度的特许权使用费,并在印度征收预提税。

小贴士

> 我国目前对电子商务也没有开征新税种。

四、电子商务过程的税收征管问题

(一) 税收征管方式的问题

传统的征收制度是建立在税务登记、查账征收和定额征收基础之上的。这种面对面的操作模式在电子商务时代显然不能适应实际需要,电子交易的虚拟化、无形化、隐匿化给税收征管带来前所未有的困难。

(1) 电子交易的电子化、无纸化,加大了税收征管和稽查的难度。常规的税收征管和稽查,建立在有形的凭证、账册和各种报表的基础上,通过对其有效性、真实性、逻辑性和合法性的审核,达到管理和稽查的目的。而电子商务的各种报表和凭证都是以电子凭证的形式出现和传递的,并且凭证可以轻易地修改、删除而不留痕迹和线索,这使得传统的税收征管稽查失去了直接可靠的审计基础。

(2) 加密措施为税收征管加大了难度。数据信息加密技术在维护电子交易安全的同时,也成为企业偷漏税行为的天然屏障,使得税务征管部门很难获得企业交易状况的有关资料。纳税人可以使用加密、授权等多种保护方式掩藏交易信息。

(3) 传统税收征管很大一部分是一国中介环节代扣代缴的,电子交易容易使得征税过程复杂化,使原本只需向少数代理人征税转变为向广大消费者征税,从而加大了税收部门的工作量,提高了税收成本。

(4) 借助互联网的发展,新的易货贸易方式在很多地方重新兴起。对这种不需要货币为中介的交易方式如何进行税收征管,在实践中还没有经证明行之有效的方法。

(5) 电子交易引起的国际避税问题。电子交易增加了避税和转移定价的可能性。避税是指用合法手段减轻税收负担。电子交易的高流动性和隐匿性使得征税对象的数额难以取得。企业可以通过变换在互联网上的网站,选择在低税率或免税国家设立网站,达到避税的目的。电子商务的发展还促进了跨国公司集团内部功能的完善化和一体化,使得跨国公司操纵转让定价从事国家税收筹划更加容易。由于网络传输的快捷,关联企业的成员在对待特定商品的生产和销售上拥有更充裕的协商时间。关联企业可以快速地在各成员之间有目的地调整国际收入,分摊成本费用,轻而易举地转让定价,逃避巨额税款,以达到整个集团的利益最大化。

(6)由于网络的虚拟性和全球性的特征,因此很难识别网络用户的身份和其所处的地理位置。在线交易的消费者常常隐藏自己的真实身份和地理位置,而且在线交易也允许这样做。这样一来,税务机关将无法确定应当纳税的在线交易人的身份和地理位置,也就无法获知纳税人的交易情况和应纳税额,更不要说加以审计审核。以 eBay 为例,eBay 是美国一家网上拍卖公司,允许个人通过网站拍卖各种物品,到 2013 年为止,eBay 已经拥有 300 万用户,每天拍卖数以万计的物品,总营业额超过 50 亿美元。但是它的大多数用户并没有准确向税务机关报告他们的所得,存在大量的逃税现象,因为他们知道由于网络的匿名性,使得美国国内收入服务处(IRS)没有办法识别他们。

(二) 税务稽查问题

在具备税收管辖权、商务交易过程可查性的前提下,电子商务稽查就成为保障电子商务税收的重要一环,即是否能足额征收的问题。税务机关要进行有效的征管稽查,必须掌握大量有关纳税人应税事实的信息和精确的证据,作为税务机关判断纳税人申报准确性的依据。为此,各国税法普遍规定纳税人必须如实记账并保存账簿、记账凭证以及其他与纳税有关的资料若干年,以便税务机关检查,这就从法律上奠定了以凭证追踪审计作为税收征管的基础。但在互联网这个独特的环境中,由于订购、支付,甚至数字化产品的交付都可通过网上进行,使得无纸化的程度越来越高,订单、买卖双方的合同、作为销售凭证的各种票据都以电子形式存在,且电子凭证又可被轻易地修改而不留任何线索、痕迹,导致传统的凭证追踪审计失去了基础；并且互联网贸易的发展刺激了支付系统的完善，联机银行与数字现金的出现，加大了税收机关通过银行的支付交易进行监控的难度；还有，随着计算机加密技术的成熟，纳税人可以使用加密、授权等多种保护方式掩藏交易信息。如何对网上交易进行监管以确保税收收入及时、定额入库是网上征税的又一难题。

（三）数字产品电子商务税收的实现问题

纵观各种形式与产品的电子商务，数字产品的电子商务不仅具有一般形态的电子商务所具有的商流与信息流的虚拟性，更因其产品形态的特殊性，数字产品电子商务又具备物流的虚拟性的特点。这一特点使其在纳税人身份的判定中、交易过程的可追溯性上与税务稽查上有效实现的难度都大大增加。甚至可以说，如果一个数字产品电子商务的经营者不如实地履行各项纳税申报，那么对于税务机关，可以说基本上没有什么有效的方法与途径去追查其交易商品、资金的各项细节。这一问题已引起世界各国的普遍关注，欧洲有些国家曾提出征收数字产品电子商务税的设想，但总体来看，至今还没有太好的办法来解决这一难题。

同步案例

2009 年夏天，离职空姐李晓航和男友石海东在淘宝网上开了名叫“空姐小店”的化妆品店铺，销售化妆品。并在第二年与在韩国工作的褚子乔合作，他弄到了韩国机场免税店的账号，在韩国购买化妆品，之后邮寄到中国。

没多久，中国海关出了新政，海关将个人邮寄物品进口应征税税额起点从 500 元下调到 50 元。许多像李晓航这样的卖家，开始选择以个人携带入境的方式避税。之后的一年中，李晓航及其男友石海东通过客带货的方式从无申报通道携带化妆品入境，均未向海关申报。2011 年 8 月 31 日，李晓航从韩国到达首都机场后被抓获，后以走私普通货物罪被提起公诉。

检方指控，2010 年至 2011 年 8 月，褚子乔提供韩国免税店账号并负责在韩国结算货款，李晓航伙同石海东多次在韩国免税店购买化妆品等货物，以“客带货”的方式从无申报通道携带入境，通过网店销售牟利。法院一审以走私普通货物罪判处李晓航有期徒刑 11 年，这一审判在当时引起轩然大波。

李晓航和她父母乃至国内很大一部分代购商都不明白，代购怎么就是走私了？

按照相关规定，位列海外代购首位的化妆品要收 50％的进口税，而数码产品、手表类征收 30％的进口税，金银首饰及文化用品等商品征收税率最低为 10％。除了进口关税，目前我国进口产品进入流通环节还要收取 17％的增值税。但在采访中，记者发现，福州鲜有代购商去遵守这一规定。

市民李小姐是福州的代购商之一，由于有朋友在韩国，她便也利用业余时间做起了代购生意。

“一开始只是自己喜欢那边的衣服和化妆品，叫朋友寄。后来慢慢发展成代购。”李小姐说，自己接到订单以后，就让朋友到当地的店铺购买，再寄到国内。对于进关的渠道，李小姐称，“我有自己的窍门儿”。

"比如说那边海关规定，面膜的数量超过 50 片(含 50 片)就要将货扣下，那我每次只发 49 片就好了。"李小姐说，另外买家的地址都是分散的，可以要求朋友在韩国就按照客户地址去邮寄，就是邮费高一些，但也比被海关扣要强得多。

李小姐说，依照正常手续报税进关固然是好，但她是小本经营，进关税费又太高。"我就做那么一点点，还要倒腾得这么麻烦，还不如不做。"李小姐说。

李晓航案在福州的代购圈中，也一度成为议论的焦点。但一些代购商并不认为自己的行为触犯法律。"可能是她做得太大了，枪打出头鸟。"李小姐说，她自己只是小打小闹，因此绝对不会触犯法律。

与李小姐一样，不少受访的代购商都认为，他们的代购行为充其量只是打了法律的擦边球，并不算真正触犯法律。

据了解，海外代购涉嫌走私的案件并非孤例。2012 年 2 月 25 日，上海市第一中级人民法院认定两名淘宝店主从境外代购大量商品偷逃税款，犯有走私普通货物罪，判处两人有期徒刑一年，缓刑一年 6 个月，并处罚金。

代购有可能涉嫌走私？人们议论纷纷。对此，福建亚太天正律师事务所裴乐艳律师认为，从国外为朋友捎带一些东西本无可厚非，但当货物的价值超过一定金额，就应该主动申报纳税。代购商在将商品运回境内的途中，采取蚂蚁搬家的形式掩人耳目，明显超出了"合理自用"的范围，很容易被认为有走私嫌疑。

"代购和走私的共同点在于都需要通过国家边境来运输相关货物，且未按照正常程序申报。但二者的区别则在于，代购是光明正大的行为，而走私却是偷偷摸摸进行的；另外代购的性质也不如走私那么严重，二者具有本质的区别。"福建师范大学法学院副教授丁兆增说，最原始的代购，只是帮亲戚朋友购买物件而已，但眼下产业化的"代购"行为，已经在本质上有所改变。同时他表示，李晓航的两次审判对比，某种程度上反映了国家法律的审判是结合教育意义作出的决定，具有警示意义，可能引导代购走向规范化。

此外，两位法律专家都认为，在这个案件之前，可能很多人对于"代购"一词理解是相当模糊的，认为代购并不在法律的监管范围之内，而这个案例就已经明确地向社会宣示，代购的方式也是要遵守法律的，也是有法律监控的，并非处于灰色边缘地带。

小贴士

据支付宝数据显示，2012 年，中国境内消费者仅通过支付宝的支付平台，实现"海淘"消费的规模就同比增长 117%，远远高于国内网购 64.7%的增长速度。

随着越来越多的人青睐代购物品，这个行业也不像原始的代购那样单纯，市民因为轻信朋友圈"代购"被骗也早已不是新闻。福鼎市民谢先生告诉记者，他的微博上挂满了美国的奢侈品牌，标注的"美国本地代购"字样吸引了不少眼球。但他却向记者透露，微博上挂的这些，其实都是假货。

"很多人根本接受不了真货的价格，我就卖一些假的。不明就里的人根本看不出来。"谢先生说，在卖假货的同时，他也会卖一些海外正品，不过所需的时间更长，价格昂贵更是不在话下。

电子商务业内人士指出，即使是真正的海外代购，在给消费者带来实惠的同时，也存在相应的问题：一是不少代购商都无法面对面出现在消费者面前，一旦日后想进行售后服务必须借助代购商，是无可规避的麻烦事。第二，物品货不对板，很有可能跟代购商谈的产品和最终代购回来的产品完全不同，在这种情况之下，消费者需要考虑怎么去退换货，怎么把已经支付的款项拿回来，也是消费者需要关注的。

第三节　我国电子商务税收法律制度

1999年，国家税务总局曾对高新技术产业区、科技工业园区、开发区、外贸活动较为集中的北京、上海、广东、深圳等地的网上贸易现状进行了一次调研。结果表示，仅北京、上海、深圳三地有一些小宗的、只涉及信息服务的网上贸易。但是到了2012年，"天猫"仅"双十一"零点过后1分钟，就有1 000万用户涌入天猫。截止到2012年年底，我国网民数量已经达到了5.38亿。所以税收制度需要跟上时代的发展。

电子商务现阶段与税收的关系十分矛盾，一方面，电子商务的发展促进了经济的发展，在电子商务展开的同时，其开拓了广阔的税源空间，为政府创造了大量税收；另一方面，在电子商务中，现行的税收征管制度以及税收的征管手段存在很多漏洞，这些往往造成税收的大量流失。国际上对电子商务的税收征管有两种倾向，即征税与免税，两种倾向都有各自的道理，怎样取舍主要是看各国政府的选择。目前我国还没有关于电子商务专门的税收规定，但电子商务的发展已经对我国现有的税收政策提出了严峻的挑战。

针对目前的政策如何征税作如下说明：

一、增值税

学前思考

淘宝的某服装店铺主要经营服装和相关服装配售，由于刚刚开始经营，不是很清楚是不是应当交税、怎么交税，请你学习下面的知识，帮助店主判断就其经营范围需要交税吗？应当怎么交？

增值税是对商品生产、流通、劳务服务中多个环节的新增价值或商品的附加值征收的一种流转税，是世界各国普遍征收的税种。

（一）基础知识

目前，我国的增值税制度主要表现为《中华人民共和国增值税暂行条例》和《中华人民共和国增值税暂行条例实施细则》（以下简称《实施细则》）及配套的法规、规章的相关规定。

1. 增值税纳税义务人

增值税纳税义务人是指法律规定负有缴纳增值税义务的单位和个人。我国增值税主体是在我国境内销售货物、提供应税劳务以及进口货物的单位和个人。其中,单位是指国有企业、集体企业、私营企业、股份制企业、外商投资企业、外国企业、其他企业、行政单位、事业单位、军事单位、社会团体及其他单位;个人是指经营者及其他个人。

增值税扣缴义务人,是指依据法律、行政法规规定负有代扣代缴增值税税款义务的单位和个人。境外的单位或个人在境内销售应税劳务是增值税纳税义务人,在境内没有设有经营机构的,以代理人为扣缴义务人,没有代理人的,以购买者为扣缴义务人。

根据计税方法和管理方式的不同,我国现行增值税制度将增值税纳税人划分为一般纳税人和小规模纳税人。一般纳税人,是相对于小规模纳税人而言的一种称谓,是指年应征增值税销售额在规定标准以上,或者会计核算健全并经税务机关认定,享有抵扣税款和使用专用发票等权限的增值税纳税人。小规模纳税人是一般纳税人以外的其他纳税人。个人、非企业性单位、不经常发生增值税应税行为的企业,即使年应税销售额超过小规模纳税人的标准,也视同小规模纳税人。

2. 增值税征税范围

增值税征税范围是增值税征收对象的具体内容和具体界限。我国增值税的征收范围可以概括为销售货物、提供劳务和进口货物。销售货物是指有偿转让货物的所有权,属于征收增值税的货物是指除土地、房屋和其他建筑物等不动产之外的各种有形动产及电力、热力和气体等。视同销售货物是对于提供货物行为本身不符合增值税政策中销售货物的条件,但在征税时要视同销售货物的行为。在《实施细则》中列举了 8 项视同销售的行为,如将货物交付他人代销,将自产、委托加工的货物用于应税项目、分配给股东或投资者、用于集体福利或个人消费以及无偿赠送给他人等。

我国应税劳务概念比较狭窄,仅包括加工、修理和修配劳务。应税劳务和销售应税货物都具有有偿性,有偿是指从购买方取得货币、货物或其他经济利益,其他经济利益可以是纳税人以转让货物为条件取得的场地(土地)使用权、商标使用权、非专利技术、专用专利权等。两者间的区别在于,应税劳务是无形的,没有实物形式存在,因此,对于提供和接受劳务的双方而言,不存在所有权的转移,劳务的实施行为发生就是销售劳务发生。

小贴士

2012 年 1 月 1 日上海市首先开展营改增试点。2012 年 9 月北京市进行第二个营改增推广。至 2012 年年底,全国营改增试点地区已扩大为上海市、北京市、天津市、江苏省、安徽省、浙江省(含宁波市)、福建省(含厦门市)、湖北省、广东省(含深圳市)。

营改增试点行业包括交通运输业和部分现代服务业。

混合销售是指同一项销售行为既涉及货物又涉及非应税劳务。从事货物的生产、批发或零售的企业、企业性单位及个体经营者的混合销售行为,视为销售货物,征收增值税。

我国的《实施细则》中还规定，纳税人的销售行为如课税涉及货物或应税劳务，又涉及非应税劳务为兼营非应税劳务，应分别核算货物或者非应税劳务的销售额。不分别核算的或者不能准确核算的，其非应税劳务应与货物或应税劳务一并征收增值税，所涉及兼营的非应税劳务所用购进货物的进项税额符合扣税条件的，准予扣除进项税额。

进口货物增值税征收，在增值税管辖区域上，进口货物的起运地和所在地都不在我国境内，但是按照间接税税收管辖权的属地原则，货物的最终消费地在我国，我国就对进口货物享有税收管辖权，申报进入我国海关境内的货物就应缴纳增值税。在对进口货物课征增值税时，不考虑进口行为是否具有有偿性，也不考虑进口货物是否存在所有权转移，只需确定是否申报进入我国海关境内。这是进口货物与销售货物之间明显的区别。

3. 增值税税率

我国现行增值税税率分为基本税率、低税率和零税率三档。现行增值税基本税率为17%，适用于纳税人销售货物、提供应税劳务或者进口货物，除税法相关规定外，一律适用基本税率。低税率为13%，适用于粮食、食用植物油、自来水、暖气、冷水、热水、煤气、石油液化气、天然气、沼气、居民用煤炭制品、图书、报纸、杂志、饲料、化肥、农药、农机、农膜、农业产品、金属矿采选品、非金属矿采选品及国务院规定的其他货物。除了国务院有规定的少数出口货物外，纳税人出口的货物适用零税率。

（二）电子商务企业缴纳增值税

由于目前并没有专门针对电子商务企业缴纳增值税的专门规定，应当结合当前现有《中华人民共和国增值税暂行条例》和《中华人民共和国增值税暂行条例实施细则》进行征税。

1. 推行电子商务税务的电子登记

明确纳税人网络使用者具有隐匿性、流动性特点，交易人可以轻易隐匿姓名、地址等重要信息，但不足对现行税制纳税人的否定。

因为这可通过常设机构判定来解决。对纳税人认定，首先分清经营主体是企业还是个人，企业是法人单位，要有工商执照和管理人员与管理机制，经营收入是企业收入。如果个人偶尔经营，则经营收入是个人经营收入，如经营额较大，则不仅缴纳增值税，还要缴纳个人所得税。其次确定是一般纳税人还是小规模纳税人，一般纳税人注意进货要有进项税发票，如果进货不能取得发票，则不要以企业名义经营。而小规模纳税人是固定税率，不考虑进项税发票问题，但如果经营额巨大，则可能被认定为一般纳税人。网上交易网站最早是给普通用户交换闲散物品，后来演变成个人用户在网上出售商品，有规范的必要，可考虑先实行实名制，再建立相符合的金融体系监管，如通过支付宝、银行交易金额来执行等。

2. 区别不同情况确定税率

电子商务交易形式有所创新。因此，在实施中，应区别情况适用税率。

(1) 区分不同交易主体。对于B2B和B2C交易，由于出售方本身是企业实体，电子商务只是提供新的销售平台，应按现行税法纳税，生产企业应缴纳17%的增值税。对于

C2C交易,成本低是吸引个人从事网上业务的主要因素,淘宝网100多万卖家中个人卖家超过99%,为鼓励新兴行业发展,促进就业,可借鉴国外经验暂缓征税,但要有所准备,如果征税,一般买进卖出店家应缴纳4%增值税,二手物品买卖可减半征收或不收税。

(2) 区分不同交易方式。电子商务计税应按交易价值衡量。如果每次交易不超过150元,一个月累计不超过2 000元,不需缴纳增值税。在电子商务发展阶段,可以实行税收政策优惠,网上交易税率可低于实体商品交易税率。但必须要求上网企业将网络提供的销售、服务等业务单独核算,没有单独核算的,不能享受税收优惠。当电子商务成熟后,税收优惠政策逐渐取消。

因此,离线交易宜按销售货物征收增值税。在线交易实行单独核算征收,给予特殊的税收优惠。

3. 扩大增值税征税范围,明确电子商务征税对象

增加电子商务征税对象规定,明确货物销售包括一切有形动产,而不论有形动产通过何种交易方式实现。离线交易可以划为销售,征收增值税。在线交易包括电子化形式表现的传统意义产品和在线服务。对于这些交易确定征税对象的原则是,注重与传统意义交易在税收负担上的平衡。在线交易征税对象应分别归类:在线销售书籍、软件、音像制品等经营所得归类为销售,征收增值税;在线服务(包括金融、咨询、会计等)应认定为提供劳务,征收营业税。

4. 纳税环节的确定

推行消费地银行扣缴制度。根据电子商务多用电子结算特点,将征税环节设在网上银行结算阶段,当发生业务时,由消费者居住地支付货款的银行负责代扣代缴增值税。这样既有利于防止漏税,又可以保证税款及时入库。银行应及时将企业网上银行账户、交易情况、扣缴税款情况的信息传递给税务机关,并严格履行扣缴义务。

5. 纳税地点的确定

纳税地点与税收管辖权和常设机构确定有关。在确定税收管辖权中,原则上采取居民管辖权和来源地管辖权结合的方式。电子商务发达的国家都采用属人原则确定居民管辖权,我国是电子贸易输入国,国外收入相对较少,应强调来源地税收管辖权。坚持居民管辖权和来源地管辖权并重,并逐步确立居民管辖权原则。

对于常设机构可以连接点方式确定。为平衡地域间税源分布,可将消费者居住地确定为电子商务征税地,即无论在线交易还是离线交易,都由消费者居住地税务机关征收增值税,而消费地已缴税款作为已纳税金予以抵扣。税法可以规定网络交易者原先在哪个税务机关登记,仍向该税务部门纳税,而不考虑交易者网络或服务器所在地,这样既方便纳税人纳税,也便于税务部门税务管理。

同步案例

2006年6月,初为人母的张黎开始在网上购买婴儿用品,她惊讶地发现,婴儿用品在网上卖得很红火。于是她也开始在网上销售奶粉和尿片,并以上海黎依市场策划公司的名义在淘宝网上开了家商铺。后来，张黎的生意日渐兴旺，在累积了一定的客户群后，她又用公司的名义自建了一个销售婴儿用品的网站——“彤彤屋”。半年来，“彤彤屋”生意越做越大，销售了价值280多万元的商品。

由于之前有网上购物经验，张黎了解到网上交易几乎都不开发票。在和其他卖家交流之中，她也掌握了一套逃税方法，比如不开具发票、不记账等。

“网上所有的人都是这样交易。”张黎在庭审时说。就这样，公司于2006年6月至12月销售的货物，含税金额人民币289.5万余元，不含税销售金额人民币278.4万余元，应缴增值税人民币11万余元。

上海黎依市场策划有限公司的偷税行为在警方侦查一起诈骗案时被意外发现了。这起全国首例网络交易偷税案“彤彤屋”案在上海市普陀区法院宣判：上海黎依市场策划有限公司以偷税罪判处罚金10万元，同时以偷税罪判处张黎有期徒刑两年，缓刑两年，罚金6万元。

二、营业税

学前思考

遨游网络游戏公司是一家经营在线游戏的公司，公司刚刚开业，还没有招聘财务人员，假设你是老板，请结合下面的知识判断该企业是否需要纳税，并说明理由。

（一）基础知识

营业税是以我国境内提供的、由税法法规明确规定的应税劳务和转让无形资产、销售不动产为课税对象的一种税。这里所说的应税劳务，只包括交通运输、建筑、金融保险、邮电通信、文化体育、娱乐、服务业所提供的劳务。计税依据为提供上述劳务、无形资产转让及不动产销售中所发生的营业额，即向对方收取的全部价款和价外费用。营业税的税率3%～20%不等，国家根据产业政策进行具体的调整。

（二）电子商务企业缴纳营业税

下面将现有的一些相关税收规章制度予以总结介绍。

1. 网络游戏的营业税问题

(1) 海关总署关于调整音像制品和电子出版物进口环节增值税税率有关问题的公告，海关总署公告〔2007〕第52号，2007年9月14日。

(2) 财政部、国家税务总局关于嵌入式软件增值税政策的通知。财税〔2008〕第92号，2008年7月18日。2008年1月28日，北京市地方税务局以京地税营〔2008〕21号下发了《关于网络游戏业务有关营业税问题的通知》。根据这项通知：①单位和个人将网络游戏软件著作权转让他人的(注意，不是销售游戏软件，而是将著作权予以转让)，无论与对方如何结算，均应按照《北京市地方税务局关于计算机软件转让收入认定为技术转让收入暂免征收营业税问题的通知》免征营业税。②对通过搭建支持网络游戏运行的服务器，完成游戏运行的单位和个人取得的游戏消费卡(目前暂分“时限卡”和“游戏点卡”)销售收入，应按“娱乐业——其他游艺”税目征收营业税。③对单位和个人代售游戏消费卡所取得的代售卡收入，依照《北京市地方税务局关于对代理业征收营业税问题的补充通知》(京地税营〔2001〕507 号)文件中第二款“代售卡业务”的相关规定执行，即：“营业税征税范围内各类消费卡销售单位，凡不直接从事消费卡标的业务者，可就其全部收入额减除实际支付给消费卡标的经营业户的消费标的对应结算金额，仅就其余额部分照章征收营业税……同类销售单位，凡在消费卡销售收入之外向相关业务合作方另行收取手续费的，对其手续费收入应照章征收营业税。”

2. 互联网广告代理业务的营业税问题

2008 年 7 月 6 日，国家税务总局发布了《关于互联网广告代理业务营业税问题的批复的通知》(国税函〔2008〕660 号)。根据该规范性文件，纳税人从事广告代理业务时，委托广告发布单位制作并发布其承接的广告，无论该广告是通过何种媒体或载体(包括互联网)发布，无论委托广告发布单位是否具有工商行政管理部门颁发的《广告经营许可证》，纳税人都应该按照《财政部、国家税务总局关于营业税若干政策问题的通知》(财税〔2003〕16 号)第三条第十八款的规定，以其从事广告代理业务实际取得的收入为计税营业额计算缴纳营业税，其向广告发布单位支付的全部广告发布费可以从其从事广告代理业务取得的全部收入中减除。对该项通知，北京市地方税务局又作了几项补充解释：①“广告发布单位”系指各类媒体、载体(包括互联网)。②对广告发布单位取得的广告发布费应按“服务业-广告业”税目征收营业税。③纳税人向广告发布单位支付的广告发布费应单独核算。④纳税人取得的广告代理业务收入，在减除向广告发布单位支付的全部广告发布费时，应以取得的注明广告发布费的合法发票为减除凭证。

3. 境外企业通过网络对境内使用的软件系统进行远程维护的营业税问题

通过互联网对软件系统进行远程维护，是当前软件升级服务的主流方式。对这种过程中可能发生的营业税问题，我国目前还没有统一的规定。2001 年 9 月 10 日，上海市地方税务局在“沪税流〔2001〕377 号”文件中，对在中国境外仅以电话、电子邮件、传真方式为中国境内企业提供软件系统保修维护服务取得收入免予征收营业税。但这项规定并不具有全国效力。

三、印花税

(一) 印花税概述

印花税是对经济获得和经济交往中书立、使用、领受具有法律效力的凭证的单位和个人征收的一种税。印花税是一种行为税，只要发生上述书立、使用、领受应税凭证的行为，就必须依照相关规定履行纳税义务。

印花税的特点有三：一是覆盖面广，凡被税收法律法规列举的合同或具有合同性质的凭证、产权转移书据、营业账簿及权利、许可证照等，都必须依法纳税。二是税率低，印花税的税率往往非常低，为 0.5‰～2‰。三是由纳税人自行完税，由纳税人自行向税收征管机关购买印花税票，并一次足额粘贴在应税凭证上。

（二）以电子形式签订的应税凭证的印花税交纳问题

根据2006年11月27日发布的《财政部、国家税务总局关于印花税若干政策的通知》，对纳税人以电子形式签订的各类应税凭证按规定征收印花税。但具体征收的方法，目前尚未有统一的规定。北京市的下列规定可作为参考：《国家税务总局关于个人通过网络买卖虚拟货币取得收入征收个人所得税问题的批复》国税函〔2008〕818号，2008年9月28日规定，“对于以电子形式签订的各类印花税应税凭证，纳税人应自行编制明细汇总表，明细汇总表的内容应包括：合同编号、合同名称、签订日期、适用税目、合同所载计税金额、应纳税额等。纳税人依据汇总明细表的汇总应纳税额，按月以税收缴款书的方式缴纳印花税，不再贴花完税。缴纳期限为次月的10日内，税收缴款书的复印件应与明细汇总表一同保存，以备税务机关检查。”

小　　结

本章在介绍现行税法的概念、特征和基本内容的基础上，分析了随着互联网的发展，电子商务给现行税收制度带来的影响，根据电子商务的特点提出了新的税收方案和电子涉税种类，并针对我国电子商务税收制度的现状，提出加强我国电子商务税收制度建设的几点建议以供借鉴。

职业能力检测

1. 张红是一家网络游戏公司的员工，由于公司刚刚成立人手短缺，领导便让张红去财务部帮忙一段时间，张红服从领导安排去了财务部工作。领导要求张红弄清楚公司业务需要缴纳哪些流转税。目前公司经营范围是从事网络游戏的开发、代理其他知名公司的游戏、自己运行自己开发的游戏（包括网络金币、空间、装备等的销售）。请你帮助张红解决网络游戏公司应当缴纳哪些流转税。

2. 张红解决了缴纳流转税的问题后，税务部门来查账，发现公司从来没有交过印花税。经查发现，公司具体有很多业务，比如租房订立合同、购买硬件设备、购买一栋楼房。税务机关的反馈，弄得张红一头雾水。订合同也要交税？请你帮助张红分析什么情况下要缴纳印花税？如何缴纳？

第八章

电子证据与电子商务争议

知识目标

1. 熟悉在线争议的解决方式。
2. 掌握电子管辖权。
3. 熟悉电子证据的收集。
4. 熟悉电子证据的保全。

能力目标

1. 运用争议的解决方式，维护企业的权益。
2. 运用我国现有管辖权规定，维护企业的权益。
3. 运用电子证据，维护企业的权益。

情境导入

张莹所在的慧通公司经过与另一家网络运营商充分交涉，但对方仍然继续侵权，领导委托张莹搜集相关证据，准备诉讼，可是搜集证据从哪里下手呢？网络证据都是无形的，这种无形的证据法院认可吗？带着这些问题，我们来学习本章的知识。

第一节 电子商务争议解决方式

电子商务的法律纠纷，可以在原有法律体制下通过司法程序加以解决。但由于电子商务的特殊性，大家也在积极寻找适合电子商务特点的新形式的纠纷解决方式。在这种背景下，产生了在线争议解决方式。本节主要介绍电子商务在线解决方式。

一、在线争议解决方式的种类和优点

遨游网络游戏公司在制定用户协议时，对于解决争议方式，不知道怎么规定才更有利于公司。有律师认为当前还是以诉讼为主，认为写的时候应当写明争议提交人民法院解决。但部分网络工程师认为不如采取在线解决的方式，请你学习完下面的知识后，给网络公司出谋划策，看看采取什么样的解决方式才是最优的。

在线争议解决方式包括在线协商、在线调解、在线仲裁和在线诉讼（或者说网上协商、网上调解、网上仲裁、网上诉讼）四种方式。和传统争议解决方式相比，在线争议解决方式具有成本低、花费时间少的优点。有关电子商务的纠纷大多规模和数额较小，当事人跑到法院去诉讼，要遵循法院的一整套诉讼程序，准备诉讼费、证据费用、律师费用等，尤其是在异地起诉的情况下，要花费很长时间。而通过在线争议解决方式，就可以充分利用网络的虚拟性、全球性，只要坐在家里的计算机前就可以参加协商、调解、仲裁或者诉讼。

随着电子商务的迅速发展以及传统争议解决机构的日益重视，在线争议解决方式(Online Alternative Dispute Resolution，Online ADR or ODR)已在快速发展，并日益成为一种产业。互联网络名称和代码分配机构以及其他一些国内网上域名仲裁的实践证明，在线仲裁已在世界范围内成功进行。

实际上，在线争议解决方式可以适用于包括电子商务和传统商务的争议在内的各种争议。因为电子商务和在线争议解决方式在许多方面存在着共性，所以下面就着重讨论在线争议解决方式在电子商务争议中的适用。

二、在线协商

遨游网络游戏公司经过内部协商，决定采取在线方式解决争议，但是采取什么样的在线方式呢？请你学习下面的知识后分析该公司是否适合采取在线协商方式。

在线协商是目前在线争议中应用较多的一种解决方法。一般仅仅涉及一定数额的金钱支付问题。在这方面，以美国萨博赛特商务网络公司和克力克赛特商务网络公司最为著名。

（一）萨博赛特在线协商方式

萨博赛特商务网络公司（Cybersettle. com，Inc.）创建了一个完全自动化的对金钱支付争议的在线解决方式。它是世界上第一个提供在线协商的网络公司，最初只涉及保险争议，现在也处理人身伤害及其职工劳务补偿争议。

萨博赛特公司仅仅对一方当事人为解决争议愿意支付多少钱，以及对方当事人索要多少钱从中进行协商，做出决断。申请人通过其专用密码进入该协商方式，向另一方当事人说明其出价或者提出索赔的三种不同数额，萨博赛特公司随后通知被申请人，如果被申请人接受通过网络解决争议，则也输入三种不同数额的数字作为其索赔额或者出价。计算机把双方当事人所输入的数字从最高索赔额和最低报价额开始自动对比。如果三组出价和索赔数字中，任何一组的出价数和索赔数之间的差额在该组索赔数的30%以内，或者任何一组的出价数和索赔数之间的差额在5 000美元以内，所涉及争议就以该组出价数和索赔数的平均数求得和解解决，协商就算成功。萨博赛特公司通过网络把协商和解结果通知双方。如果没有达成和解，任何一方的出价和索赔数都不向另一方当事人披露。这种不成功不披露结果的做法有助于当事人在采取其他争议解决程序中维持原有地位。同时，这种自动化的在线程序可以避免因为当事人个人及其性格的原因而引起协商谈判过程中的冲突。

（二）克力克赛特在线协商方式

克力克赛特商务网络公司（ClickNsettle. com，Inc.）提供两种在线协商程序：一种适用于人身伤害和职工劳务补偿争议；另一种适用于其他金钱争议。电子商务案件明显属于后者，在这种程序中，申请人向克力克赛特公司申请“使用密码”和“案件密码”，同时选择30天、60天或者90天作为其协商的最长时限。克力克赛特公司通知被申请人并邀请其参加，如果被申请人愿意参加，也会得到相应的密码。当事人双方可以选择“密码模式”（closed model）或者“公开模式”（open model）。在密码模式下彼此的出价或索赔都不为双方所知。在公开模式下，一方当事人只有在对对方的出价或索赔作出相应的索赔或出价后，才能看到对方的出价或者索赔额，每一次所键入的索赔数（或出价数）必须比前一索赔数（或出价数）减少（或者增加）5个百分点。一旦其中一个出价数处于其中一个索赔数的20%以内，争议就以该出价数和该索赔数的平均数求得解决。克力克赛特公司对申请注册的每一方当事人收取注册费10美元，每一新的出价或索赔加收10美元。如果协商失败，则加收50美元到期费（expiration fee）。如果协商成功，就按照和解金额的多少按比例加收费用。

三、在线调解

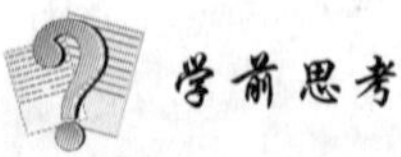

遨游网络游戏公司经过内部协商，决定采取在线方式解决争议。请你学习下面的知

识，分析该公司是否可以采用在线调解的方式？

调解是双方当事人在共同选择的中立者的帮助下，就争议的问题相互妥协和让步，以达成协议解决争议的方法。调解虽然是非正式的争议解决方式，灵活性相当大，但是一般的调解机构也都有自己的调解规则，以确保调解程序的进行。调解与和解不是同一概念。和解是指当事人双方互相协商、妥协以解决争议的程序，其中并没有引入中立的第三者。在和解程序中主要是谈判，由双方当事人的意思决定，并没有确定的规则。

传统调解是在面对面的情况下，人们并不仅仅依靠口头表达，身体语言、面部语言都能表达情意。调解员在面对面的交流过程当中可以充分地发挥其交流技巧和个人魅力，缓和当事双方的紧张气氛，从而慢慢建立信任。而在线调解缺乏面对面的交流，虽然可以通过视频会议，但无论如何也无法和面对面的交流相比，这是在线调解的一个缺点，但是这种方法又具有方便、快捷的优点。

小贴士

在线调解(online mediation)与离线调解在程序上并没有重大区别，不同的是通信方式。在线调解使用经过加密的电子邮件，或经过加密的聊天室，在某些情况下，还可以使用可视会议。通过使用密码，调解员可以和一方当事人单独在一间“房间”里谈话，而另一方当事人在另一间“房间”等候。目前，美国马塞诸塞州大学信息技术和争议解决中心正在开发一个名为“第三方”的系列软件，可以加强双方当事人和调解员在线上进行互动式的交流。在线调解的双方当事人都需要有一台可以接入互联网的计算机。调解的系统和文件都存储在特定的服务器上，只有经过授权的使用者才可以进入。这一系统一般都是由调解员或调解组织提供的。

在程序上，在线调解的第一步是通过在线调解员或在线的调解组织的网页提交争议。第二步则由调解员或调解组织来完成。他们会与另一方当事人联系，看该当事人是否愿意参加在线调解。如果对方当事人愿意参加，双方当事人可以选定或由调解组织指定调解员。参加调解的双方当事人必须被告知调解规则，一般情况下，当事人只需点击相关网页上的链接即可阅读规则。调解员会进行自我介绍，并且会向当事人说明调解的程序。有时候，双方还会签订调解协议，表明双方愿意通过调解解决争议。然后调解正式开始。如果调解成功，一般会有一份和解协议。在某些国家(如美国)，这种和解协议是否具有法律约束力由当事人决定，而在另一些国家(如荷兰)，这种和解协议一经签订就自动具有法律效力。

下面介绍几种在线调解机制。

(一) 萨博裁判庭调解机制

萨博裁判庭(CTM)由加拿大蒙特利尔大学法学院发起成立，主要通过网络以调解和仲裁方式解决新技术信息领域的争议，主要包括电子商务纠纷以及网上的竞争、版权、商标、言论自由、隐私及非刑法范围的其他合适领域的纠纷。目前，其服务是免费的。针对在线调解的特殊性质，萨博裁判庭没有制定调解程序规则，目的是在加强灵活性，以便调解员有最大自由来组织调解。当事人如果想提请调解，需要填写其网页公布的申请表格。

（二）美国仲裁协会

美国仲裁协会（AAA）在2001年建立了群体投诉在线解决设施，目的在于通过在线机制协助解决群体投诉案件。美国仲裁协会通过该设施在以在线调解或者仲裁方式解决群体投诉争议中，确立了一种在线调解和仲裁相结合的选择性争议解决方法。案件当事人如果选择这种争议解决方式，则案件由中立方任调解员进行调解，案件材料以CD光盘的形式传送给调解员，不过，协会的最终目的是要把案件材料通过电子文本的形式传送给调解员。调解员通过在线电话对案件进行调解。如果案件调解失败，所涉争议可以通过在线仲裁解决。

（三）在线欧姆坝兹裁判庭

在线欧姆坝兹裁判庭（Online Ombuds）在1996年成立，由美国马塞诸塞州大学信息技术及争议解决中心管理。该裁判庭没有限定的程序可供遵循，通过网络免费调解域名争议、网络空间竞争者之间的争议、网络服务提供者间的争议和版权争议，等等。它没有限定的调解程序，只有一个监察专员对争议进行调解。1999年年初帮助eBay（全球比较著名的商务网站）完成了一个在线调解的试点项目，以解决在线拍卖环境下产生的争议。eBay的调解试点项目成果显著。

四、在线仲裁

学前思考

遨游网络游戏公司经过讨论，大家发现在线协商和调解有一个问题，就是如果对方要价太高或者无法调解怎么办？后来有律师建议采取在线仲裁？请你学习下面的知识，说明什么是在线仲裁，在线仲裁是否更适合该公司呢？目前我国是否可以进行在线仲裁？

（一）仲裁概述

仲裁，是指双方当事人自愿把他们之间的争议交给第三者进行评判或裁决，并约定自觉履行该裁决的一种制度。仲裁必须有当事人的仲裁协议，可以是合同中的仲裁条款，也可以是单独的仲裁协议书。仲裁协议必须明确交付仲裁的争议事项、规定仲裁地点和仲裁机构并明确仲裁裁决的效力。仲裁程序一般都适用仲裁组织的仲裁规则，但有的仲裁机构也允许当事人合意选择仲裁规则。一般而言，仲裁裁决是终局性的，而且具有强制执行力，一方当事人不自觉履行的，对方当事人可以申请法院强制执行，法院一般不对仲裁裁决进行实质性审查。1958年的《承认和执行外国仲裁裁决公约》（又称《纽约公约》）则保证了外国仲裁裁决的强制执行力，从而促进了国际商事仲裁的发展，中国也是该公约的成员国。目前国际上影响较大的常设仲裁机构有国际商会仲裁院、伦敦国际仲裁院、美国仲裁协会、中国香港国际仲裁中心、新加坡国际仲裁中心等,中国的国际经济贸易仲裁委员会(CIETAC)在国际上也有较好的声誉,现设有上海和深圳两个分会。

仲裁和诉讼有一些相似之处。例如,案件都是由独立的第三方仲裁员和法官进行裁判,两者均为国家司法制度不可分割的组成部分,但他们的差异是显著的。

1. 选择与指定

仲裁当事人拥有广泛的自主权——是否采用仲裁这种方式、选择哪个仲裁机构、由谁担任仲裁员、仲裁在何处进行以及解决争议适用何国法律等问题都可由当事人协议决定。显然,法院诉讼中当事人能够选择的事项范围狭小;若是法官由谁担任、在何处开庭也听凭当事人的意见,司法就不成体统了。

2. 民间机构与国家机关

仲裁机构通常附设于各国商会或其他民间团体,或者由律师协会之类的民间机构组建;仲裁员大多为律师、法学教授等民间人士,即使偶然由政府官员甚至现任法官担任,在履行此职责时也不代表官方。相反,法院是国家审判机关,法官是国家公职人员,代表国家行使审判权。

3. 保密与公开

仲裁程序以保密为原则。当事人提起仲裁申请、程序进展情况以及仲裁庭审理的过程均不得在新闻媒体中披露,裁决结果亦不公布。而众所周知,法院诉讼是以“公开审判”为原则的。因此我们常有机会在电视节目中看到一些“审判纪实”,但仲裁的庭审过程却几乎没有“再现”之可能。

4.“一裁终局”与上诉制度

法院诉讼,当事人对一审不服可以提出上诉,少则二审终审,甚至还有更多的上诉机会。与此不同,仲裁在制度上一个最显著的特征是“一裁终局”。仲裁员一旦作出裁决便产生终局效力,不能通过“上诉”推翻。

（二）在线仲裁

在线仲裁是指仲裁程序完全在网上进行的仲裁。具体来说,在线仲裁是充分利用计算机网络技术,把常规仲裁程序中的仲裁机构、仲裁员和当事人三者之间信息的交换、仲裁文书及证据资料的提交与传递等,由传统的纸面文件提交改为以电子方式进行,从而实现“无纸仲裁”,同时利用计算机网络技术(音频与视频会议)实现案件的网上虚拟庭审以及仲裁员之间的网上虚拟合议等其他程序性事项。

下面着重介绍目前比较著名的几种在线仲裁机制。

1. 萨博裁判庭仲裁机制

萨博裁判庭(Cyber Tribunal Arbitration)以联合国贸易与发展委员会仲裁规则和国际商会仲裁院仲裁规则为蓝本,兼顾在线仲裁的特殊性,制定自己的在线仲裁规则,即《萨博裁判庭通用仲裁程序》。该规则规定,凡是规则没有规定的事项,参照联合国贸易与发展委员会仲裁规则。其特点在于要求当事人使用强制性通信格式,凡有强制性格式,当事人须使用该格式,如果没有,当事人可以通过电子邮件或其他方式和秘书处或者仲裁庭取得联系。

秘书处在收到仲裁申请书后5日内加以审查，并通知当事人所涉争议是否属于仲裁庭管辖范围，在收到仲裁申请书后两个星期以内向申请人传送仲裁申请确认通知，并向被申请人传送申请人的仲裁申请书以及相关通知。如果秘书处认为争议适合于通过调解解决，他会邀请双方进行调解。当事人必须在两天内决定是否接受。如果接受则仲裁中止，如果调解失败，申请方必须提交新的仲裁申请，从而重新开始仲裁。被申请人应当在收到秘书处仲裁通知之日起或者当事人拒绝调解之日起15天以内提交答辩。仲裁申请书和答辩书以及反请求等材料将由秘书处存入所涉案件的网址。当事人及仲裁员只有使用秘书处提供的密码才可以访问这些材料。此外，当事人作为证据提交的所有文件、报告、有关事实及信息都应该提交到所涉案件的网址。除非仲裁庭另有决定，证人证言应该通过电子形式提供。当事人提交的电子文件必须附具可靠性保证书，其效力由仲裁庭认定。可靠性保证书必须包括：①有关系统文件数据由某一有责任心的人负责输入；②文件传送加密技术的使用；③采取合理的安全措施；④运行系统的合理维护。这些内容并不是最低安全标准。

在对当事人提交材料进行审阅的基础上，仲裁庭可以决定通过电话会议或者视频会议的方式举行听证会。在程序结束前，仲裁庭可以要求当事人在十天内对案件作出最后陈述。如果当事人已被给予机会陈述主张、出示证据，那么仲裁庭应该结束案件听证会。仲裁庭应该在听证会结束之日起30天内作出裁决书，但是，仲裁庭可以向秘书处提出请求延展期限。仲裁庭应该以加密电子邮件的方式把裁决传送给当事人双方，并且把裁决存入案件网址。裁决应该自作出之日起在萨博仲裁庭网站公布60天。在某一当事人反对公布裁决的情况下，秘书处将建议对所涉裁决适当编辑后再予以公布。

2. 世界知识产权组织(WIPO)在线仲裁机制

世界知识产权组织仲裁与调解中心(简称“中心”)已经修订了仲裁规则，以便适用于在线仲裁。根据“中心”新修订的快速仲裁规则，当事人如果想通过在线仲裁解决纠纷，就要通过该中心电子文本格式提交材料，以电子形式传送文件，通过加密的在线频道交换信息。当事人和仲裁员都采用在线通信方式，并可以利用视频和音频设施。“中心”的在线设备都具有自动恢复功能，并能提供文件归档处理的数据库。

（三）美国仲裁协会

美国仲裁协会的一个主要在线项目就是虚拟法官项目(The Virtual Magistrate Project)，其受理范围包括：商标或者版权争议、不当获取商业秘密、诽谤、欺诈、欺骗性交易行为以及侵犯隐私等。投诉审理都在网上进行。基本规则是要求治安法官在受理案件后72小时内解决申诉。其所能做出的救济形式有：要求系统操作员采取严格方式限制访问被提出异议的信息、文件。在极端情况下，治安法官可以裁决系统操作员拒绝不法者访问系统。

（四）中国国际经济贸易仲裁委员会

2000年10月，中国国际经济贸易仲裁委员会(CIETAC)成立域名争议解决中心，接受国内外域名管理机构授权以“在线仲裁”方式解决相关域名争议。域名争议解决中心利用计算机网络技术在CIETAC网站上为域名争议的解决建立了一个技术平台。中心可以在线处理域名以及案件程序有关的事务。案件程序都通过网络进行，投诉书、答辩书以及与案件有关的文书都以电子文本的方式在线提交。仲裁员在线审理案件、在线进行合议并在线予以裁决。裁决以电子文本做成并在网站予以公布。如文书通过传真方式则以确认书所记载的日期为准。暂时采取电子文档文件和书面有形文本文件相结合的方式进行案件程序。

2001年12月3日，美国互联网络域名和地址管理机构正式宣布中国国际经济贸易仲裁委员会和中国香港国际仲裁中心合作成立的"亚洲域名争议解决中心"，为国际通用顶级域名争议的解决机构。这是继日内瓦"世界知识产权组织(WIPO)仲裁与调解中心"之后的第四家国际通用顶级域名争议解决机构。该"亚洲域名解决中心"在中国国际经济仲裁委员会和中国香港国际仲裁中心下设北京秘书处和香港秘书处，主要为亚太地区乃至全世界的当事人，就国际通用顶级域名如". com. net. org. biz. info. name. museum. coop"等提供快捷的在线争议解决服务。该"亚洲争议域名解决中心"于2002年2月28日正式接受申请。投诉方可以选择提交中心的北京秘书处(网址为：www. adndrc. org/adndrc/bj_home. htm)或者香港秘书处。

因此，中国国际经济贸易仲裁委员会设有两个域名争议解决中心：亚洲争议域名解决中心北京秘书处；中国互联网络域名争议解决中心。

随着发展，到了2009年中国国际经济贸易仲裁委员会颁布的《中国国际经济贸易仲裁委员会网上仲裁规则》(以下简称《规则》)于当年的5月1日开始实施。《规则》共6章(总则、文件的提交、发送与传输、仲裁程序、简易程序、快速程序、附则)及两个附件(附件一：网上仲裁示范条款；附件二：网上仲裁案件仲裁费用表)。

具体仲裁程序如下。

1. 当事人应提出申请，仲裁委员会的受理

按照仲裁委员会设定并在仲裁委员会网上争议解决中心网站上公布的"仲裁申请书格式"及"仲裁申请书提交指南"的要求向仲裁委员会提交由申请人及/或申请人授权的代理人签名及/或盖章的仲裁申请书。仲裁申请书应写明以下内容。

(1) 请人和被申请人的名称、住所及其通信方式，包括邮政编码、电话、传真号码、电子邮件或其他电子通信方式；申请人首选的通信方式；申请仲裁所依据的仲裁协议；仲裁请求；案情和争议要点，仲裁请求所依据的事实和理由。

(2) 提交仲裁申请书时，附具申请人请求所依据事实的证明文件。

(3) 照仲裁委员会制定的《网上仲裁案件仲裁费用表》(附件二)的规定预缴仲裁费。

(4) 裁程序自仲裁委员会收到仲裁申请书之日起开始。

2. 被申请人进行答辩

除非当事人另有约定，被申请人应当在收到仲裁通知之日起30日内按照仲裁委员会设定并在仲裁委员会网上争议解决中心网站上公布的"仲裁答辩书格式"及"仲裁答辩书提交指南"的要求向仲裁委员会秘书局提交答辩书和有关证据。

答辩书由被申请人及/或被申请人授权的代理人签名及/或盖章，并应当包括下列内容：被申请人的名称和住所，包括邮政编码、电话、传真号码、电子邮件或其他电子通信方式;被申请人首选的通信方式;对申请人仲裁申请的答辩及所依据的事实和理由;答辩所依据的证明文件。

除非当事人另有约定,被申请人提出反请求的,也应当在上述期限内按照仲裁委员会设定并在仲裁委员会网上争议解决中心网站上公布的"仲裁反请求书格式"书面提出。

3. 审理

除非当事人另有约定,仲裁庭可以在遵守《规则》的前提下按照其认为适当的方式进行仲裁程序,但应当确保公平对待各方当事人,并使各方当事人有合理的陈述案情的机会。

仲裁庭可以根据案件的具体情况,采取包括发布程序指令、发出问题单以及制作审理范围书等措施,推进仲裁程序快速高效地进行。

仲裁庭有权决定证据的可采性、关联性、实质性和证明力。

当事人提交的证据可以是以电子、光学、磁或者类似手段生成、发送、接收或者储存的电子证据。

为证明电子证据的真实性,应当考虑以下因素:生成、储存或者传递电子证据方法的可靠性;保持内容完整性方法的可靠性;用以鉴别发件人方法的可靠性;其他相关因素。

电子证据采用了可靠的电子签名的,与经手写签名或者盖章的文件具有同等的效力和证明力。

仲裁庭可以应双方当事人的请求或者经征得双方当事人的同意,在仲裁程序进行过程中采用网络视频会议及其他电子或者计算机通信方式对其审理的案件进行网上调解。

仲裁庭也可以根据案件的具体情况决定采用常规现场方式进行调解。调解可以单独进行,也可以与案件开庭审理合并进行。

4. 裁决

除非当事人另有约定,仲裁庭应当在组庭之日起 4 个月内作出仲裁裁决。根据仲裁庭的要求,仲裁委员会主任如认为确有必要和确有正当理由的,可以延长该期限。裁决书应当以书面形式制作,注明裁决作出日期及仲裁地,由仲裁员签署,并加盖仲裁委员会印章。仲裁庭应当在签署裁决书前将裁决书草案提交仲裁委员会核阅。在不影响仲裁庭独立裁决的情况下,仲裁委员会可以就裁决书的有关问题提请仲裁员注意。

小贴士

针对争议金额大小还可以采取简易程序、快速程序。这样做的效率更高。具体规定:凡争议金额不超过人民币 10 万元的,或者争议金额超过人民币 10 万元,经一方当事人书面申请并征得另一方当事人书面同意的,适用快速程序。凡争议金额在人民币 10 万元以上但不超过人民币 100 万元的,或者争议金额超过人民币 100 万元,经一方当事人书面申请并征得另一方当事人书面同意的,适用简易程序。

五、在线诉讼

在线诉讼是指通过计算机网络技术完成诉讼程序的各个阶段的诉讼活动。对于民商事案件是完全可以采取这种方式解决的。和在线仲裁相似，它可以极大地便利诉讼各方，降低诉讼费用。各当事人不用跑到外地法院参加诉讼，只要坐在家里的计算机前就可以完成整个过程，尤其是在消费者对异地公司提起的小额诉讼中体现得更加明显，而法院也可以节省大笔支出，还可以节省时间，至少可以节省往返路程和在法院的各个机构之间往来穿梭的时间。

但是，诉讼要严格依照法律程序进行，而在线诉讼在各国法律当中还没有得到规定。最多是把受理案件的环节搬到网络上来。和在线调解以及在线仲裁规则的修改程序不同，法律的修改要依照非常严格的程序。这就使得在短期内完整意义上的在线诉讼不可能变成现实。但是，鉴于在线诉讼的优越性，它确定无疑地成为诉讼的发展方向。

不过，在线诉讼发展过程或是曲折或者反复的，很可能是把诉讼过程当中的某些环节先搬到网络上来完成，比如当事人向法院提起诉讼，法院对当事人的起诉进行审理并通知起诉方是否受理，法院通知被诉讼方等诉讼的准备阶段。最好先把诉讼标的比较小、案情不复杂、适合采取简易程序审理这一类案件通过在线诉讼的方式进行试验。

第二节 电子商务纠纷的管辖

2010年8月，原告尚帝网与被告走秀网就因“关键词的不正当竞争”而对簿公堂，原告尚帝网将走秀网告上法庭，称走秀网违反诚实信用原则，在搜狗投放的推广广告链接中使用了原告“尚帝网”网站名称字样，其广告宣传语中的“尚帝网？名品？折扣？尽在走秀网”带有贬损尚帝网而且误导公众的意思，给尚帝网的经营造成不利影响。

而被告走秀网在答辩期内向受理此案的北京市海淀区人民法院提出了管辖地异议，按照法律规定，此案件暂时无法进入实体审理阶段。因为走秀网的运营主体是深圳走秀网络科技有限公司，走秀网认为自己的管辖地应该是在深圳。

北京市海淀区人民法院的最新裁定：根据《中华人民共和国民事诉讼法》(以下简称《民事诉讼法》)第二十九条的规定，驳回被告深圳走秀网络科技有限公司对案件管辖权提出的异议。如果走秀网不服此裁定，可在规定的时日向海淀法院递交上诉状，并上诉于北京市第一中级人民法院。随后，走秀网在法定上诉期内向海淀法院递交了上诉状，希望北京市第一中级人民法院撤销裁定书，并请求将此案移送深圳市福田区人民法院管辖。对此，走秀网给出的理由是：走秀网应该是本案件的唯一被告。根据《民事诉讼法》第二十二条第二款的规定，“对法人或者其他组织提起的民事诉讼，由被告所在地人民法院管辖”。走秀网还对自己的理由给出了翔实的阐述：因为原告尚帝网曾将负有连带责任的搜狗网主办单位北京搜狗科技发展有限公司列入第二被告，然而经工业和信息化部ICP信息备案系统查询，搜狗网的主办单位不是北京搜狗科技发展有限公司，应是北京搜狗信息服务有限公司。因此原第二被告不是真正的被告，所以走秀网应成为本案的唯一被告。

实际上，就本案而言，最具有争议性的问题不是技术上的问题，而是哪个法院有管辖权的问题。

随着我国电子商务的发展，各类电商纠纷日渐增多，那么我们应当如何应对这一新形势呢？除了我国本土的以外，还要借鉴国外的相关政策。

一、法院的管辖权

遨游网络公司与美国某游戏公司订立一份合同，代理美国某游戏公司一款网络游戏，遨游已经将预付款汇过去了，但是对方一直没有提供上线游戏的相关软件，遨游多次与该公司北京办事处沟通，但是始终得不到解决，直接影响了遨游公司的实际推介计划。为此，遨游公司想起诉对方。请问遨游公司能否在中国起诉呢？

（一）国内纠纷的管辖权

在我国，管辖权是指人民法院之间受理第一审案件的分工和权限。我国共有四级人民法院，即基层人民法院、中级人民法院、高级人民法院、最高人民法院。管辖权用来确定应该由哪一级人民法院或同级人民法院中哪一个地区人民法院来行使第一案件的审理权。当事人如果起诉至对案件没有管辖权的法院，会有以下三种后果：①法院对案件不予受理。②法院立案后，发现受理的案件不属于自己管辖，将案件移送到有管辖权的法院。③对方当事人认为该法院对案件没有管辖权，提出管辖权异议，由法院对此作出裁决。

（二）涉外纠纷的管辖权

如果一项争议带有涉外性质，包括一方当事人是外国人、争议的标的物位于国外、发生争议的法律关系产生于国外等，则首先要确定哪个国家的法院有管辖权，然后再按照这个国家的国内法律确定这个国家的哪一个法院对案件有管辖权。互联网已经完全打破了国界，在网上产生涉外纠纷的可能性非常大，这类纠纷的管辖权问题应该引起特别注意。如果在没有弄清楚管辖权之前就贸然到法院打官司，即使官司打赢了，最后也可能落得竹篮打水一场空。因为如果判决需要拿到另一个国家去执行，那么执行地法院很可能会以判决法院没有管辖权为理由拒绝执行判决。

二、传统纠纷管辖权的确定

学前思考

遨游网络游戏公司与某搜索引擎达成广告合同，在1年内以500万元的价格在其页面打广告，并且要求不要出现同类游戏公司的广告。合同订立后不久，遨游公司发现该搜索引擎中出现自己竞争对手的广告，遨游认为其侵权了，于是与对方沟通，对方却推诿拒不解决。无奈遨游想到起诉对方，但是经查该搜索引擎注册地为中国重庆市，实际经常办公地在北京朝阳区八里庄。遨游公司的注册地在北京市东城区，遨游公司想在北京起诉该公司，学完下面的知识，请帮助遨游公司分析一下是否可以在北京起诉，并说明理由。

（一）国内纠纷管辖权的确定

确定管辖权时，首先要明确案件应该由四级法院中的哪一级法院管辖，也叫“级别管辖”。一般来说，除了法院有明确规定以外，普通的民事案件都由基层人民法院管辖。

接下来，就要确定由哪一个地区的法院管辖，也就是“地域管辖”。在我国，“原告就被告”是确定区域管辖权的基本原则。也就是说，民事案件一般由被告住所地人民法院管辖。什么是“被告住所地”呢？如果被告是公民，住所地是其户籍所在地；其经常居住地与户籍所在地不一致时，由经常居住地人民法院管辖。这里所说的“经常居住地”是指公民离开住所地至起诉时连续居住一年以上的地方（住院就医的地方除外）。如果被告是法人，住所地是其主要营业地或主要办事机构所在地，最简单的方法就是根据法人营业执照上的注册地址来判断。如果被告是公民合伙、合伙型联营体等非法人机构，则由被告注册登记地人民法院管辖。

同时我国法律还规定了以下一些特殊的地域管辖。

（1）因合同纠纷提起诉讼，由被告住所地或合同履行地法院管辖。合同双方当事人也可以在书面合同中协议选择被告住所地、合同履行地、合同签订地、原告住所地、标的物所在地人民法院管辖，即通常所说的“协议管辖”或称“当事人意思自治”。

（2）因侵权行为提起诉讼，由被告住所地或侵权行为地法院管辖。所谓侵权行为地，是指构成侵权行为这种法律事实的所在地，包括侵权行为实施地和侵权行为结果发生地。比如，消费者在北京出差时买了质量不合格的电器，带回上海使用时发生事故，造成财产损失和人身伤害。此时北京就是侵权行为的实施地，而上海则是侵权结果发生地，两地的法院对案件都有管辖权。消费者可以任意选择一个法院起诉。

同步案例

瑞德公司诉东方公司侵犯网站主页著作权案

在瑞德公司（北京海淀区）诉东方公司（四川宜宾）侵犯网站主页著作权纠纷中，瑞德公司根据我国《民事诉讼法》关于“侵权案件由侵权行为地管辖”的规定，向北京市海淀区人民法院提起了诉讼。东方公司便对北京市海淀区法院对此案的管辖权提出了异议，认为本案不应当由海淀区法院审理，而应当由宜宾市法院审理。其理由是：①任何互联网用户（包括东方公司在内）在访问或者“接触”瑞德公司的主页时，没有而且也不可能在存储有该主页的服务器上进行任何复制行为，因此北京不是侵权结果发生地，也不是侵权行为实施地。网络空间上的复制的概念并不完全等同于传统的著作权法中的复制概念，其复制行为可以是临时性的（或称为暂时复制），也可以是一次性的。计算机的随机存储器（ROM）对作品的复制，是作品在用户计算机显示器上的再现。互联网用户在互联网访问或者浏览他人的网页或者主页时，首先通过数字传输将网页以数字方式从该网页所在的远程计算机或者服务器上下载到用户的计算机上，然后暂时存储在用户计算机的随机存储器里，再通过用户计算机的显示器和相应的浏览器显示出来。具体到本案，包括东方公司在内的互联网用户访问瑞德公司的主页时，并未在该公司存储器主页的服务器上进行任何复制行为，访问并不构成侵权，临时复制属于合理使用。因此，认定北京市海淀区法院为侵权行为实施地缺乏事实和法律依据。②瑞德公司并未向法院提供互联网用户在北京市海淀区通过互联网访问或接触到东方公司主页的客观证据，未能证明何人、何地、通过何种方式在该地访问了东方公司的主页，因此，认定北京市海淀区为侵权结果发生地证据不足。

针对该案的管辖权问题，当时主要有三种观点：第一种观点：瑞德公司服务器所在地法院有管辖权；第二种观点：东方公司终端所在地法院有管辖权；第三种观点：以上两地法院均有管辖权。北京市第一中级人民法院在上诉审理中认为，要想在互联网上进行访问或者复制，必须具备两个条件：一个是使用终端计算机；另一个是通过互联网进入存在相关内容的服务器硬盘。因此，一旦发生复制侵权行为，服务器所在地以及终端所在地法院都可视为侵权行为地，原告作为权利人可以进行管辖法院的选择。这种观点是正确的。

不过，我国在处理互联网纠纷时，在参考国外的经验和做法的同时，在理论上更多的是根据我国现有的传统理论进行分析。根据我国的司法管辖权原则，合同纠纷的管辖由被告所在地、合同履行地法院管辖。根据我国《合同法》，合同可以通过口头和书面订立，也可以通过电子方式订立。不管采取何种方式订立，只要内容不违法，法律均认可其效力并加以保护。因此即便是通过互联网络订立合同，或者通过网络履行合同，由此而产生的合同纠纷都可以适用我国《民事诉讼法》的有关规定。

（二）涉外纠纷管辖权的确定

根据我国《民事诉讼法》第二十五章对涉外民事关系的规定，因合同纠纷或其他财产权益纠纷，对在中国境内没有住所的被告提起诉讼，可以由以下法院管辖：合同签订地、合同履行地、诉讼标的物（主要指不动产）所在地、可供扣押财产所在地、被告设在中国境内的代表机构所在地、侵权行为所在地。但是，以上所列情况只适用于当上述地点位于中国时，原告可以向这些地点的人民法院提起诉讼。如果上述地点中没有一个位于中国，那么原告只能向国外有管辖权的法院起诉。当然，当事人也可以在书面协议选择的与争议有实际联系的地点的法院起诉。

三、网络纠纷管辖权遇到的法律障碍

上面介绍了法院管辖权的基本概念和管辖权的确定原则，经过多年的立法和司法实践，这些概念和原则基本上已经稳定下来，并得到了广泛的应用。可是，当人们试图把这些概念和原则运用于网络纠纷时，却产生了一些法律上的障碍。主要问题就是连接点难以确定。

我们在前面提到的用来确定管辖权的原则通常被称为连接点，这些连接点就好像路标，指引当事人和法官找到有管辖权的法院。这些连接点除了“当事人协议选择”以外，几乎都指向某一地理处所——当事人住所地、诉讼标的物所在地、行为发生地。在物理世界中，要确定这些地点并不困难，可是互联网技术通过计算机和电话线，把全世界连接成了一个没有疆域的虚拟地球村，要在这个虚拟地球村中确定这些地点就很不容易了。

（一）当事人住所地

“被告住所地”一直都是民商事诉讼中确定管辖权的基本原则。从理论上说，当事人是不可能居住在虚拟世界中的，其住所地必然是一个确定无疑的地理处所。可是网络有句名言，“网络上没有人知道你是条狗”。网络的匿名性通常允许网络使用者以任何名义进入，既然连对方的真实身份都无法确定，住所又从何谈起呢？

有人提出以当事人使用的计算机终端设备或网络服务器所在地作为新的连接点替代当事人住所地。问题是，当事人使用的计算机终端设备所在地也很难确定。更何况还有很多像图书馆、网吧这样的公共场所向公众提供可供上网的计算机设备，这样的地点即使能够确定，也因为与争议之间缺乏必然联系，不适合作为管辖依据。服务器所在地看起来与争议的联系更密切些，但无论是租用还是自有，当事人都可以自由选择并比较容易地变更服务器所在位置，而且对方当事人很难知晓服务器所在的位置，因此这个连接点并没有得到广泛的认可。

（二）合同履行地

包括我国在内的很多国家的立法都承认合同履行地国家法院对合同纠纷享有管辖权。但合同履行地的确定是一个很复杂的问题，如果对方对义务履行地约定不明确，就需要根据合同的性质、条款等各方面因素来确定。如货物销售合同中交货地点不明确的，送货的以货物送达地、自提的以提货地、代办托运的以发运地为合同义务履行地。这些都是人们在实践中达成的共识。但是，在线交易的出现又对合同履行地的确定提出了新问题。

如果合同是在网上签订，在线下履行，那么传统的确定合同义务履行地的方法仍可以适用。但如果在线合同的履行也发生在网上，那么义务履行地的确定就相当困难了。假设中国的李红在上海家中通过互联网向美国的微软公司购买了一套软件。第二天，李红出差到日本，晚上在下榻的酒店商务中心从她在上海注册的电子邮箱中取出了微软发给她的软件。在这一买卖合同的履行中，美国是商品发送地，日本和上海都可能被认为是商品接收地，因为接收商品的信箱是注册在上海的，而软件又是在日本下载的。那么这一合同的履行地究竟是美国、上海还是日本呢？按照传统的方法，我们是很难作出判断的。

（三）侵权行为地

网络侵权行为地的确定比合同履行地更困难。无论是谁在互联网上发布诽谤别人的信息，只要能接入互联网的地方就都能看得到。这是不是意味着所有 170 多个国家都是侵权发生地呢？如果是，那就是说，网络使用者必须接受世界所有国家法院的管辖。这样一来，赔偿额最高的法院必将成为最繁忙的法院，当事人可以不费吹灰之力地挑选法院，最后的结果是国际民商事纠纷的管辖权陷入一片混乱，网络侵权行为结果发生地的判断标准就成了摆在我们面前的“拦路虎”。

网络侵权行为发生地的确定同样困难，因为人们在任何一台与互联网相连的计算机上都可以从事网络活动。当然,如果借助高度发达的网络技术,也能查出网络使用者的登录地点。但是,这种调查的成本太高,这个地点也很可能是个网吧之类的公共场所,与当事人并无必然联系。如果认定这一处所为侵权行为发生地,既大大增加了原告的诉讼成本,又给予侵权行为人极大的挑选法院的自由。

四、中国网络纠纷管辖权的确定

学前思考

遨游网络游戏公司不但代理游戏,自己也开发游戏,而且自己主打的海船王游戏深受青少年的喜爱。为了更好地推广该款游戏,公司决定单独扩展一个域名给海船王用,计划注册为 www.haichuanwang.com。却发现就在此前不到半个月的时间,另一家天娱网络游戏公司注册了该域名。遨游认为这是恶意的抢注行为。起初想与对方协商,但是天娱公司开出了 5 000 万元的高价,遨游认为这属于敲诈行为。想要起诉该公司,而该公司所在地在深圳,而遨游公司的住所地在北京,遨游公司如果想在北京起诉是否可以呢? 学完下面的知识,请你帮助遨游网络游戏公司解决这一问题。

网络在中国的发展速度很快,同时,因此产生的网络纠纷也不少,最常见的就是域名侵权纠纷和网络著作权纠纷。在积累了一定的司法实践经验以后,最高人民法院专门就两类侵权纠纷的审理做出了司法解释。

(一) 网络侵权纠纷管辖权

2001 年 7 月 17 日,最高人民法院又发布了《关于审理涉及计算机域名民事案件适用法律若干问题的解释》(2001 年 7 月 24 日起实行)(以下简称"解释二")。"解释二"第二条也规定了管辖权问题,"涉及域名的侵权纠纷案件,由侵权行为地或被告住所地的中级人民法院管辖,对难以确定侵权行为地和被告住所地的,原告发现该域名的计算机终端等设备所在地可以视为侵权行为地"。涉外域名纠纷案件包括当事人一方或者双方是外国人、无国籍人、外国企业或组织、国际组织,或者域名注册所在地在外国的域名纠纷案件。在中华人民共和国领域内发生的涉外域名纠纷案件,依照《民事诉讼法》第四编的规定确定管辖。

2012 年最高人民法院出台《关于审理侵害信息网络传播权民事纠纷案件适用法律若干问题的规定》,该司法解释共十六条,主要对人民法院在审理信息网络传播权纠纷案中行使自由裁量权的原则,侵害信息网络传播权行为的构成,网络服务提供者的教唆侵权和帮助侵权,司法实践中较为常见的信息存储空间网络服务提供者应知网络用户侵害信息网络传播权的判定标准,以及人民法院对此类案件的管辖等问题进行了规定。

(二) 网络合同纠纷管辖权

以上提到的最高人民法院的两个解释都是针对网络侵权纠纷的,那么网络合同纠纷的管辖权问题应如何处理呢? 在这方面尚无专门立法,我们仍应遵循民事诉讼的一般规定，请见本章“二、传统纠纷管辖权的确定”。

其实，这些传统规则适用于网络纠纷遇到的主要问题，是如何确定合同签订地与合同履行地。关于合同签订地的确定方法，我国《合同法》第三十四条已有明确规定：“采用数据电文形式订立合同的，收件人的主营业地为合同成立的地点；没有主要营业地的，其经常居住地为合同成立的地点。当事人另有约定的，按照其约定。”

目前争议最大的问题在于如何确定合同履行地，对一项网络合同引起的纠纷，首先应审查双方当事人有无约定合同履行地，如有，则以约定的履行地所在的法院为管辖法院；如无，则审查合同的交货地点，以交货地点为合同履行地。电子合同中的交货地点可以分为两大类：第一类是合同订立后，仍以传统的运输（海运、陆运、空运等）方式交货，则按一般合同纠纷确定交货地点。另一类合同的标的为一种信息软件，交货是通过网上传递的。此时可以依照《合同法》第六十二条第三款之规定：履行地点不明确的，给付货币的，在接受货币的一方所在地履行；交付不动产的，在不动产所在地履行；其他标的，在履行义务一方所在地履行。根据这一规定，合同的履行地应确定为卖方所在地，而不管产品或服务是以何种方式提供的。

同步案例

2009年6月18日下午13:45在上海浦东新区人民法院开庭的九城诉暴雪财产损害纠纷案，因暴雪提出管辖权异议而临时取消。此案是上海第九城市信息技术有限公司状告暴雪娱乐股份有限公司（Blizzard Entertainment，Ine）对其造成财产损害，要求赔偿。由于此案的被告人暴雪娱乐股份有限公司是一家美国公司，暴雪向法庭提出管辖权异议。导致该法院不能开庭审理。

五、国际公约关于网络纠纷管辖权的规定

国际公约方面，为了加快这方面的立法，海牙国际司法会议2005年通过了《选择诉讼法院公约》（原《民商事管辖权和外国判决执行公约》），就电子商务相关的管辖权问题做出了规定。

1. 适用范围

国际民商事协议中当事人约定的解决纠纷的单一法院，或者是选择某一国家的法院来解决纠纷（“指定法院”）。

小贴士

新公约不适用于协议一方为消费者的协议，亦不适用于纯国内关系的协议，“当事人为契约签订国公民以及……其他与争议有关的要素……只与其本国相关联。”

2. 基本原则

(1) 当事人在协议中指定了解决争议的法院有受理案件的管辖权。

(2) 如果协议中存在指定法院,非由当事人选择的法院没有管辖权,该法院必须拒绝受理该案件。

(3) 拥有指定管辖权的法院所做出的判决必须在其他的国家法院得到承认及执行(其他国家是指所有《海牙公约》的缔约国)。

六、管辖权法律风险的防范

在目前电子商务纠纷管辖权立法尚不健全的情况下,电子商务的参与者应尽可能采取防范措施,以避免不必要的法律风险。

(一) 当事人身份的认证

如果无法确定对方当事人的身份,即使能够确定某一法院有管辖权,仍然无济于事,因为法院一般不会受理被告身份不确定的民事纠纷。由于网络普遍允许匿名,因此在进行交易以前一定要格外注意验证对方的身份,而不能轻易相信对方在网上声明的名称。验证身份的方法有很多,我们经常听说的就是 CA 认证。CA 认证虽然比较可靠,但是成本太高,如果不是经常进行较大金额交易,人们一般不愿意采用这种方法。

那么有没有其他既比较可靠,成本又比较低的方法呢?北京市工商局进行的经营性网站备案登记制度和上海市进行的营业执照副本制度不失为一种有益的探索。这里值得提醒的是,网民可以充分利用 CNNIC 的域名查询制度确认网站所有者的身份。只要是以 .cn 结尾的域名,都可以在 CNNIC 的网站上(www. cnnic. org. cn)找到注册人的详细信息,这在域名侵权纠纷中是确定被告的有效方法。在很多情况下,这也可以用来确认网站所有者的身份。当然,域名注册人与网站所有者并不一定是同一个人,因为域名可以授权给别人使用,在这种情况下,就需要进一步核实网站所有人的身份。

(二) 选择法院条款

我们前面曾提到当事人意思自治,也就是说,双方当事人可以协议选择合同纠纷的管辖法院。如果能事先就管辖权问题达成一致,就可以避免很多不确定的法律风险。各国法院一般都会认定当事人选择法院的条款有效,即使合同无效,选择法院条款通常仍然有效。当然,选择法院也不是无条件的,比如我国法律就规定,国内合同双方当事人可以在书面合同中协议选择被告住所地、合同履行地、合同签订地、原告住所地、标的物所在地人民法院管辖;涉外合同当事人可以书面协议选择与争议有实际联系的地点。这里对于可以选择的法院都设定了限制。另外还要注意,企业在利用这些条款时,必须保证在合同订立前消费者一定会看到而且能比较容易读懂合同的内容,否则该条款可能因为显失公平而无效或不能强制执行。

法院选择条款可能被认定为无效的主要原因有:①合同的签订是由于一方当事人的欺诈;②合同的一方当事人具有压倒性优势;③该条款违反了法院地的公共政策;④该管

辖法院的选择给一方当事人造成极大不便。

小贴士

从消费者的角度看，在订立合同，尤其是点击格式合同时，一定要仔细阅读所有条款，切莫大意。因为一旦点击“接受”而导致合同成立后，合同中的一切条款都具有约束力，很难再以“没有看见”或者“没有看懂”为理由推翻。另外，对一些免费商品或免费服务也应多加小心，虽然是免费的，但一旦发生纠纷，其中有些条款可能会对消费者很不利。而此时因为商品或服务是免费的，要使法院认定该条款无效就十分困难了。

（三）其他措施

电子商务具有全球性，但是一家企业的经营行为要符合全世界各国的法律规定几乎是不可能的，而且企业要随时准备在全球范围内应诉的成本也是惊人的。因此电子商务企业首先应该慎重选择自己地理上的主要顾客使用者群体，并充分评估在该地区开展电子商务的法律风险，包括对互联网的规范以及对电子商务活动的规定。对法律风险特别高的地区，可以考虑使用过滤软件或其他技术，屏蔽这些地区的网络使用者，或慎重交易。

网站互动性的程度与管辖问题密切相关。对于单纯的提供浏览或资料、广告的网站，一般不太容易受到多个管辖权的威胁；而对于级别较高的网站，如提供网上购物、软件下载、金融服务的，则这种风险要高得多。因为在这样的情况下，很容易被各地法院以交易发生地及合同履行地为由主张管辖权，因此网站经营者在进行较高程度的电子商务交易之前，应该对多个法院的管辖做好准备，尤其是来自顾客群体较大的国家和地区的管辖。

如果网站经营者没有计划特别针对某司法管辖权的顾客进行交易，那么就应该尽量避免同时在该地区利用其他媒体促销或做广告。因为许多法院认为，除在网上刊登广告外，若有其他配合措施，如相应的媒体广告、免费电话等，则法院就可以因涉及辖区内使用者而主张管辖权。

总之，网站经营者以及消费者都需要充分了解网络纠纷的管辖权制度以及存在的风险，并根据自己的情况采取一切可能的措施避免这些风险。千万不能存在侥幸心理，也不能轻视管辖权问题，否则等纠纷发生之后就悔之晚矣。

同步案例

瑞得（集团）公司诉宜宾市翠屏区东方信息服务有限公司著作权侵权纠纷案

被告东方信息服务有限公司（以下简称东方公司）完全照搬原告瑞得在线首页，涉嫌侵犯原告网页著作权，原告依据侵权行为地选择北京市海淀区人民法院起诉，而东方公司提出管辖异议，海淀区法院裁定北京市海淀区可视为“侵权行为实施地”和“侵权结果发生地”，被告管辖异议不能成立，该院对本案有管辖权。东方公司不服裁定，提出上诉，上诉法院驳回上诉，维持原裁定。

东方公司认为海淀区人民法院无管辖权的主要理由是：第一，其住所地在四川省宜宾市，而非北京市海淀区；第二，任何互联网用户（包括东方公司在内）在访问或“接触”瑞得的主页时，没有且不可能在存储有该主页的服务器上进行任何复制行为，故北京市海淀区不是且不能视为瑞得集团诉称的侵权行为实施地。第三，东方公司的主页可以为其他互联网用户所访问或“接触”，但这种访问或“接触”只具有可能性，而并不具有客观必然性。同时东方公司提出瑞得集团并未向法庭提供互联网用户在北京市海淀区通过互联网访问或“接触”到东方公司主页的客观证据，未能证明何人、何地、通过何种方式在该区访问了东方公司主页。

一审、二审法院均认为海淀区人民法院有管辖权，主要是以其网络服务器终端设备所在地为依据的，在认定海淀区为侵权行为的方面，法院的理由主要有以下几点：第一，瑞得在线的主页在制作完成后，是储存在其特定的硬盘上并通过自有的 WWW 服务器向外界发布的，任何人在任何时间、任何地点通过主机接触（包括浏览、复制）该主页内容，必须经过设置在瑞得公司住所地的服务器及硬盘。鉴于瑞得（集团）公司以主页著作权侵权为由提起诉讼，是基于其主页被复制侵权这一理由，因此该区应视为侵权行为实施地。第二，瑞得公司不但诉称东方公司复制其主页这一特定的行为，而且还诉称该行为的直接后果是东方公司的主页为访问者所接触。鉴于我国目前的联网主机和用户集中分布于该区等一些特定的地区，因此，该区亦应视为侵权结果发生地。根据《中华人民共和国民事诉讼法》第二十九条规定，因侵权行为提起的诉讼，当事人有权选择由侵权行为地或被告住所地人民法院管辖。如果侵权行为地有多个时，当事人仍有选择管辖法院的权利。就本案而言，瑞得（集团）公司指控东方公司涉嫌通过互联网接触并复制其网页主页，制作了与其主页相似、足以误导其他访问者的网页，其选择有一服务器所在地的北京市海淀区人民法院起诉东方公司侵犯著作权并无不当，北京市海淀区作为侵权行为地之一，北京市海淀区人民法院有管辖权。

第三节 电子商务诉讼中的电子证据运用

我国的《海关法》中规定了电子数据报关方式，《合同法》已承认以电子数据方式订立的合同的有效性，承认其符合法律对合同书面形式的要求。《联合国电子商务示范法》第九条规定了“在任何法律诉讼中，证据规则的适用在任何方面均不得以其仅仅是数据电文为由否定一项数据电文作为证据的可接受性。”

虽然电子证据的采纳在法律上是不受歧视的，但在实践中，收集电子证据却不是件容易的事。下面着重阐述电子证据的收集方法以及为了加强其证明力而请求有关国家机构给予协助的措施。

一、请求国家机构给予协助的措施(公权力救济措施)

(一) 电子文书的公证

普通的计算机数据或电子文档难以作为直接证据，主要原因是其易篡改性(非原始性)和信息与签发人之间关联性差。由于我国数据电文的加密、签名、认证体系还没有普遍建立起来，而现实生活中已经在大量地运用数据电文进行交易或进行其他商务活动。为了解决数据电文直接作为证据问题，现实中可以采取公证措施，以确保其证据效力。

公证是法律认可的公证机关根据当事人的申请，按照法定程序，对某项具有法律意义的文书或行为事实，确认其真实性、合法性的一种证明活动。经公证机关审查确认为真实、合法后，公证事项就取得了可靠的证据效力，对于一般债务文书还具有强制执行的效力。

在传统公证制度下，公证的方式主要有两种，一种是现场见证，对具体法律行为或法律事件的真实性和合法性进行的证明活动，它要求公证员亲临现场，观察事件过程、勘验实物等，出具事件或行为合法、真实有效的证明(公证书)；另一种是书面审查方式，要求当事人提交有关法律或行为规范要求的文书，公证员审查后，出具公证书，证明其真实合法性。

实际上，电子文书的公证也存在与上述两种方式相类似的两种方式：一种是现场见证公证，另一种是网络公证或在线公证。

1. 现场见证公证

由于电子文书存在原件困惑，一旦文件以电子文件创制、传输或保存，接受或重新读取是否为原件，就很难断定，因此在没有任何安全措施的情况下，不可能向公证机关提交电子文件的拷贝件，公证机关仅对已经存储于计算机硬盘和其他电子介质上的内容加以认定其真实性。因此在传统公证框架下，只能进行现场见证公证。

现阶段，在诉讼中所谓网络公证大多指这种形式的现场见证公证。它要求公证员参与或现场见证申请人计算机操作、浏览、信息处理过程，对电子文件的生成、传输和存储过程的真实性和合法性作出确认，出具公证书。这种现场见证公证可以达到两个目的：一是确认特定电子文档归属或行为主体；二是对其完成的行为或生成的电子数据的真实性及合法性的认证，必要时可以制作电了拷贝或纸面打印并封存。这样，网络公证机构本身在这里扮演的是一个见证角色，只是它的身份的特殊性，使其确认具有电子文书真实性、可靠性和确定性，因而使电子文书具有直接证据效力。

见证公证应当具备以下三个条件。

(1) 公证机关介入必须是数据电文生成之时，或者必须是进行网上交易或其他法律行为之时，公证机关参与或现场见证当事人行为过程。

(2) 保存和封存数据电文，其保存方法可以是磁盘或其他电子介质，也可以直接打印成书面文件。

(3) 对整个取证过程、当事人资格及其所生成数据电文出具公证书，证明其真实性和合法性。例如杨小姐在某电子商务公司第一次购物时，所购的都是假货，但所有的购物凭证均储存于计算机中，难以作为证明其在该网络公司的电子商务平台中购买物品的直接证据。为此，杨小姐为了进行诉讼进行了第二次购物，在购物时让公证员在场，观看并记录了整个购物流程和内容，最后将这些资料打印成书面资料，在此基础上出具公证书，证明这一过程或行为的真实性、合法性。这一公证不仅解决了网上交易行为的真实性、合法性，而且解决了电子数据的非直观性问题，它以书面形式将所有的内容再现出来。

因此，传统公证方法直接应用到电子文书存在一个明显缺点，即在线交易或电子商务是全天候的，要对每一笔交易均实行这样的现场见证是不可行的。即使可以，也存在一个成本问题。于是，适合于电子商务或网络环境的在线公证诞生了。

2. 在线公证

在线公证或叫网络公证，它是将传统的公证业务拿到网络上进行，网络成为公证机构履行公证职责的另一种平台。在线公证，才是真正意义上的网络公证。

在线公证，不需要公证员亲临现场，而只需要通过在线审验申请人的电子文本，即可以确认该文本的真实性和合法性。在线公证有两个基本的问题：公证人如何数字化地签署文件和公证人如何确认签名者。

(1) 公证文书的电子签署。公证申请人的电子文书(如 Word 或 Excel 文件)或其他在线格式向公证机构提交。公证人举行宣誓或者确认文件签署者，并遵循现行法律完成所有公证手续。该文件用数据证书签署。然后，公证员也以同样的方式(数字签名)签署文件，即附加其电子签字对该文书进行公证(制作公证书附加其上)。这样电子文件即被电子化地公证了，也可以传输或寄出(通过 E-mail)或保存在文档中。这一过程与典型纸面公证一样。

(2) 公证人如何确认签名者。公证人可以通过以下方式确认签名者：其一，申请人在公证人面前出现，当着公证人的面电子化地签署电子文书；其二，公证人核实过申请人的数字证书(数字证书是由受托认证机构签发的，用于验证个人或组织身份的电子证书)。数字证书是使用者鉴别其他使用者并以法律上有约束力的签字进行交易的基础，公证人对申请人使用该数字证书加密的电子文书再以电子化方式予以确认；其三，申请人宣誓；其四，公证人通过其他方式确认申请人身份。

(3) 制度保证。电子签字和认证的根本技术是加密技术。加密是将数据转换成不可读的形式，以使信息保持安全。通过使用这种技术，人们可以验证文件的完整性，证明个人的身份，而证明个人身份是对在线文件进行公证的关键。因此，数字证书和电子签字技术使电子公证在法律上成为可能。

互联网作为交易媒介，意味着交易能够以光速进行。在线公证实现了与交易同步，适应了这种交易的需要，成为公证的现代形式。

小贴士

公证后的电子文书的证明力是建立在这样的假设基础上的：其一，电子文书在公证后不能或不会改变；其二，签字人电子签字和公证人的电子签字不能伪造。

（二）证据保全

1. 基本规则

证据保全是在证据可能灭失或者以后难以取得的情况下，诉讼参加人申请人民法院（或者人民法院依职权）对证据进行封存或采取其他保全措施。其主要法律依据是《民事诉讼法》第七十四条："在证据可能灭失或者以后难以取得的情况下，诉讼参加人可以向法院申请保全证据，人民法院也可以主动采取保全措施。"证据保全可以在起诉之前进行，也可以在起诉后进行。

依照《最高人民法院关于民事诉讼证据的若干规定》，证据保全的具体操作如下：①当事人一般应在提起诉讼前提出证据保全申请，但不得迟于举证期限届满前 7 日。举证期限是人民法院在当事人提起诉讼后要求当事人提交证据的期限。②《民事诉讼法》没有规定证据保全需要提供担保，但《最高人民法院关于民事诉讼证据的若干规定》第二十三条规定，人民法院可以要求其提供担保。③法院作出同意采取保全措施并实施保全行为。④保全行为根据具体情况，可以是：查封、扣押、拍照、录音、录像、复制、鉴定、勘验、制作笔录等方法。⑤保全时可以要求当事人或者诉讼代理人到场监督和协助。

2. 电子证据的保全

由于电子证据最易被销毁、删除、删改等，因此，在电子商务纠纷中证据保全是必不可少的，因为它是防止当事人或其他原因而导致电子文档被销毁、被改动的一个有效途径。但是，证据保全只是对已经生成或储存的数据电文的保全措施，它只能确保保全之后的电子数据不被篡改或证明保全时电子记录的真实情况，但是它不能确保这些数据是初始或原始的数据。因为，电子数据一旦生成就存在被修改、消除、灭失的可能性，除非能够证明在采取保全措施之前，该数据电文不可能被改动或修改。

这也就是说，采取证据保全措施只能起到诉前获取电子证据的作用，起不到确保其真实性的作用。至于获取的证据证明力如何，需要通过法庭质证解决。

（三）法院调查和收集证据

当事人对自己提出的主张，有责任提供证据。但是，在一些特殊情形下，法院可以为当事人收集证据。《民事诉讼法》第六十四条规定："当事人及其诉讼代理人因为客观原因不能自行收集的证据，或者人民法院认为审理案件需要的证据，人民法院应当调查收集。"实际上将人民法院调查收集证据分为两种情形：一种是当事人主动申请收集；另一种是法院主动收集。

1. 当事人主动申请收集

当事人主动申请收集，必须具备一定的条件，即客观不能收集。对于什么是客观不能收集，《最高人民法院关于民事诉讼证据的若干规定》第十七条列举了三种情形：①申请调查收集的证据属于国家有关部门保存并须人民法院依职权调取的档案资料。②涉及国家秘密、商业秘密、个人隐私的材料。③当事人及其诉讼代理人确因客观原因不能自行收集的其他资料。

当事人主动申请收集证据的申请不得迟于举证期限届满前7日。

2. 法院主动收集证据

《最高人民法院关于民事诉讼证据的若干规定》第十五条将第六十四条规定的“人民法院认为审理案件需要的证据”细化为两项：①涉及可能有损国家利益、社会公共利益或者他人合法权益的事实；②涉及依职权追加当事人、中止诉讼、终结诉讼、回避等与实体争议无关的程序事项。法院主动收集不需要当事人申请。

3. 请求法院收集电子证据

除了当事人通过电子手段接受对方当事人电子文书或其他信息外，当事人及其律师要到对方当事人甚至第三人(如银行、海关等)处收集证据通常是困难的。在这个时候，一般只能求助于法院。《民事诉讼法》第六十五条明确规定，人民法院有权向有关单位和个人调查取证，有关单位和个人不得拒绝。因此，在收集证据方面，人民法院显然优越于当事人及其律师。但是，法院也并不是“有求必应”的，而面对电子环境下证据收集的难题，法院在多大程度或哪些情形下愿意或同意为当事人收集证据，仍然是一个不确定的事情。不过，作为诉讼当事人及其律师还是应当争取法院的协助。

二、电子证据收集技术和方法

学前思考

2014年1月，遨游公司为了保证北京3月15日停止供暖后有一个良好的办公环境，与某销售网站订立合同购买空调20台，合同总金额30万元。订立合同后，卖方由于业务量大一直未送货，遨游公司多次催促，到了4月10日，卖方才送货。遨游拒绝收货，认为卖方违约了。但是卖方辩称合同中并没有写明必须按时送货，公司已经尽快发货了。遨游这时才发现，仅仅是在购买前与该公司业务员交流时提到要按时交货，对方当时在留言时答应了，但是在起诉卖方时这个能作为证据吗？如果算作证据，怎么才能够收集并提供这个证据呢？

在任何诉讼中，最关键的是证据。大多数律师习惯于传统的证据调查和采集，若要从事电子商务诉讼纠纷，必须了解电子证据的特点，掌握发现电子证据的技能和方法。

电子证据(限于与计算机有关的电子证据)因其载体的复杂性和高科技性，决定了它调查取证是困难的，它往往要借助一定的软件或其他工具。因此计算机取证是运用软件和工具，按照一些预先定义的程序，全面地检查计算机系统，以提取和保护有关计算机侵权和犯罪的证据。

数据获取技术的关键是如何保证在获取数据的同时不破坏原始介质，一般不推荐使用原始介质进行取证分析。通常的数据获取技术包括：对计算机系统和文件的安全获取技术，避免对原始介质进行任何破坏和干扰；对数据和软件的安全搜集技术；对磁盘或其他存储介质的安全无损伤备份技术；对已删除文件的恢复、重建技术；对Slack磁盘空间、未分配空间和自有空间中所含信息的发掘技术；对交换文件、缓存文件、临时文件中包含的信息的原始技术；计算机在某一特定时刻活动内存中数据的搜集技术；网络流动数据的获取技术等。

在已经获取的数据流或信息流中寻求、匹配关键词或关键短语，是目前主要的数据分析技术，它具体包括：文件属性分析；文件的数字摘要分析；日志分析；根据已经获得的文件或数据的用词、语法和写作（编程）风格，推断出其可能作者的技术；如何发掘同一事件的不同证据间的联系；数据解密技术；密码破译技术；对电子介质中的被保护信息的强行访问技术等。

实际上，电子证据的获取的困难不仅仅在于其技术上，而在于实施起来存在许多法律障碍，有隐私权、商业秘密保护，也有程序法上的限制。尤其对于普通民事诉讼而言，电子证据收集更为困难。

（一）电子文档证据的收集

1. 电子文档获取途径

电子证据中很重要的一类是电子文档或电子记录，它包括电子文本，如存储于计算机内的数据、存储于磁或光介质（磁盘、软盘、光盘）的数据、E-mail、EDI 中的数据、审计记录、数字化的图片和视片（如以 MPEG、JPEG、和 JIF 形式存储的数据）、数字化录音、声音邮件。这些均是"计算机可读形式"表现的电子文本。只是创制这些信息的程序必须确定，以借助适当的软件迅速检索和阅读这些材料。

（1）信息来源。调查和收集电子文本要了解电子文书生成的途径或来源。根据是否需要人的参与，计算机信息分为计算机自动处理记录和人工输入两个方面。对于自动记录重要的是分析其系统运行情形和软件；而对于人工输入，要了解其源头，计算机人工输入信息来源有：数据录入员；监控人员；信息处理和存储程序设计员；获取和打印操作者。而计算机记录最易出错的源头是人工录入，而完全自动化的电子记录则可以避免第一和第二信息源的错误。

（2）独立计算机和网络。寻找证据的首要问题，是弄清对方的计算机是单独的，还是联网的。独立计算机只有两个证据源：内部硬盘和安装的软盘。计算机内存也可以被检索，但在计算机每次关机时即消失。

独立计算机可以构成计算机网络，这种网络可以是对等连接，也可以是服务器和客户端连接。对等连接不存在服务器，文档存储于网络中每台计算机的硬盘中。对这种局域网检查，要求检查每一台计算机的硬盘。

在有服务器的局域网情形下，每一雇员的终端机都是服务器的"客户"，网络中所有文档均储存于服务器上。这一点形成与对等网络的区别，在对等网络下，用户分享储存于服务器中的数据。但是二者的界线随着一些软件的发展也变得非常模糊了。

在检查服务器网络时，至少应该检查服务器的硬盘和相关用户终端的硬盘。计算机管理员或系统操作员对于系统技术和文档存储的位置、未经授权访问网络的情形、数据丢失事件、最近病毒发作情况、文档隔期删除等情况应出庭作证。

另一种不可忽视的潜在的证据，是安装在打印机中的存储器。大多数打印机装有 RAM。计算机专家可能通过检查这些存储器，发现最近输出打印的文档。只是这种发现是有限的，因为打印机一关闭，数据就会全部丢失。

最后，在文书类证据中，电子邮件是不可忽视的。电子邮件不同于传统通信手段。调查应当确认 E-mail 系统的类型，是否通过第三者（如 163 邮局）服务。第三者服务可能保留发往其服务器的 E-mail 备份，可以从备份记录中看出它是什么时间、从哪里发出的。

2. 注意电子记录管理系统的运行软件

首先，了解创设证据的计算机程序类型。例如，如果对某个关键备忘录有争议，那么可以了解制作自动备忘录的方案处理程序。另外，文字处理程序经常被用来发现文档的创立人、创立的日期、时间以及最后编辑文档的人及其编辑的日期和时间。这些信息对于解释文档的历史是非常关键的。调查应当细化到辨认创设计算机的程序、版本，该程序是否被责任人改动过，这些程序是否安装于文档服务器或客户机中。

其次，争议系统备份软件。硬盘收纳存储的信息是电子商务企业的生命，几乎每个公司都使用备份软件，将计算机硬盘中的数据拷贝到软盘或其他介质上。备份拷贝通常安装附加安全部位。调查时应当确定保存备份拷贝的位置，应当询问系统管理员，以确定备份时间表。因为有时备份软件通常在晚间履行备份，软件本身能够执行备份。这些磁带通常每个星期重写一次。星期和月备份通常会存储一段时间，甚至几年。发现备份可能获得某个计算机系统在特定时期内文档的粗略印象。这些文档可以与现存的文档比较，以发现修改、篡改或故意删除的印记。

备份的发现最近因互联网备份软件的出现变得复杂了。许多公司，最主要的是 McAfee 和 Surefind 公司，生产出适用于个人用户和小企业在互联网上备份的计算机程序。文档通过调制解调器发往软件公司的计算机，加以储存，而软件公司可能位于其他州或国家。

（二）计算机内部信息的获取和分析

1. 物理检查内部信息

计算机系统的许多领域都存在有价值的证据，只能被训练有素的计算机专家才能发现。如果有迹象表明文档可能被删除或被近期删除，那么即属于可能毁灭或难以取得的情形。被删除的文档只有在有限的时间内才能被找回。在这种情形下，立即检查是必需的，否则有可能遭受严重损害或处于不利地位。

对他人计算机系统的检查涉及许多法律问题，如个人隐私、商业秘密的保护问题，甚至是否有权检查的问题。因此，这种检查一般得通过法院或其他公权机关进行，或者由他们的授权专业机构进行。这时当事人可以运用的公权利救济途径有诉前证据保全和请求法院调取证据手段。应当说，对计算机进行物理检查存在一定难度，这种难度不仅是技术上的，而且更多是法律上的。

2. 计算机日志、审计记录和访问列表

计算机日志、审计记录和访问列表能够提供非常有用的信息。几乎所有的网络软件都会自动地记录系统使用的所有信息。日志或审计记录表明什么时间、在什么地点和谁进入了系统的信息。详细程度可能包括雇员在特定的日期和时间使用哪一台计算机，包括谁最后修改了文档的信息，以及是什么时候修改的。

在某些情形下，相关的审计记录可能由第三人维护。使用 EDI 的公司通常通过第三人拥有的 VANs(Value Added Networks)传输他们的文档。VANs 操作人员提供的一项服务即是关于交易的审计记录(audit trails)的记录。这一记录确认什么时间和由谁发送了文件。另外，VANs 本身包括每一份发送的文件拷贝。

另一个重要领域是访问控制记录，也叫访问控制列表(Access Contorl List，Acl)，它包含网络各种项目的记录。ACL 给予雇员以访问和编辑服务器上的文档的权限，这些权利往往依工作部门或工作组不同而不同。例如，会计文档限于财务部门和上级管理者，其他雇员不得访问。关键性的研究和开发文档限于少数工作人员。如果某个文档在诉讼中有争议，检查一下 ACL 中的该文档，将会发现哪位雇员访问过它。

3. 库克软件记录

在多数情形下，库克软件是不被用户知晓而装载于互联网上的。用户浏览时浏览器会自动生成审计记录，记录用户访问互联网的地址。审计记录的目的，是帮助用户轻易地找到以前访问过的网站。如果他们没有被删除，使用库克软件可以提供用户完整的网页记录。

库克软件可以弄清责任人，确认其雇员是否登录过某个网站或进入某个新闻组。网站通常装有小型数据卡片，存储从用户硬盘传给网站的信息。网站可以重新访问库克，以阅读、了解用户感兴趣的领域。包含库克信息的计算机文档可以揭示用户在互联网上活动的信息。但是，寻求调查的当事人应当知道，可能会有新的软件可以擦掉库克信息，因此要避免这种新软件存储于其硬盘或自动地擦掉存储的信息。

4. 计算机技术专家的采用

由于电子证据的高科技性和隐蔽性，因此再专业的律师也恐怕难以胜任有些电子证据的调查工作。于是，委托专门的机构调查证据或委托专门机构鉴定证据的真伪等便成为必然选择。例如，美国有一家公司(Computer Forensics INC)专门从事计算机证据调查事务，它是信息时代诉讼纠纷的有用助手。这些专业公司或专家可以提供适当的调查清单、履行责任人计算机系统现场检查工作。他们可以使用专门的软件探测计算机硬件中以前删除的文档。即使被删除的部分已经被覆盖，专家也可以发现剩余的部分。专家可以调整探测软件扫描整个网络硬盘一定时间所发生的事件。这种软件的使用可能比电子文档的打印稿的审查要节省上百个小时。比如专家几分钟就可以辨识某个人在硬盘每一时刻的行动轨迹。

我国目前尚未有这样的专业公司或者鉴定机构从事调查和鉴定电了证据。

(三) 计算机取证应注意的问题

计算机取证应当注意以下几点：①在取证检查中，保护目标计算机系统，避免发生任何的改变、伤害、数据破坏或病毒感染。②发现目标系统中的所有软件，包括现存的正常文件、已经被删除但仍存在于磁盘上(即还没有被新文件覆盖)的文件、隐藏文件、受到密码保护的文件和加密文件。③全部(或尽可能)恢复发现的已删除文件。④最大限度地显示操作系统或应用程序使用的隐藏文件、临时文件和交换文件的内容。⑤如果可能并且法律允许，访问被保护或加密的文件内容。⑥分析在磁盘的特殊(通常是无法访问的)区域中发现的所有相关数据。⑦打印对目标计算机系统的全面分析结果，包括所有的相关文件列表和发现的文件数据,然后给出分析结论。⑧给出必要的专家证明。

三、电子证据在司法实践中的应用

学前思考

2012年年底开始,李小姐为遨游公司在深圳等地的项目做推广工作,但遨游公司迟迟不愿与她签订劳动合同,也不为她缴纳社会保险。李小姐觉得这不是长久之计,想到飞翔网游公司做项目推广工作,于是提出辞职,并索赔双倍工资差额。遨游公司则认为,李小姐并不是公司员工,双方没有劳动关系。于是李小姐将遨游告到了法院。庭审中,为了证明自己日常接受公司实际管理人马某的管理,李小姐向法庭提交了自己与马某的微信聊天记录,涉及日常费用报销事项等内容。李小姐为微信记录作了公证,证实该微信号就是马某。

请你学完下面的知识,判断李小姐提供的这些资料是否能够作为电子证据,证明其是遨游公司的员工,并说明理由。

(一) 电子证据的合法性认定

只有合法证据才能被法院采纳。原则上,符合法律规定的证据形式和按照法定程序收集和认证的证据均是合法证据。下列证据为非法证据:①通过窃录方式获得的电子证据,不予采纳;②通过非法搜查、扣押等方式获得的电子证据,情节严重的一般不予采纳;③通过非法证据程序得来的电子证据,不予采纳;④通过非法软件获取的电子证据,不予采纳。

(二) 电子证据的真实性认定

以下证据可以被司法机构认定为真实的。

1. 双方均认可的电子证据

当一份涉及双方利益的证据被双方认可的时候,那么即可以认定其是真实的,这时也无须再有其他旁证证明。电子证据也是一样,尽管原告提交了一份电子邮件复制件,但被告认定了内容或确认了同样的邮件,那么其真实性便毋庸置疑了。一般来讲,提交法庭的电子证据往往是不利于对方当事人的,如果对方当事人或其代理人未对该证据提出异议,甚至明确表示认可,则该电子证据属于双方均认可的情况,法庭应予采纳。

2. 附有电子签名或其他安全程序的电子书证

电子签名是目前用来解决电子文书安全性(完整性、可认证性、不可否认性)的主要方式。以数字签名为例,如果数字证书持有人是真实的或认证的,那么经其签名的电文也可以认证,且在没有其他外在因素的情况下,所签署的电子文书也应当是原始的或完整的。这也就是说,对于附有电子签名的电子文书,在没有相反证据的情况下,推定其为真实、可靠。同样,采取具有与电子签名同样效果的安全程序的电文也应当具有同样的结论。

3. 有证据证明电子文书为"原始文本"

电子文书是计算机硬件和软件的产物,它的准确性很大程度上取决于计算机系统的准确性。对于纯粹由计算机生成的电子记录，只要不出现系统错误、软件问题或未经授权的侵入外在因素，则其真实性就有了基本保障；对于人们利用计算机创设（录入、扫描等）、存储、传输、接受、备份等形成的文书，除了加入创设或录入人员是否正确输入因素外，同样也取决于系统是否正常运行或未经授权的侵入等外在因素。

同步案例

微博晒翘班出游照被开除

2012年6月，陈小姐收到公司通知，称其从1月开始累计旷工天数超过8天，决定即刻与其解除聘用关系。陈小姐认为，自己每次请假均有申请，并没有旷工，公司系违法解约，便将公司告上法庭，索赔16万余元。

庭审中，公司出示了电子邮件、电话记录、微博、博客、计算机文档公证书、护照等一系列证据。公司指出，陈小姐近一年中未经申请擅自外出旅游旷工达27.5天，从陈小姐微博上的照片可以看出其旅游的日期和地点，并且出游期间公司的计算机和电话上均无任何记录。陈小姐并不认同这些证据，坚称微博和博客不是她本人所写。

最终，法院结合双方提供的证据和陈述，采纳了公司的观点，认定陈小姐多次利用工作时间国内游、出境游，有意隐瞒实际休假天数，半年累计12天缺勤未经申请和登记，公司解聘行为合法。

小　　结

本章介绍电子商务争议的解决方式，主要分为在线解决争议和传统诉讼方式。在线争议解决包括在线协商、在线调解、在线仲裁和在线诉讼。之后介绍了诉讼管辖的问题，电子商务由于其特殊性，管辖纠纷比较多，针对国内、境外如何管辖进行了介绍。此外还介绍了国际公约关于网络纠纷管辖权的规定。电子商务中所有的交流沟通基本都是通过在线方式进行的，所以电子证据的收集以及保全就显得非常重要。我国《民事诉讼法》第七十四条规定："在证据可能灭失或者以后难以取得的情况下，诉讼参加人可以向法院申请保全证据，人民法院也可以主动采取保全措施。"证据保全可以在起诉之前进行，也可以在起诉后进行。最后，本章介绍了电子证据在实际司法中的应用。

职业能力检测

1. 买家A在北京，某日在淘宝网上向福建的卖家B购买了一双阿迪达斯运动鞋，收到货后发现发过来的鞋是高仿鞋。买家A如果想通过法律途径维护自己的权益，应该如何起诉，向哪里的法院起诉？

2. 赵女士在一家网店订购了一件手工饰物，在完成了订单提交、支付等流程后，显示

“购买成功”。几天后，赵女士查看配送情况时，却发现订单已被该网店擅自取消。于是，她与网店联系要求对方继续履行合同，却遭到对方拒绝。一气之下，赵女士决定向法院提起诉讼，但不知道向哪里的法院递交起诉状。请你帮助赵女士分析她可以在哪里起诉卖家。

3. 旅行社与团购网站签订了一份限期 3 个月的团购协议书。根据协议内容，旅行社提供 3 款旅游产品，挂在该团购网上进行销售。双方约定，旅行社会按照每单团购价的 8%返利给团购网站。而参加团购的客户在领取服务产品之前，网站把团购总额的 80%付款给旅行社，团购活动结束后的 7 个工作日内，网站将余款结清。

“乌镇一日游原价 158 元，团购价仅 98 元；千岛湖两日游原价 558 元，团购价低至 298 元。”这样的宣传吸引了不少客户。在团购活动推出的第一个月，旅行社共组织了 7 批团购消费者前往青岛、千岛湖等地旅游，合计营业额近 15 万元。按约定，团购网站先期将团购额的 80%，即 11.3 万元给了旅行社，但余款一直没有结清。后来，旅行社的负责人多次与团购网站联系，却总被各种理由搪塞。无奈之下，这家旅行社将团购网站诉至南通市崇川区法院。双方都是通过网络聊天和电子邮件沟通，甚至协议都是在网络上达成的。请你帮助旅行社分析哪些证据可以帮助旅行社维权。

附录　本书引用的主要法律、法规

1.《中华人民共和国宪法》，1982 年 12 月 4 日第五届全国人民代表大会第五次会议通过，1982 年 12 月4 日全国人民代表大会公告公布施行。根据 1988 年 4 月 12 日第七届全国人民代表大会第一次会议通过的《中华人民共和国宪法修正案》、1993 年 3 月 29 日第八届全国人民代表大会第一次会议通过的《中华人民共和国宪法修正案》、1999 年 3 月 15 日第九届全国人民代表大会第二次会议通过的《中华人民共和国宪法修正案》和 2004 年 3 月 14 日第十届全国人民代表大会第二次会议通过的《中华人民共和国宪法修正案》修正。

2.《中华人民共和国合同法》(简称《合同法》)，1999 年 3 月 15 日第九届全国人民代表大会第二次会议通过，1999 年 3 月 15 日中华人民共和国主席令第十五号公布，自 1999 年 10 月 1 日起施行。

3.《中华人民共和国民法通则》(简称《民法通则》)，1986 年 4 月 12 日第六届全国人民代表大会第四次会议通过，1986 年 4 月 12 日中华人民共和国主席令第三十七号公布，自 1987 年 1 月 1 日起施行。

4.《中华人民共和国民事诉讼法》(简称《民事诉讼法》)，1991 年 4 月 9 日第七届全国人民代表大会第四次会议通过。2007 年 10 月 29 日第十届全国人民代表大会常务委员会第三十次会议修正，自 2008 年 4 月 1 日起施行。2012 年 8 月 31 日第十一届全国人民代表大会常务委员会第二十八次会议修正，2012 年 8 月 31 日中华人民共和国主席令第五十九号，自 2013 年 1 月 1 日起施行。

5.《中华人民共和国电子签名法》(简称《签名法》)，2004 年 8 月 28 日中华人民共和国第十届全国人民代表大会常务委员会第十一次会议通过，2004 年 8 月 28 日中华人民共和国主席令第十八号公布，自 2005 年 4 月 1 日起施行。

6.《中华人民共和国著作权法》(简称《著作权法》)，1990 年 9 月 7 日第七届全国人民代表大会常务委员会第十五次会议通过，1990 年 9 月 7 日中华人民共和国主席令第三十一号公布，1991 年 6 月 1 日起施行。2010 年 2 月 26 日中华人民共和国第十一届全国人民代表大会常务委员会第十三次会议通过修正案，2010 年 2 月 26 日中华人民共和国主席令第二十六号公布，自 2010 年 4 月 1 日起施行。

7.《中华人民共和国消费者权益保护法》(简称《消费者权益保护法》)，1993 年 10 月 31 日八届全国人大常委会第四次会议通过，自 1994 年 1 月 1 日起施行。2009 年 8 月 27 日第十一届全国人民代表大会常务委员会第十次会议修正。2013 年 10 月 25 日十二届全国人大常委会第 5 次会议修正，2013 年 10 月25 日中华人民共和国主席令第七号公布，自 2014 年 3 月 15 日起施行。

8.《联合国电子商务示范法》(简称《示范法》)，1996 年 12 月 16 日联合国国际贸易法委员会第 85 次全体大会通过。

9.《联合国电子签名示范法》(简称《签名示范法》)，2000 年 7 月 5 日联合国国际贸易法委员会第三十四届会议通过。

10.《互联网信息服务管理办法》(简称《互联网办法》)，2000 年 9 月 20 日国务院第 31 次常务会议通过，2000 年 9 月 25 日中华人民共和国国务院令第 292 号公布，自 2000 年 9 月 25 日施行。

11.《网络交易管理办法》，2014 年 1 月 26 日中华人民共和国国家工商行政管理总局局务会审议通过，2014 年 1 月 26 日国家工商行政管理总局令第 60 号公布，自 2014 年 3 月 15 日起施行。

12.《中国互联网络域名管理办法》，2004 年 9 月 28 日信息产业部第八次部务会议审议通过，2004 年

11 月 5 日中华人民共和国信息产业部令第 30 号公布，自 2004 年 12 月 20 日起施行。

13.《电子支付指引(第一号)》，2005 年 10 月 26 日中国人民银行制定，2005 年 10 月 26 日中国人民银行公告[2005]第 23 号，自 2005 年 10 月 26 日起施行。

14.《中文域名注册暂行管理办法》，2000 年 11 月 4 日中国互联网络信息中心制定，2000 年 11 月 4 日起施行。

参考文献

[1] 张润彤．电子商务[M]．北京:科学出版社,2009.

[2] 陆振光．电子商务[M]．北京:中国电力出版社,2005.

[3] 闫换新．电子商务[M]．北京:机械工业出版社,2008.

[4] 张楚．电子商务法[M]．北京:中国人民大学出版社,2011.

[5] 孔令秋．电子商务法[M]．北京:机械工业出版社,2011.

[6] 孟波．电子商务法[M]．北京:北京大学出版社,2010.

[7] 聂进．电子商务法[M]．武汉:武汉大学出版社,2011.

[8] 白锐．电子商务法[M]．北京:北京交通大学出版社,2013.

[9] 张楚．美国电子商务法评析[J]．西北政法学院学报,2000(02):20-22.

[10] 刘德良．论电子商务法[J]．南京．东南大学学报(哲学社会科学版),2002(04):10-11.

[11] 中华人民共和国电子商务法(示范法)[J]．武汉．法学评论,2004(04):24-26.

[12] 刘筱君,杨安怀．电子商务与消费者权益保护[J]．行政与法(吉林省行政学院学报),2005(02):27-28.

[13] 刘瑛．互联网消费者权益及其保护现状问题分析[J]．前沿,2010(12):31-33.

[14] 颜霖．基于电子商务支付体系的电子银行系统风险分析[J]．电子测试,2013(24):23-25.

[15] 蒋飘芸．我国电子商务税收征管问题研究[J]．企业导报,2013(02):33-35.

[16] 陈敏,孙占利．构建合同在线履行制度的法律探讨[J]．中国工商管理研究,2012(01):11-13.

[17] 苏皓．论电子商务中消费者权益的法律保护——以网络团购为视角[J]．电子世界,2012(24):37-39.

[18] 刘存青．由网络购物看电子合同的相关法律问题[J]．法制与社会,2012(16):18-20.

[19] 邓瑞平,唐海涛．电子商务时代网上仲裁:困境与出路[J]．河北法学,2013(12):11-13.

[20] 李泽东．试论我国电子合同的成立要件[J]．学理论,2012(14):24-26.

[21] 陈文煊．电子商务知识产权纠纷案件综述[J]．电子知识产权,2012(04):27-29.

[22] 胡艳美．关于电子商务知识产权纠纷的法学思考[J]．吉林省教育学院学报(中旬),2012(06):11-13.